俄 国 史 译 丛 · 社 会

Серия переводов книг по истории России

Россия

Город и городская жизнь в России XIX столетия:
Социальные и культурные аспекты.

19 世纪的俄国：城市化与社会生活

〔俄〕利·瓦·科什曼/著

Л.В. Кошман

张广翔　邓沛勇/译

邓沛勇/校对

社会科学文献出版社

SOCIAL SCIENCES ACADEMIC PRESS (CHINA)

俄国史译丛编委会

著者简介

利·瓦·科什曼（Л. В. Кошман） 历史学博士，莫斯科大学历史系教授，莫斯科大学历史文化研究所所长，主要研究领域为俄国文化史，19 世纪至 20 世纪初俄国社会文化和法律问题、市民史。

译者简介

张广翔 历史学博士，吉林大学东北亚研究院教授，博士生导师。

邓沛勇 历史学博士，贵州师范大学历史与政治学院副教授。

总　序

我们之所以组织翻译这套"俄国史译丛",一是由于我们长期从事俄国史研究,深感国内俄国史方面的研究严重滞后,远远满足不了国内学界的需要,而且国内学者翻译俄罗斯史学家的相关著述过少,不利于我们了解、吸纳和借鉴俄罗斯学者有代表性的成果。有选择地翻译数十册俄国史方面的著作,既是我们深入学习和理解俄国史的过程,还是鞭策我们不断进取的过程,培养人才和锻炼队伍的过程,也是为国内俄国史研究添砖加瓦的过程。

二是由于吉林大学俄国史研究团队(以下简称我们团队)与俄罗斯史学家的交往十分密切,团队成员都有赴俄进修或攻读学位的机会,每年都有多人次赴俄参加学术会议,每年请 2~3 位俄罗斯史学家来校讲学。我们与莫斯科大学历史系、俄罗斯科学院俄国史研究所、世界史所、俄罗斯科学院圣彼得堡历史所、俄罗斯科学院乌拉尔分院历史与考古所等单位学术联系频繁,有能力、有机会与俄学者交流译书之事,能最大限度地得到俄同行的理解和支持。以前我们翻译鲍里斯·尼古拉耶维奇·米罗诺夫的著作时就得到了其真诚帮助,此次又得到了莫大历史系的大力支持,而这是我们顺利无偿取得系列书的外文版权的重要条件。舍此,"俄国史译丛"工作无从谈起。

三是由于我们团队得到了吉林大学校长李元元、党委书记杨振斌、学校职能部门和东北亚研究院的鼎力支持和帮助。2015 年 5 月 5 日李元元校长访问莫大期间,与莫大校长萨多夫尼奇(В. А. Садовничий)院士,俄罗斯科学院院士、莫大历史系主任卡尔波夫教授,莫大历史系副主任鲍罗德金教授等就加强两校学术合作与交流达成重要共识,李元元校长明确表示吉林大学将大力扶植俄国史研究，为我方翻译莫大学者的著作提供充足的经费支持。萨多夫尼奇校长非常欣赏吉林大学的举措，责成莫大历史系全力配合我方的相关工作。吉林大学主管文科科研的副校长吴振武教授，社科处霍志刚处长非常重视我们团队与莫大历史系的合作，2015 年尽管经费很紧张，还是为我们提供了一定的科研经费。2016 年又为我们提供了一定经费。这一经费支持将持续若干年。

我们团队所在的东北亚研究院建院伊始，就尽一切可能扶持我们团队的发展。现任院长于潇教授上任以来 3 年时间里，一直关怀、鼓励和帮助我们团队，一直鼓励我们不仅立足国内，而且要不断与俄罗斯同行开展各种合作与交流，不断扩大我们团队在国内外的影响。在 2015 年我们团队与莫大历史系新一轮合作中，于潇院长积极帮助我们协调校内有关职能部门，与我们一起起草吉林大学东北亚研究院与莫斯科大学历史系合作方案（2015～2020年），获得了学校的支持。2015 年 11 月 16 日，于潇院长与来访的莫大历史系主任卡尔波夫院士签署了《吉林大学东北亚研究院与莫斯科大学历史系合作方案（2015～2020 年)》，两校学术合作与交流进入了新阶段，其中，我们团队拟 4 年内翻译莫大学者 30 种左右学术著作的工作正式启动。学校职能部门和东北亚研究院的大力支持是我们团队翻译出版"俄国史译丛"的根本保障。于潇院长为我们团队补充人员和提供一定的经费使我们更有信心完成上述任务。

2016 年 7 月 5 日，吉林大学党委书记杨振斌教授率团参加在莫斯科大学举办的中俄大学校长峰会，于潇院长和张广翔等随团参加，会议期间，杨振斌书记与莫大校长萨多夫尼奇院士签署了吉林大学与莫大共建历史学中心的协议。会后莫大历史系学术委员会主任卡尔波夫院士，莫大历史系主任杜奇科夫（И. И. Тучков）教授（2015 年 11 月底任莫大历史系主任），莫大历史系副主任鲍罗德金教授陪同杨振斌书记一行拜访了莫大校长萨多夫尼奇院士，双方围绕共建历史学中心进行了深入的探讨，有力地助推了我们团队翻译莫大历史系学者学术著作一事。

四是由于我们团队同莫大历史系长期的学术联系。我们团队与莫大历史系交往渊源很深，李春隆教授、崔志宏副教授于莫大历史系攻读了副博士学位，张广翔教授、雷丽平教授和杨翠红教授在莫大历史系进修，其中张广翔教授三度在该系进修。与该系鲍维金教授、费多罗夫教授、卡尔波夫院士、米洛夫院士、库库什金院士、鲍罗德金教授、谢伦斯卡雅教授、伊兹梅斯杰耶娃教授、戈里科夫教授、科什曼教授等结下了深厚的友谊。莫大历史系为我们团队的成长倾注了大量的心血。卡尔波夫院士、米洛夫院士、鲍罗德金教授、谢伦斯卡雅教授、伊兹梅斯杰耶娃教授、科什曼教授和戈尔斯科娃副教授前来我校讲授俄国史专题，开拓了我们团队及俄国史方向硕士生和博士生的视野。卡尔波夫院士、米洛夫院士和鲍罗德金教授被我校聘为名誉教授，他们经常为我们团队的发展献计献策。莫大历史系的学者还经常向我们馈赠俄国史方面的著作。正是由于双方有这样的合作基础，在选择翻译的书目方面，很容易沟通。尤其是双方商定拟翻译的30种左右的莫大历史系学者著作，需要无偿转让版权，在这方面，莫大历史系从系主任到所涉及的作者，克服一切困难帮助我们解决关键问题。

五是由于我们团队有一支年富力强的队伍，既懂俄语，又有俄国史方面的基础，进取心强，甘于坐冷板凳。学校层面和学院层面一直重视俄国史研究团队的建设，一直注意及时吸纳新生力量，使我们团队人员年龄结构合理，后备有人，有效避免了俄国史研究队伍青黄不接、后继无人的问题。我们在培养后备人才方面颇有心得，严格要求俄国史方向硕士生和博士生，以阅读和翻译俄国史专业书籍为必修课，硕士学位论文和博士学位论文必须以使用俄文文献为主，研究生从一入学就加强这方面的训练，效果很好：培养了一批俄语非常好，专业基础扎实，后劲足，崭露头角的好苗子。我们在组织力量翻译米罗诺夫所著的《俄国社会史》《帝俄时代生活史》方面，以及在中文刊物上发表的70多篇俄罗斯学者论文的译文，都为我们承担"俄国史译丛"的翻译工作积累了宝贵的经验，锻炼了队伍。

译者队伍长期共事，彼此熟悉，容易合作，便于商量和沟通。我们深知高质量地翻译这些著作绝非易事，需要认真再认真，反复斟酌，不得有半点的马虎和粗心大意。我们翻译的这些俄国史著作，既有俄国经济史、社会史、城市史、政治史，还有文化史和史学理论，以专题研究为主，覆盖的问题方方面面，有很多我们不懂的问题，需要潜心翻译。我们的翻译团队将定期碰头，利用群体的智慧解决共同面对的问题，单个人所无法解决的问题，以及人名、地名、术语统一的问题。更为重要的是，译者将分别与相关作者直接联系，经常就各自遇到的问题用电子邮件向作者请教，我们还将根据翻译进度，有计划地邀请部分作者来我校共商译书过程中遇到的各种问题，尽可能地减少遗憾。

我们翻译的"俄国史译丛"能够顺利进行，离不开吉林大学校领导、社科处和国际合作与交流处、东北亚研究院领导的坚定支持和可靠后援；莫大历史系上下共襄此举，化解了很多合作路上的难题，将此举视为我们共同的事业；社会科学文献出版社的恽薇、高雁等相关人员将此举视为我们共同的任务，尽可能地替我们着想，我们之间的合作将更为愉快、更有成效。我们唯有竭尽全力将"俄国史译丛"视为学术生命，像爱护眼睛一样呵护它、珍惜它，这项工作才有可能做好，才无愧于各方的信任和期待，才能为中国的俄国史研究的进步添砖加瓦。

上述所言与诸位译者共勉。

吉林大学东北亚研究院

张广翔

2016 年 7 月 22 日

目　录

绪　论

城市是当时文化生活最有价值的表现形式。

H. И. 安茨菲洛夫

一定程度而言，19世纪俄国城市处于村镇包围之中，但其规模却明显大于农业村镇。城市是文化、教育、生活的中心，在俄国社会文化史中的作用不容忽视。城市经济、人口状况和社会结构都与周围村镇密切相关。新时期城市产生和发展首先与政权息息相关，其行政作用是首要关注对象。19世纪的著名社会活动家 H. A. 米留金曾指出："城市是政府所在地……其行政功能加速了新城市的诞生。"

19世纪，H. П. 奥加列夫也指出："大部分城市……都是政府管理居民的行政中心，城市按照政府指令设置……这些行政指令使一部分村庄转化为城市，农民也随之转化为市民。"莫斯科大学历史系教授 M. П. 波加金在下诺夫哥罗德旅行札记中写道："俄国城市是什么样的呢？是政府殖民地，最初城市，如基辅、下诺夫哥罗德、斯摩棱斯克都是贸易中心。"[1]

改革后时代的人也继续强调俄国城市的这一特征。1880年末，民主党人、社会评论家 H. B. 什尔库诺夫指出："迄今为止，俄国每个城市或多或

---

[1] Милютин Н. А. Числогородских и земледельческих поселений в России//Сб. статистических сведений о России. Кн. 1. СПб. , 1851. С. 29, 231; Огарев Н. П. Избранные произведения. М. , 1952. Т. 1. С. 677; Погодин М. П. Нижний Дорожные записки//Москвитянин. 1841. №9. С. 287.

少存在一些大贵族……他们是城市的权力中心。"① 对于资本主义时期的城市，民粹派政论家仍持这种观点，这也深刻反映出俄国当时的社会发展之争，民粹派学者完全否定农民在社会发展潮流中的重要作用。

一些俄国作家不喜欢城市，他们的观点与斯拉夫主义者的观点类似。Ф. М. 德斯托夫斯基首先看到的是城市中"人民颓丧""工厂腐化"的现象。斯拉夫主义者 В. П. 克列耶夫在收集俄国诗篇时写道："城市风气影响农村日常生活的现象随处可见……歌曲特征被曲解、以前艺术的深度和美妙被庸俗所替代，道德败坏随处可见。"②

如今俄国的历史文献大多是对俄国历史的概述性描写，主要是按照其范围、年代顺序进行搜求比勘和爬梳整理，从而清晰地展现出历史发展进程中历史事件的影响，诸多要素至关重要，它们经过了长期的历史和文化洗礼。对此可摘引 С. М. 索罗维耶夫的一段话，他在暮年写道："只有真正具备具体而宏伟目标的大规模社会运动才能把学者从偏见中解救出来，才能挽救因贫困而处于绝境中的人。"③

图 0 - 1　19 世纪末伊万诺沃—沃兹涅谢斯克波克洛夫斯克大街

---

① Шелгунов Н. В. *Очерки русской жизни.* СПб. , 1895. С. 73.

② Песни, собранные П. Киреевским. *Новая серия.* Вып. 1. М. , 1911. С. 35.

③ Соловьев С. М. *Избранные труды. Записки.* М. , 1983. С. 265.

研究 19 世纪的俄国城市，从社会和文化角度探析城市生活，必须搜诸社会历史文献，探究城市社会文化问题，了解社会经济结构中城市的功能和作用。

城市文化犹如科学问题，与文化功能研究密切相连，同时应对比城市的社会和传统文化，其中最为重要的手段之一是使用系统化方法对城市进行全面研究，该研究并不是对各个领域简单的概括和总结，而是通过规定方式和手段进行系统化研究。理解文化，首先要搞清其社会功能，以及在此过程中的影响因素。文化的重要性在于对文化的生产、分布及其价值的需求切切实实地存在于社会之中，尤其表现在对社会生活的文学创作方面。

因此，文化是社会进步的指标之一，它能体现人类生活的需求和机遇，以及道德、政治标准、教育和法律的自觉性。

新时期（17 世纪末 18 世纪初），在历史研究中文化的特点是文化生活领域逐渐扩宽，特别是新文化（科学、文学、绘画和音乐）、教育和文化系统陆续萌生和发展。可以说，这一时期人类对周围世界的认知逐步拓宽，这与其教育文化优势密切相关（从心理学角度解释为，认知概念逐步加强，认知开始变得更为多维和多样性）。

系统功能法是文化研究的新方式。最近 10 年内，诸多研究部门开始关注该研究方法，如莫斯科大学历史文化系俄罗斯文化研究实验室、（洛特玛尼）莫斯科 - 塔尔图学术研究中心、俄罗斯联邦文化学研究所的俄罗斯城市历史文化研究实验室。

将系统功能法运用到社会文化研究领域之中，可以更准确地确定精神文化生活中的饱和度和多样性。其特征是既有文化的革新，又保持着传统文化的特征。文化功能机制是文化环境系统建立的重要因素，诸如学校、文化 - 教育机构、书籍、期刊、文化信息系统。俄罗斯哲学家 Г. П. 费德托夫认为，文化是指整体的环境，"作为一个有机体，它若分化成若干毫无联系的成分，那无论是碎片，还是块状的，都不能被视为文化"。Д. С. 里哈切夫曾写道："文化是一个完整的环境氛围，它不但具有一定的广度，而且要具有一定的深度。"①

19 世纪的文化是各种社会群体亚文化的组合。П. И. 基列耶夫斯基指出："俄罗斯帝国是具有多层次生活方式的国家。"② 俄罗斯文化的生成过程缺少广大中间文化阶层的参与，其有利之处在于它形成了一种张力，即知识分子意识到要追求变革，但在很多方面保留了农民和市民传统的生活方式。在大改革时期这些因素逐渐被消除，这一点在民主文化发展过程中表现得尤为突出。

正因如此，19 世纪，各种社会团体逐渐打破了精神禁锢，开始了艺术和文化多样性对话。在各级别城市和农村中各种亚文化相互影响，不断融合，促进了俄罗斯民族文化的发展。

在文化发展中城市的作用至关重要。19 世纪俄国城市文化逐步多样化。一方面，城市是官僚制度的支柱，也是本地区的政权所在地。因此，文化是官方生活的有机组成部分，这点十分正常。另一方面，城市又是文化形成和发展的中心。这里拥有文化和教育机构以及新知识传播组织，形成了一个文化信息系统，促进了文化一体化进程。Н. П. 安奇费洛夫指出："宗教、知识、艺术领域的所有文化都产生于城市之中。"Н. А. 洛热卡夫也指出了文化的重要功能，他写道："我们的大学、图书馆、科学院、艺术博物馆、剧院、图书馆成为城市赖以生存的土壤……这不意味科学和艺术只能在城市中产生，但毫无疑问，没有城市的发展就不可能有文化的繁荣。"③

А. Ф. 洛谢夫曾研究文艺复兴时期的俄国城市，他指出："在文化领域城市具有重要意义，它具有与中世纪时期不一样的传统文化，文化逐渐系统化，这是所有文化发展的内在逻辑。"④ 很显然，这可能导致俄国城市的新纪元。Н. И. 纳杰热吉尼在研究俄国城市时也提出类似看法："暂时在我们

---

① Федотов Г. П. *Судьба и грехи России.* Т. 2. СПб. ，1992. С. 207 – 208；Лихачев Д. С. *Избранные мысли о жизни, истории, культуре* . М. ，2006. С. 93.

② Цит. по: Гиляров-Платонов Н. П. *Из пережитого.* Ч. 1. М. ，1886. С. V.

③ Анциферов Н. П. *Пути изучения города как социального организма.* Л. ，1926. С. 9；Рожков Н. А. *Город и деревня в русской истории.* СПб. ，1913. С. 120.

④ Лосев А. Ф. *Эстетика возрождения.* М. ，1978. С. 18.

国家没有城市……它产生的基本条件是社会发展……城市是教育发展的第一块处女地……城市的产生基于三个基本功能，即防御性、公开性和政府职能，城市永远是国家的有机组成部分，城市中主要发展的是社会文明，它是发展国家文明的中介。"① 城市选择文化模式，并且建立能与先进社会制度相适应的机构，为社会现代化创造条件。城市通过设立和举办大学、兴趣团体、沙龙、杂志等来保障知识界的智力、精神生活，同样也促使反对观点的出现和发展。同时在这些城市中，特别是在县城中仍保存着传统的市民－农民文化。这些并非由文字记载而是由祖祖辈辈口口相传的文化传统既有劳动技能方面 的，也包括认知世界的道德精神观。城市生活的复杂结构中，也为突然而至的各种文化的碰撞和融合预留了空间。在新思潮影响下传统价值观也在发生递变。相反，文化创新同时也在保护着传统价值观，其研究价值不容忽视。19 世纪末，城市中能感受到城市文化的压力……最终文化的民主化过程消除了贵族和非贵族观念。②

实现新文化和传统文化的碰撞、交流与融合是一个长期的过程。该过程快慢与否受诸多因素影响，如地区经济状况、城市行政职能、与贵族的联系，以及与首都的距离等。

同时，任何时期城市文化都不是一个封闭的体系，各种交通方式将城市与周围乡镇以及其他城市联系在一起。在城市和乡村文化交流过程中足以体现出各种因素的影响，特别是铁路铺设、新工业的出现或者工厂的建立，这些都可以改变本地的文化生活。③

改革后这一过程发展得更为迅速：要求提高社会文化水平，不仅要求普及初级文化知识，也要求发展工业、科学和社会生活所必需的普通高等教育与专业教育机构，扩展科学和社会生活的领域。农奴制废除后，大多数人民群众获得知识的机会得以提高，无论是政府还是社会都在探寻各个系统的改

---

① Надеждин Н. И. *Исследования о городах русских*//ЖМВД. 1844. Ч. VI. С. 103 – 104.

② Овсянико-Куликовский Д. Н. *Собр. соч. Т. 5. Этюды о творчестве А. П. Чехова.* СПб., 1911. С. 161 – 162.

③ Пиксанов Н. К. *Областные культурные гнезда.* М., 1928. С. 19.

革之路。随着知识的不断普及，日常生活领域和职业教育等多个领域都发现让过去的农奴接受教育的必要性。因此，学校成为推广社会文化的主要方式。

和以前相比，改革后各区域的流动性明显加剧，各省也参与到公共文化运动中，首先是所有的城市。同时，20世纪初俄国经济与西方相比尚有差距，社会和文化生活远没有想象中复杂。不仅是社会和经济发展过程，文化发展过程中也具有某些未完成性，因此诸多因素需要完善。俄国和其他欧洲国家一样，数百年中留下两种文明，即欧洲城市文明和传统的农村文明。1890年，П. Г. 勒尼德秋斯基在其著作中写道："在社会和经济关系变革中城市和农村发生碰撞，资本主义两极性得以充分体现，城市发展成极为复杂的资产阶级综合体，而农村则愈加落后和闭塞。"①

俄罗斯文化特点是在空间上具有二元性，同时存在圣彼得堡式的官僚宫廷文化和莫斯科式的贵族文化。古罗斯东北部古老城市多倾向于莫斯科式文化；叶卡捷琳娜二世改革后诞生的城市多倾向于圣彼得堡式文化。

圣彼得堡首先是国家官方文化的象征，而莫斯科社会文化生活中则保存着大量民族传统。在莫斯科文化氛围中产生斯拉夫主义绝非偶然。在1850年《祖国札记》杂志中有作者写道："莫斯科接受新事物比圣彼得堡难得多。"②

读者接触到的专著多数是在考据19世纪俄国中部地区，即伏尔加河流域，工业、农业省份材料的基础上研究城市的社会文化发展。19世纪末俄国的大部分城市（70%）集中在这里，居民大多数为俄罗斯人。与对伏尔加河流域或者西伯利亚地区的研究不同的是，很少有对俄国中欧城市的研究，尤其是改革后期的研究更少。

---

① Рындзюнский П. Г. *Крестьяне и город в капиталистической России во второй половине XIX века.* М.，1983. С. 265；См. также：*Отечественная история.* 1994. №6. С. 275；Миронов Б. Н. *Социальная история России периода империи（XVIII-начало XX в.）.* СПб.，1999. Т. 2. С. 291，292.

② *Отечественные записки.* 1853. Т. 88. №5. Отд. VII. С. 107.

在各种亚文化元素聚集的城市中，保留传统元素的同时也会产生全新的文化元素。因此，本书对城市社会和文化创新功能格外注重，借此可确定城市在俄国社会文化现代化进程中所起的作用。

在此还要对莫斯科大学俄罗斯文化实验室的 Л. А. 亚历山大洛夫、H. Г. 克尼吉卡夫、B. B. 波诺玛列夫、E. K. 斯所耶夫所给予的帮助表示诚挚谢意。

历史文献

研究 19 世纪俄国城市的文献较少，改革前的历史文献更是寥寥无几。很少有学者涉足资本主义时期城市史。

对革命前城市化问题进行研究的学者很多，最著名的学者是 И. И. 吉加基尼，其硕士和博士学位论文的主要研究领域都是城市历史。[①] 两本著作的主要文献均取自改革前文献材料。作者并未涉足资本主义时期俄国城市史。

И. И. 吉加基尼在研究新时期俄国城市时兼持国家—法律观点，认可国家在城市发展和产生过程中发挥了突出作用。该观点本身是正确的，但作者过于夸大了这一作用。他认为城市"在政府权力面前是软弱无力"的，城市经济功能并不明显。笔者认为他远未充分挖掘城市在社会文化生活中的作用。但 И. И. 吉加基尼对 18～19 世纪俄国城市研究领域的贡献是毋庸置疑的，其著作对于笔者而言具有重要参考价值。

在革命前的文献中，B. П. 谢梅诺夫 - 加尼 - 沙尼斯克的著作值得重点关注。[②] 其著作是对 20 世纪初城市、乡村居民多样化思想的总结。作者注意到具有行政地位的"官方城市"和那些非政权所在地城市（被称为工厂镇）之间的差别。因此，提出城市类型学问题，以及城市居民行为准则问题。B. П. 谢梅诺夫 - 加尼 - 沙尼斯克还十分关注人口元素，并且按照居民

---

① Дитятин И. И. *Устройство и управление городов России Т. 1. Города России в XVIII столетии.* СПб. , 1875; Т. 2. *Городское самоуправление до 1870 г.* Ярославль, 1877.

② Семенов-Тянь-Шанский В. П. *Город и деревня в Европейской России Очерк по экономической географии.* СПб. , 1910.

数量对城市进行划分（大型、中型和小型城市）。①

有关个别省会或县城历史的论文集也值得笔者着重借鉴。②

1920 年国家地方志研究盛行，并取得巨大成就，同时对城市的重要作用也进行了研究。很长时间内，И. M. 戈列夫斯、H. П. 阿尼茨费洛夫、H. K. 比克萨诺夫的著作无人问津，他们都是国家都市主义者，他们认为城市是一个多功能综合体，在研究城市文化过程中城市环境至关重要。③ 他们的研究中第一次提出城市对文化价值观、新文化和传统文化的特殊作用，倡导像研究历史现象一样研究城市文化。

在这些著作中，城市是一个复杂的社会组织，是社会结构的准确反映，需要建立它并且给予相应的扶持。因此，"城市最形象地展现了本时代的文化"。一方面，在宗教、知识、艺术领域产生与之相适应的文化；另一方面，它能展现其本身的历史作用……透过它可以看到以前的一切，过往的文化在城市街道设置上、广场样式中、房屋圆顶和塔楼轮廓中、市民谈话中、节日庆典时都有所体现……所有这些是几代人的融合，形成一个完整的表现形式。

城市就像一个大的实验室和文化守卫者一样，城市的整合过程表现出其

---

① См：Герман К. *Статистическое исследование относительно Российской империи Ч. 1. Народонаселение.* СПб. , 1819.

② См：*Город Зарайск в старину и ныне.* СПб. , 1848；Веселовский Г. М. *Исторический очерк города Воронежа.* Воронеж， 1886；Веселовский Г. М. , Воскресенский Н. В. *Города воронежской губернии. Их история и современное состояние.* Воронеж， 1876；Веселовский К. *Город Возники.* Владимир， 1871；Токмаков И. В. *Город Ковров Владимирской губернии.* Владимир， 1886；*Ярословль. План и краткий очерк.* Ярославль， 1909；Головщиков К. Д. *Город Рыбинск, его прошлое и настоящее.* Ярославль， 1890；Яхонтов А. Н. *Город Псков и его окрестности.* СПб. , 1886；Мартынов П. А. *Симбирск за 250 лет его существования.* Симбирск， 1898；*Спутник по городу Саротову.* Саротов， 1896；*Город Екатеринбург. Сб. историко-статистических сведений.* Екатеринбург， 1899.

③ Гревс И. М. *Монументальный город и исторические экскурсии*//Экскурсионное дело. 1921. №1；Он же. *Развитие культуры в краеведческом исследовании.* （Глава из неопубликованной книги）//Анциферовские чтения. Л. , 1989；*Экскурсия в культуру* Сб. /Под ред. И. М. Гревса. М. , 1925；Анциферов Н. П. *Пути изучения города как социального организма.* Л. , 1926；Анциферовы Н. и Т. *Книга о городе. Т. 1. Город как выразитель сменяющихся культур. Т. 3. Жизнь города.* Л. , 1926；Пиксанов Н. К. *Областные культурные гнезд.* М. ；Л. , 1928.

图 0 - 2　19 世纪末工厂附近的集市

对社会文化环境形成所固有的作用，"这对人们的精神生活需求，对人的道德自律和社会性是极为重要的"。① 城市在保护文化遗产方面也发挥了作用。

这为学者进行单独研究提供了研究方法，对于城市文化分析完全适用，只是在研究中使用该方法时应与俄国重要和普通城市的特点相适应。戈列夫斯指出，这种方法挖掘和揭示出不少俄罗斯文化的因素，这些因素至今尚未被充分评估，甚至根本未被关注。②

学者第一次提出了应像研究一个完整体系一样研究城市文化。戈列夫斯指出，"应该全方位地而不是零碎地研究文化，尤其要研究各种文化因素同生共存和相互作用的问题，即研究文化体系。如同我们研究自然界时将其视作统一体一样，统一体这个词语用在文化中也很适宜。世界上人们对文化统一体的概念很模糊，这一概念显得有些莫名其妙，因为人们在日常生活中很难感受到这一点。但它是客观存在的，也是我们切实的任务"。③

在研究 19 世纪城市方面，1928 年出版了 H. K. 彼克萨诺夫的《地方文化群》一书，该书为公共文化生活领域提供了丰富的历史文献资料。彼克萨诺夫在自己著作中提出诸多建设性概念。区域文化群研究与"俄罗斯文化历史转型"密切相关，该研究足以体现俄罗斯文化的重要性，

---

①　Анциферов Н. П. *Пути изучения города как социального организма.* С. 9 - 13.

②　Гревс И. М. *Развитие культуры в краеведческом исследовании…* С. 36.

③　Гревс И. М. *Развитие культуры в краеведческом исследовании…* С. 29.

还能从整体上衡量社会综合的实际文化水平，确定首都和各省份间的文化联系。①

彼克萨诺夫认为，文化群体需要的"不是文化现象和活动的机械统一，它们是一个有机的统一体，是紧密结合在一起的；不论是发起者还是参加者，都是文化群体的一个元素"。彼克萨诺夫对文化群体类型进行划分，即内部长期作用形成的文化群体、彼得一世改革后期在历史斗争中遗留的文化群体（主要针对雅罗斯拉夫、特维尔、阿尔汉格尔斯克、沃洛涅日）和新的、不显著的区域文化群体，即"在不起眼的城市里，从各地集结来的进步文化活动家开始准备重新安排公共文化活动"。19世纪下半叶的伊尔库茨克、萨拉托夫、萨马拉等城市最为典型。② 这一过程对塑造城市的经济和文化空间都非常重要。

书中诸多观点都值得借鉴，不但可以揭示作者对文化整体性的认识，也可以展现文化空间组合的过程，及其在城市发展中的作用。彼克萨诺夫写道："俄罗斯文化在欧洲是最落后的文化之一，但其城市生活民主性相对较高。"俄国领土广袤，拥有巨大的空间，具有不同类型的社会和文化区域，从而形成了各自独特的文化群。

省城、县城文化首先是市民－官吏文化。可能正是因为各省文化中的民主性使其与民间文化联系得更加紧密，同时也能彰显文化的传统性和惯性。只有传统文化和新文化结合才能促进社会文化快速发展。因此，为继承民族文化必须掌握职业文化，首先要提高教育水平。

随后俄罗斯研究者把注意力集中在对俄国封建制度晚期城市社会经济发展和民主进程的研究上。③ 米洛诺夫指出，对改革以前城市的研究

---

① Пиксанов Н. К. *Областные культурные гнезда*. М.，1928. С. 4，20.

② Пиксанов Н. К. *Областные культурные гнезда*. С. 30，62.

③ См Клокман Ю. Р. *Социально-экономическая история русского города. Вторая половина XVIII в.* М.，1967；Водарский Я. Е. *Промышленные селения Центральной России в период генезиса и развития капитализма*. М.，1972；Раин А. Г. *Население России за 100 лет（1811－1913）. Статистические очерки*. М.，1956；Кабузан В. М. *Народонаселение России в XVIII—первой половине XIX в.（по материалам ревизий）*. М.，1963.

仍很薄弱。作者着重指出这些问题，特别指出应关注社会文化生活问题。①

雷尼德秋斯基的著作为 19 世纪俄国城市研究奠定了基础，作者对许多问题都兴趣十足。② 通过研究 18 世纪末 19 世纪初城市的形成过程，雷尼德秋斯基强调经济因素的重要性，这是对资产阶级历史文献中关于行政因素占主导地位论断的批判。同时雷尼德秋斯基的著作能深刻体现作者的思想体系。学者对城市生活多样性的见解独到，同时强调整体研究的必要性。1960～1980 年其诸多研究至今仍具有重要意义。雷尼德秋斯基在自己的著作中指出研究的前景："城市和城市形成研究所取得的成就有助于我们在这一领域提出更多深刻的新问题，但必须明确的是，不能孤立研究城市生活，研究城市必须与研究乡村生活影响联系在一起。"接着他又指出，城市并不只是"简单地发展经济……它处在社会经济范畴之内，同样也处于社会法律、思想意识和文化的范畴之内。"③

在《19 世纪下半叶俄罗斯资本主义时期的农民和城市》中，学者的研究进一步深化，对下列问题进行阐述，即城市和农民、市民社会形成的法律基础，城市的多样性和农民进城打工对城市的影响。在其著作中首次对改革后城市中的诉讼程序进行了阐述，同时对俄国社会经济体系中城市和农村的相互关系进行研究。其中个别章节对城市的形成因素和改革后城市增长进行

① Миронов Б. Н. *Спорные и малоизученные вопросы истории позднефеодального города в современной советской историографии//Генезис и развитие феодализма в России: Проблемы историографии.* Л., 1983. С. 166 – 168.

② Рындзюнский П. Г. *Городское гражданство дореформенной России.* М., 1958; Он же. *Городское население// Очерки экономической истории России первой половины XIX века.* М., 1959; Он же. *Изучение городов России первой половины XIX в. //Города феодальной России.* М., 1966; Он же. *Основные факторы городообразования в России второй половины XVIII в. //Русский город.* Вып. 1. М., 1976; Он же. *Городские и внегородские центры экономической жизни среднеземледельческой полосы Европейской России конца XIX в. //Из истории экономической и общественной жизни России.* М., 1976; Он же. *Крестьяне и город в капиталистической России во второй половине XIX века.* М., 1983.

③ Рындзюнский П. Г. *Изучение городов России первой половины XIX в.* С. 69, 73. Он же. *Основные факторы городообразования...* С. 109.

了专门描述，也对 19 世纪下半叶俄国社会结构中保留的社会阶层进行评估。[1] 不但确认城市经济功能，而且强调城市是各种形式的综合体，雷尼德秋斯基对这些观点进行界定。书中并未对城市社会文化生活进行研究。同时，书中详细且客观地研究城市居民的"土地农民私有化"问题，这对理解 19 世纪末城市社会文化过程特别重要。

历史民族方法是研究俄国城市的传统方法之一，也可被视作先辈为现代城市生活史研究所定位的方向。现代历史研究中民族历史学派的奠基人是М. Г. 拉比诺维奇，其在著作中对城市的民族和文化进行详细研究。[2] 作者主要研究中世纪的城市状况，有关 19 世纪上半叶的资料很少，而且不连贯。但其在著作中考察了城市居民的日常生活。学者认为，农民是城市文化的代表者，同时也指出，城市文化区别于农村文化，其贸易活动十分发达。[3] 如果说第一个观点还有待推敲，那么第二个观点则是毋庸置疑的。居住在城市中的农民和市民有相近的心灵联系，在接受各种新思想影响的过程中，城市可担起传统文化保护人的角色。

在现代研究中民族方向仍十分重要，伏尔加河流域的研究者尤为关注该研究方法。[4] 其主要关注 19 ~ 20 世纪初的历史，并且对其差异性进行研究。波兰历史学家（А. Н. 扎里尼、А. П. 科普鲁诺夫斯基等）的著作在更加广泛的历史资料的基础上进行历史民族研究，其研究涉及法律方案、地方建筑资

① Рындзюнский П. Г. *Крестьяне и город в капиталистической России...* С. 264.

② См: Рабинович М. Г. *К определению понятия 《 город 》 (в целях этнографического изучения)* //Советская этнография. 1983, №3; Он же. *Очерки этнографии русского феодального города: горожане, их общественный и домашний быт.* М., 1978; Он же. *Очерки материальной культуры русского феодального города.* М., 1988; Он же. *Город и городской образ жизни* //Очерки русской культуры XVIII века. Ч. 4. М., 1990.

③ Рабинович М. Г. *Город и традиционная народная культура* //Советская этнография. 1980. №4. С. 17.

④ Анохина Л. А., Шмелева М. Н. *Быт городскаого населения средней полосы РСФСР в прошлом и настоящем.* М., 1977; Будина О. Р., Щмелева М. Н. *Город и городские праздники русских.* М., 1989; Зорин А. Н. и др. *Очерки городского быта дореволюционного Поволжья.* Ульяновск, 2000; Зорин А. Н. *Города и посады дореволюционного поволжья.* Казань, 2001.

料、区域期刊等。作者们研究数个世纪伏尔加河流域城市发展的历史民族情形（主要涉及 18 ~ 20 世纪初），着重研究文化形成、城市规划、居民贫富状况、交通运输等因素。扎里尼与革命前大多数历史学家一样，在俄国城市研究领域取得了巨大成就。[①] 但马克思学派的历史学家对其著作进行批判，认为其研究存在很大的不足。

俄国城市史一直是 1976 ~ 1990 年莫斯科大学历史系俄国城市研究所的研究对象。该研究所在此期间共出版了 9 部关于俄国城市的汇编，其中有些文章中指出了新时期的城市问题，其中雷尼德秋斯基的著作最为著名。

最近 10 ~ 15 年俄国城市史研究明显得到学者的重视。其城市研究的特点表现为出现了许多分地区和分时段的研究论文，该问题不但被历史学家重视，也被地理学家、建筑学家纳入研究视野，[②] 从而产生了区域研究。新时期俄国城市发展问题也引起诸多学者重视。[③]

1990 年出版的有关 19 世纪俄国城市历史研究的著作中，米洛诺夫的著作最受推崇。[④] 在其第一本著作中，作者着重研究封建晚期城市的演化，重点研究城市社会经济和人口问题。其著作《城市作用的多功能》特别强调："这样或者那样的绝对化争论都是徒劳的，导致不能正确理解城市在俄国历

---

① Зорин А. Н. *Города и посады дореволюционного поволжья*. С. 608.

② Павлова Л. И. *Город. Модели и реальности*. М. ，1994；Коган Л. Б. *Социально-культурные функции города и пространственная среда*. М. ，1982；Сущий. С. Я. ，Дружинин А. Г. *Очерки географии русской культуры*. Ростов- на-Дону，1994；*Город в средневековой цивилизации Западной Европы*. М. . 1999. Т. 1. *Феномен средневекового урбанизма*，Т. 2. *Жизнь города и деятельность горожан.*

③ См: Ястребов А. В. *Культурный облик губернского провинциального города Центрального Черноземья в конце XIX—начале ХХ в. Орел，Курск，Воронеж*. Орел，1999；Голубев А. Г. *Губернская администрация Среднего Поволжья в пореформенный период*. Самара，2000；Акользина М. К. *Изменение социальной структуры населения среднего русского уездного города в первой половине XIXв*. Тамбов，2002；Лебедева А. В. *Кульртура губернского города Уфы во второй половине XIX—начале ХХ века*. Уфа，2002；Рогачев А. М. *Города Европейского Севера России во второй половине XIX—начале ХХ в*. Сыктывкар，2005.

④ Миронов Б. Н. *Русский город в 1740 - 1860-е годы: демографическое, социально-экономическое развитие*. Л. ，1990；*Он же. социальная история России периода империи. Т. 1 - 2*. СПб. ，1999.

史中的作用。"①

米洛诺夫的《19~20世纪初俄国社会史》是俄国史学的经典著作。作者研究城市社会结构和城市居民的流动性、作为社会发展重要因素的市民阶层的心理、都市化过程中的城市和农村、城市的社会形成。书中还详细研究了改革后城市发展、城市社会结构、城市化过程中市民的文化类型等。

米洛诺夫指出，俄国历史研究的某些方面（特别是对资本主义、商人、保守的国家和社会活动家的研究）存在明显的否定主义，必须从这种倾向中走出来，这些在苏联历史文献中有所体现。他认为，对于市民阶层的认识存在缺陷，对俄国社会中市民阶层的研究还很不足，文学著作中只是注重讨论该阶层的心理和精神状况。

同时，对许多问题的理论研究基础是马克思历史唯物主义，而没有考虑俄国人民的生活现实。毫无疑问，关于在改革中俄国各阶层渐次嬗变的观点是正确的，在许多方面与其生搬硬套理论，不如考据理论对比实践。在现实生活中大多数阶层被保留下来了——这是作者得出的结论。②

雷尼德秋斯基对该问题的见解与实际情况比较接近。他指出，1860年改革后俄国社会结构以不同寻常的速度发展变化，他写道："改革后俄国开始分化为各种阶层。"他认为，在俄国资本主义时期各种阶层均有其界限和规定，在我们现有历史文献中对此有许多论述，但并未引起足够重视。③

米罗诺夫关于俄国城市功能结构的论述颠覆以前的结论，他认为，19世纪中期城市的功能由行政—军事和农业中心向工商业中心转变，而到20世纪初已经转变为商业和文化的中心。④ 反映城市发展过程和功能变化的大量历史文献不

---

① Миронов Б. Н. *Русский город в 1740－1860-е годы: демографическое, социально-экономическое развитие.* С. 170，185.

② См: Миронов Б. Н. Миронов Б. Н. *Социальная история России периода империи（XVIII-начало XX в.）.* СПб.，1999. Т. 1. С. 141.

③ Рындзюнский П. Г. *Крестьяне и город в капиталистической России второй половины XIX века.* С. 4，5，14.

④ Миронов Б. Н. Миронов Б. Н. *Социальная история России периода империи（XVIII-начало XX в.）.* СПб.，1999. Т. 1. С. 31，309.

能清晰地展现这一演化状况。改革后，城市的工商业功能作用已经确认，但是也要考虑到俄国"分散工业化"（米罗诺夫术语）的特征，在城市之外工业也在广泛发展，即在法定的非农业中心乡镇也有工业发展。俄国城市文化中心功能毋庸置疑。

像研究社会文化组织一样研究城市，这在人文研究领域是一个复杂的社会问题。究其原因在于研究方法众多，该问题研究属于历史文化或者文化学范畴。对城市各种层面的研究导致各种对立观点层出不穷，有时这些观点直接对立。米罗诺夫认为，19 世纪中期俄国城市逐渐演变成工商业中心，到 19 世纪末更演变成工商业中心和文化中心。阿赫耶杰尔在其著作中认为，新时期城市尚不能被视为经济生活的中心，充其量也只能算作生产必需的附属品，是安顿生产人员的"大容器"而已。[①] 19 世纪城市行政功能第一次得以确认，同时作者拒绝承认城市社会、经济和文化生活的多元性。我们对其"俄国城市是在与社会文化相抵触的基础上发展起来的，因此不可能像经济和政治功能一样成为生活现代化的发源地"的观点持否定意见。该论点是没有考虑现实因素的臆断。

20 世纪最后 10 年，对俄国和西欧城市的研究都认为，城市是一个多功能的机体，其经济功能实际上是与行政、军事和文化功能联为一体的。因此，消除了城市只作为经济中心的片面性观点，认为它的出现源于劳动社会分工，这是马克思主义者的见解。

哲学家和文化学家对社会文化过程中城市所起作用的问题非常关注。现阶段大量著作都着重显示现代城市社会文化生活的合理性，在社会发展各个阶段以及在各个历史文化领域中城市特殊的功能性。[②] 诸如城市是社会化的

① Миронов Б. Н. Миронов Б. Н. *Социальная история России периода империи*（*XVIII-начало XX в.*）. СПб., 1999. Т. 1. С. 309; Ахиезер А. С. *Город-фокус урбанизационного процесса* // *Город как социокультурное явление исторического процесса*. М., 1995. С. 27, 28.

② См Трушков В. *Город и культура*. Свердловск, 1976; Розин В. М. *Городская культура, человек, окружающая среда* // *Вопросы философии*. 1980. №1; *Город и культура*. Сб. СПб., 1992; *Город как социаокультурное явление исторического процесса*. Сб. М., 1995; *Город и искусство. Субъекты социокультурного диалога*. М., 1996; *Город в процессах исторических переходов. Теоретические аспекты и социокультурные характеристики*. М., 2001.

发动机、是多功能中心、在社会文化发展过程中起到相当大的作用等这些问题在 19 世纪俄国城市的研究中都有所体现。

也有很多历史学家从事新时期俄国城市文化研究。直接研究该问题的论文刊登在《19 世纪俄罗斯文化概述》论文集第六部中。[①] 应用系统方法研究文化，特别是城市文化，研究出版物是重要手段之一。А. И. 库彼里亚诺夫和其他作者（以扎里尼为主）在大量有关西伯利亚和伏尔加河流域城市发展材料的基础上对这些问题进行了广泛研究。[②]

如今人文地理是地理学的新学科，专门研究"在区域社会系统发展和形成过程中文化空间发展的规律性"[③]。因此，人文地理是地理学和历史文化科学的结合。通过对地理文化空间的研究，可从系统研究工具中找出分析文化形成过程的方法。

在对历史地理的概述中自然不会遗漏 19 世纪俄国城市问题，这对了解社会文化生活非常重要。同样也要着重研究城市自治发展。革命前的著作为现阶段研究奠定了基础，为现代学者的研究提供了大量题材。1928 年出版了维里哈夫的著作——《城市经济的基础》，该著作对俄国 130 年的城市自治过程进行了概括性的研究：从城市的公文到临时政府的市政决议。该书是现阶段学者重要的参考资料，书中材料夯实，参考价值很高。

1980～1990 年，В. А. 纳尔达夫连续就俄国改革时期城市自治问题发表专著。[④] 这些著作是在档案材料基础上撰写的，作者详细研究了 1870 年和

---

① См Кошман Л. В. *Город в общественной-культуроной жизни*；Шевырев А. П. *Культурная среда столичного города. Петербург и Москва*；Козляков В. Н., Севостьянова А. А. *Культурная среда провинциального города// Очерки русской культуры XIX в.* Т. 1. М.，1998.

② Куприянов А. И. *Русский город в первой половинеXIX в. Общественный быт и культура горожан Западной Сибири.* М.，1995；Зорин А. Н. и др. *Очерки городского быта дореволюционного Поволжья.*

③ Сущий. С. Я.，Дружинин А. Г. *Очерки географии русской культуры.* С. 8 – 9.

④ Нардова В. А. *Городское самоуправление в России в 60-е-начале 90-х годовXIX в.：Правительственная политика.* Л.，1984；*Самодержавие и городские думы в России в конце XIX в-начале XX века.* М.，1994.

1892 年颁布的各种城市法律，并对不同政府法律方案进行对照分析。特别注重政府和城市自治机构间的关系。

Л. Ф. 彼萨里卡在自己的著作中也研究了城市自治历史。[①] 在国家历史文件中第一次出现了研究莫斯科城市自治的著作。其在大量档案和文献基础上研究莫斯科自治问题。提供了关于莫斯科杜马阶层和其他职业组成的大量信息，包括居民的受教育程度。

1990 年，在国家历史汇编中出现了俄国市民史这个新课题，并且刊登了一些这方面的文章，人们开始对这个似乎被遗忘的阶层进行研究。[②] 在此之前，1980 年下半年，俄国市民问题就已引起国外学者的关注。[③]

1998 年，扎哈洛夫的博士论文《俄国改革时期的市民阶层》是最初研究该课题的主要论文之一。作者着重研究市民经济和法律状况，但没有涉及该阶层的文化教育情况。

扎哈洛夫认为，诸多原因使 19 世纪的俄国城市没有形成统一的社会阶层，即市民在社会结构中应成为主要的中间阶层。在那个时期，市民被视作商人，属于特殊的阶层，但是他们在城市阶层中具有数量优势。[④] 正因如此，在俄国"中产阶级产生的条件不是很复杂"。同时，作者把中间阶级等同于资产阶级。现在"中产阶级"的概念具有很深的内涵，其应是社会的核心，既能使社会动荡不安也能使社会保持稳定。该社会阶层在职业上不仅和生产领域相联系，而且和社会服务部门也关系密切（银行家、律师、工程师、教师等）。因此，理解 19 世纪俄国中产阶级形成的前提条件，不仅要研究市民的资产阶级等级，而且要研究其受公共教育水平和职业。

---

① Писарькова Л. Ф. *Московская городская дума. 1863 – 1917.* М. , 1998.

② См: Шилкина В. *Мещане* //Былое. 1992. №8；Орлов Д. , Шилкина В. *Городские сословия*// Былое. 1993. №5；Захарова В. В. *Изучение рабочих мещанского сословия в пореформенной России* // *Историк и время. 20 – 50-е годы* Ххвека А. М. Панкратова. М. , 2000；Зорин А. Н. и др. *Очерки городского быта дореволюционного Поволжья.*

③ Hildermeier M. *Was war das Meseanstvo？* //Forschunden zur osteuropaischen Geschichte. 1985；Он же. *Burgetum und Stadt in Russland. 1760 – 1870.* Koln-Wien, 1986.

④ Захарова В. В. *Мещанское сословие в пореформенной России*：*Автореф.* С. 5, 15.

19 世纪伏尔加河中游和下游地区的市民问题得到广泛关注，在《革命前伏尔加河流域城市日常生活随笔》一书中已开始进行相关研究。主要是在法律方案、出版物、地方报纸、档案材料的基础上进行研究。作者特别注意经济和法律内容，却很少提及文化教育层面。

包括市民在内的各阶层法律地位演变和 19 世纪末俄国社会阶层的构成都是 Н. А. 伊万诺夫和 В. П. 热尔托夫研究的对象。作者认为，俄国在从传统农业社会向发达工业社会过渡时仍然保留着各种阶层，并且影响着生活的诸多方面。通过一系列研究他们指出，"此时期社会结构中阶层不足"，同时"夸大了资本主义时期的阶级形成过程"，他认为这和俄国资本主义发展水平提高密切相关。[1]

城市中中等文化阶层的形成在很多方面取决于职业教育的状态和发展。革命前俄国教育领域的活动家（И. А. 阿诺波夫、Н. М. 科洛里科夫、М. М. 马克欣、А. Г. 涅波尔欣）在自己的著作中最早对此进行了概述，并且对专科学校的历史统计材料进行分析。到 20 世纪，职业教育的历史开始成为历史学的一个独立学科，20 世纪 50～80 年代就该问题出版了许多内容翔实和含有大量信息的著作。[2]

最近期的著作之一就是 2003 年由巴里什夫主编的论文集《俄国职业教育史》。该书对 1981 年出版的论文集进行了补充和加工，介绍了俄国进行专业知识教育的各种模式及沿革，从中世纪时期家庭学徒到 19 世纪职业学校系统的形成，再到如今俄国现代化教育的特点。作者在相当程度上对教育领域积累的研究材料进行了归纳和总结。

但是，所有这些著作都停留在教育科学历史框架内。没有像将职业教育作

---

[1] Иванова Н. А. , Желтова В. П. *Сословно-классовая структура России в конце XIX в-начале XX века.* М. , 2004. С. 5.

[2] См: Веселов А. Н. *Среднее профессионально-техническое образование в дореволюционной России.* М. , 1959; Он же. *Профессионально-техническое образование в СССР.* М. , 1961; Кузьмин Н. Н. *Низшее и среднее специальное образование в дореволюционной России.* Челябинск, 1971; *Очерки истории профессионально-технического образования в СССР*/Под ред. С. А. Барышева. М. , 1981.

为城市社会教育的一环加以研究，也没有研究其在大众中间阶层中的文化功能。

俄国城市史也成为国外学者关注的对象，英美历史学家对该问题尤为关注。国外学者的研究也涉及地方问题，主要和俄国封建城市史相关。① 1970～1990 年，国外学者出版的著作主要研究的是 19 世纪至 20 世纪初俄罗斯城市的状态和发展情况。②

西方学者首先是从俄国城市的社会经济角度入手，然后再研究政权在其产生和发展过程中所起的作用，以及城市和农村的相互关系、阶层和阶层的演变、内部移民和移民在社会都市化和现代化过程中的作用。大多数著作是在俄国历史文献基础上撰写的，一些著作广为人知。③

国外研究者认为，俄国城市的演变过程中行政因素最为重要，但其发展具有特殊性。彼留明指出："它具有强有力的中央政权，城市诞生首先必须服从于国家，并且地方政权产生要得到国家的许可。"④

西方历史学家也对 19 世纪城市社会文化问题进行研究，尤为关注莫斯科社会文化问题。1861 年改革后，莫斯科移民大量增加，作者认为这导致首都公共文化水平降低。他们认为造成这种状况的原因在于，这些莫斯科的新市民实际上仍是落后的农民，他们不仅将父权制的习俗和道德原则带进城里，而且随后还在城里形成了一个被社会文化边缘化的阶层，虽然他们后来开始摒弃旧价值观，但是还未完全理解新的思想。⑤

---

① См: Дубровский А. М. *Русский феодальный город в современной анго-американской историографии* // *Русский город.* Вып. 8. М. , 1986. C. 155 – 176.

② *The City in Russian Histry. University Press of Kentucky.* 1976 ; Blumin S. M. *When Villages Become Tomns. The Historial Context of Tomn Formation* // The Pursuit of Urban History. London , 1983 ; Bradley J. *Muzhik and Muscovite. Urbanization in Late Imperial Russia. Universrty of California Press.* 1985 ; *The City in Late Imperial Russia. M. Hamm. Indiana ed. University Press.* 1986 ; Bairoch P. *Cities and Economic Development. From the Dawn of History to the Present.* Chicago , 1988 ; Brower D. R. *The Russian City between Tradition and Modernity. 1850 – 1900.* University of California Press. 1990.

③ В частности , сб. 《 *The city in Russian History* 》 (1976) , что отмечалось в рецензиях специалистов.

④ Blumin S. M. *Op. cit.* p. 76.

⑤ Bradley J. *Op. cit.* P. 352 ; Brower D. *Op. cit.* pp. 226 – 227.

国外学者认为，俄国政府懂得都市化引发的问题十分复杂。政府为了驯化工人，有目的地向他们灌输新的"城市理念"，这就是节俭、勤劳、追求职业和生活上的成功。同时，为将农民变成市民，不只给予物质刺激，还在精神上给予引导。西方学者认为对工人普及教育是政府的政治策略。①

图 0 - 3　Б. М. 库斯托季耶夫作品——谢肉节

在读完外国学者的著作后可以得出能够验证国内学者观点的某些结论，即在城市社会中，农民快速和成功地与土地分离，其价值观发生变化，但这并不是经由官方改革和自由党人的宣传所达成的。往往不是整个城市，而是莫斯科的某种特性使莫斯科移民的外表发生改变，尽管外貌有所改变，但在大多数女市民的生活方式中仍保留着父权制的特征。

19世纪下半叶俄国城市快速发展，其特点是城市中"有组织"的少数人管理着"没有组织"的大多数人。需要着重强调的是，国外学者的著作中指出，俄国城市的共性在于内部分化和对立，与破坏力相比，它是文明的先行者，百年之后俄国城市特点将显而易见。②

---

①　Bradley J. *Op. cit.* pp. 353 - 356.

②　Brower D. *Op. cit.* p. 227. Blackwell W. L. *Modernisation and Urbanization in Russia: A Comparative View//The City in Russian History.* pp. 306，314.

文献资料

在撰写书籍时考察和研究了大量的文献材料，主要是 19 世纪登载的官方的和各种机构的统计资料。

广泛利用大量公开发表的资料是历史科学研究的基础。毫无疑问，档案材料在历史研究中起到了相当的优势作用。在发现材料时，对历史资料进行梳理和总结也至关重要。

大量历史文献资料都是按照年代进行划分的。各年代的政府统计资料，按照统一的程序编写，这为利用和对比这些资料来研究 19 世纪俄国城市发展状况提供了可能。

官方材料中包括对俄罗斯帝国各个城市的统计资料。最初的关于俄国城市居民的基本信息由内务部收集，于 1830 年刊出。以后的资料都由内务部的统计厅（1834～1852 年）和中央统计委员会收集整理。[1] 城市经济和社会文化生活在文献资料中已有足够描述，根据政府"改善帝国内所有城市公共设施的决定，内务部经济厅进行相应修订"。沙皇于 1862 年 3 月颁布的这一指令为 1870 年改革的前奏。[2]

描述 19 世纪 60 年代初期俄国城市居民经济状况的书籍很多。大多数都是以省为单位进行研究的，主要内容包括：城市内各阶层居民数量；城市内贸易、经营类别，工程情况和贸易会议；城市中从事园艺、蔬菜栽培、耕种等农业活动

---

[1] См：*Статистическое изображение городов Российской империи по 1825 год. СПб.，1830；Обозрение состояния городов Российской империи в 1833 году. СПб.，1834；Статистические таблицы о состоянии городов Российской империи. СПб.，1840；Статистические таблицы о состоянии городов российской империи по сведениям, собранным по мая 1847 г. СПб.，1852；Статистические таблицы Российской империи за 1856 г. СПб.，1858；Статистический временник Российской империи. СПб.，1866. Сев. 1. Вып. 1；Ливрон В. Статистическое обозрение Российской империи. СПб.，1874.*

[2] См：*Городские поселения Российской империи. Т. 1 - 7. СПб.，1860 - 1863；Экономическое состояние городских поселений в Европейской России в 1861 - 1862 гг. Ч. 1 - 2. СПб.，1863；Материалы, относящиеся до нового общественного устройства в городах империи. Городовое положение 1870 г. Т. 1 - 6. СПб.，1877 - 1884.*

的居民人数；城市美化情况，首先是城市照明以及城市划拨资金进行街道修整的情况。这些文献资料完全可以反映大改革初期俄国欧洲地区城市的经济和社会文化状况。在著作中引用了俄国欧洲中部地区和伏尔加河流域区域20多个省份的数据。

针对改革后城市情况的统计资料不多。20世纪初内务部经济局的出版物中指出："虽然19世纪下半叶城市生活快速发展，但关于大多数城市的信息很少。"[1] 这些著作犹如统计资料续编，足以体现19世纪俄国城市的经济状况、基础设施、社会文化环境和社会生活信息。

《俄罗斯统计和地理材料》是俄国城市史研究的重要史料之一，它由总参谋部收集和整理。[2] 虽然这些信息对研究俄国社会经济和文化具有重要作用，特别是对研究大改革初期俄罗斯城市很重要，但很少有人对这些材料进行研究和使用。

材料的收集和出版是一个长期、耐人寻味的过程。早在19世纪30年代开始就按照国防部命令对各省状况进行研究，并第一次指定将其用于军事部门。但在克里米亚战争时期这项工作暂时停止，1857年重新恢复该项措施，因"有关各省的描述对每个俄罗斯人而言都有意义，还能为俄罗斯统计部提供诸多材料"，所以统计材料开始对公众开放。

编者按照各省地理和统计信息确定工作程序。可对每个省的材料进行对比。1859~1868年共出版25卷这种"资料"集。其中主要地区为西部、西南部各省、中亚和西伯利亚地区。也有俄国中部各省和伏尔加流域地区的资料，包括该区域内9个省的资料（沃罗涅日、卡卢加、喀山、科斯特罗马、奔萨、彼尔姆、辛比尔斯克、斯摩棱斯克、梁赞）。

材料是信息资料的概括，包括统计委员会的信息、省长报告、省公报和其他定期出版物提供的信息，此外还引用私人日记、地方志等资料。编者有时自己就居住在某些城市和村镇中，以便了解当地的各种特点以及省内居民经济状况和当地工业状况。材料中含有关于地形、气候、土壤、居民运动、

---

① *Город России в 1904 году.* СПб. ，1906. C. V.

② *Материалы для географии и статистики . .* T. 1 – 25. СПб. ，1859 – 1868.

行政区划的信息，可准确了解省内主要城市和所有县城以往和现时的状态与
特征。材料中还有关于城市居民、经济生活、社会组成和市民受教育水平的
资料，以及信息传递即邮政线路和邮政服务的资料，和文化信息系统、文化
形成过程的重要资料。同时，编者还指出材料的缺憾，即个别统计资料有待
商榷，并不能清晰地表明俄国社会生活条件。编者在编制西伯利亚省材料时
指出："显然，对这一缺憾每个人都清楚了。"当时的学者对这些统计资料
进行研究后只是指出了今后的发展趋势，并未准确体现这些材料的价值。虽
然这方面的研究较为薄弱，但是统计学者还是大量使用 19 世纪俄国历史研究
者的资料，第一部统计学著作的作者 K. 克尔玛尼在 1819 年指出："对俄国历
史事件的统计不多，但不能否认，这些资料引人入胜，且值得借鉴。"①

其在著作中广泛使用俄国 1897 年第一次人口普查的资料。如今它仍是
价值不菲的官方文献资料，这些文章中含有 19 世纪初俄国社会状况的相关
信息。根据相应数据和信息，可恢复当年俄国城市的社会文化面貌，了解城
市中阶层、阶级成分和市民教育水平，特别是接受初级、中等和高等教育的
状况，以及公共教育和职业教育间的比例。

对俄国公共和专业教育的统计材料形成了专门的资料汇编。按照惯例，
国民教育部教学处负责从事书籍出版事务，文献汇编对国家社会经济和文化
生活状况均有所涉及。其中有部论文集委托 1882 年莫斯科全俄艺术家工业
展览会委员会负责编制，还有一部文集收录了 1889 年圣彼得堡俄国技术和
职业教育活动家第一次代表大会提供的有关俄国技术教育状况的相关资
料。② 许多文集都是在财政部、国民教育部和贸易及手工业局提供的材料基

---

① Герман К. *Статистическое исследование относительно Российской империи.* Ч. 1. О
народоноселении. СПб. , 1919. С. 5.

② *Историко-статистический очерк общего и специального образования в Росссии*/
Под. ред. А. Г. Неболсина. СПб. , 1884; Анопов И. А. *Опыт статистического обозрения
материалов к изучению современного состояния среднего и низшего технического образования и
ремесленного образования в России.* СПб. , 1889; *Сборник материалов по техническому и
профессиональному образованию.* СПб. , 1895; *Сб. статистических сведений о состоянии
среднего и низшего профессионального образования в России.* Ч. 1. СПб. , 1910.

础上编制的，含有城市中技术和职业学校成立的年份，以及当时学生和毕业生的资料。

市民法律状态研究在俄国法律方案基础上进行。很显然，19世纪30年代俄罗斯帝国法律汇编是在法律编撰工作框架内进行的。1832年，第一次刊登了15卷的法律汇编集，其中第九卷是关于居民财产的相关法律，包括说明市民法律地位的条款。①

图0-4　20世纪初的马车夫

除了这些能让人了解城市发展整体面貌的统计材料、法律方案外，还有关于城市和市民生活的文献资料，主要是一些期刊和杂志。在研究中这些期刊经常被引用（这些期刊包括《贸易和手工工场》《商业报》《工业消息》

①　Полные издания 15 томов Свода Законов после 1832 г. выходили в 1842 и 1857 гг. , далее издавались отдельные тома и дополнения к ним. В частности, 9-й том-《Законы о состояниях》вышел в 1899 г.

《内务部杂志》《祖国札记》《观察者》《俄国财富》《莫斯科消息》等）。《技术教育》和《邮政、电报》提供的资料更是得到了详尽的研究。

　　《技术教育》杂志（1908 年更名为《技术和商业教育》）是俄罗斯技术协会技术教育委员会于 1892～1917 年出版的刊物。编辑部的主要任务是"使俄国技术教育赶上欧洲，提供关于新成立学校的信息"。在"编年史"章节中收集了国家各个地区成立各类专科学校的信息。

　　《邮政、电报》杂志于 1880 年发行（到 1917 年仍在发行）。杂志中刊登有关俄国国内邮政的发展状况、电报和电话的信息。研究俄国邮政史的史学家索卡洛夫，以及该领域的许多佼佼者都是该杂志的编辑。

　　作家旅行札记以及评论家、普通旅行爱好者的作品中都含有有关城市状况的描述。[①] Н. В. 谢尔古诺夫、Д. Л. 莫尔达夫采夫、А. С. 彼鲁卡维尼[②]在自己的著作中强调城市文化生活的重要作用。作者们以各种方式评估社会文化的发展水平。谢尔古诺夫指出，"大改革后所有俄国城市都开始快速发展"，但对城市文化潜力的评估略显不足，省城研究有待进一步提高。其他作家，特别是 Д. Л. 莫尔达夫采夫肯定城市促进社会文化生活的作用，指出在文化向心和离心过程中城市的作用在加强，这明显与铁路发展和其他文化信息系统作用增强密切相关。

　　回忆录的研究价值也颇高。19 世纪丰富的各类回忆录能清晰地反映出市民的生活环境，因为大多数城市人都默默无闻，所以这些回忆录极具价值。[③]

　　由于缺少相关材料，对市民世界观、知识水平、价值观变化的研究较为困难。同时，和第三类的基尔德商人相比，市民属于社会中间阶层，这使得

---

① См: Семевский М. С. *Прогулка в Нижний Новгород* // Русский вестник. 1860. Т. 29. Кн. 2; Островский А. Н. *Дневники и письма* М.; Л., 1937; Шмурло Е. Ф. *Волгой и камой. Путевые впечателения*//Русское богатство. 1899. Т. 10; Крушеван А. П. *Что такое Россия. Путевые заметки* М., 1900; и др.

② Шелгунов Н. В. *Очерки русской жизни.* СПб., 1895; Мордовцев Д. Л. *Печать в провинции*//Дело. 1875. № 9 – 10; Пругавин А. С. *Запросы народа и обязанности интеллигенции в области умственного развития и просвещения.* М., 1890.

③ *Аннотированный указатель книг и публикаций в журналах* /Отв. ред. П. А. Зайончковский. Т. 1. М., 1978.

他们处于传统文化和新文化冲击的最前线，正因如此，才能保持整个社会文化结构的稳定性。

本书对记述市民生活环境的回忆录尤为重视，尤其关注 И. А. 斯罗诺夫、А. В. 斯杜宾、С. В. 德米特里耶夫、И. А. 别洛乌索夫的著作。①

文学作品也是 19 世纪俄国城市史研究的文献资料。在许多俄国作家的作品中（А. Н. 奥斯特洛夫斯基、А. П. 契科夫、Ф. М. 托斯托洛夫斯基、И. А. 蒲宁、И. С. 屠格涅夫、И. С. 什梅列夫等）都对省城和县城的环境进行了描写，对首都和省城文化生活的描写更是比比皆是。与政论作品相比，文学作品可以帮助我们复原文化空间，以及 19 世纪俄国城市的精神面貌。

名胜古迹和纪念碑也是研究城市文化环境的史料，它是城市面貌的明信片，足以体现 19 世纪末 20 世纪初俄国城市的风貌。明信片以其表现的准确性和巨大的信息量成为记录历史的特殊资料。它展示了 19 世纪末的城市面貌，如城市街道、广场、楼房和交通设施，以及纪念碑和其他建筑物，所有这些都是城市文化空间的组成部分，今天很多设施依然存在。②

档案材料是本研究的重要参考文献，特别是那些含有大量和准确数据的统计资料和出版物。较为特殊的是有关俄国城市居民生活的章节，这里引用了许多从前未曾公开过的档案资料。为更详细地研究改革后省城公共文化环境、市民日常生活以及文化模式形成的社会源泉和城市阶层成长过程，作者主要借鉴莫斯科中央历史档案馆的资料和国家历史博物馆的文献。③

---

① Слонов И. А. *Из жизни торговой Москвы. Полвека назад.* М., 1914；Ступин А. В. *Собственноручные записки о жизни академика А. В. Ступина//*Щукинский сборник. Вып. 3. М., 1904；Дмитриев С. В. *Воспоминания.* Ярославль, 1909；Белоусов И. А. *Ушедшая Москва. Записки по личным воспоминаниям с начала 1870-х годов.* М., 1998.

② *Русский город на почтовой открытке конца XIX в-начала XX в.* М., 1997.

③ *ЦИАМ.* Фонды: мещанских старост и мещанских управ г. Серпухова（852, 1844），Дмитрова（827, 2048），Егорьевска（840, 1719），Павлово-Посада（726, 725）；Московской мещанской управы（5）；Московской ремесленной управы（6）；Управление московскоими водопроводами（2249）；А. И. Чупрова（2244）. *ГИМ ОПИ.* Фонды：Бахрушиных（1）；Прохоровых（146）；Боткиных-Гучковых（122）；*Материалы по истории быта, истории культуры России XVIII—начала XX в. Из коллекции П. И. Щукина*（105, 141, 83）.

图 0 - 5 19 世纪末明信片——伊万诺沃—沃兹涅谢斯克全景

在俄罗斯国家图书馆保存的手稿中，作者成功找到了亚历山大洛夫所写的《自传》和《日记》，他是俄国手工业阶层在国家杜马的代表。其回忆录成功地弥补了其他回忆材料的不足，从中可以看出市民阶层的某些文化、精神和道德状况（手工业者和市民实际上为同一阶层）。①

关于城市装饰设施、改革时期城市国民教育的成就在一些省长报告中有所体现，也有一些保存在圣彼得堡俄罗斯国家历史档案馆文献中。不过，关于城市生活的内容很少，而且只涉及一些很表层的东西，尽管这些材料的时间跨度覆盖了 19 世纪 80 ~ 90 年代。②

这些文献资料让我们得以了解和弄清 19 世纪俄国城市生活中的社会和文化问题。

---

① *OP РГБ.* Ф. 178. №5488. 1, 5488. 2, 5488. 3.

② *РГИА.* Библиотека. Отчеты о состоянии губерний. №15, 18, 37, 44а, 48, 55, 56, 63, 64а, 68, 80, 81, 97 (под каждым номером значится губерния).

第一章

资本主义时期和新时期城市：经济和文化空间的形成

　　城市是文化的实验室和继承者，也是文化的守护人，还是文明的展示者。

И. М. 格列夫斯

　　如果说自然是人类生存的客体，那么文化环境在人类精神、道德面貌……以及社会自律方面的作用同等重要。

Д. С. 里哈切夫

第一节　新时期城市的典型特征：城市形成过程中政治因素的影响

　　由于 18 世纪下半叶奠定了基础，19 世纪形成了城市行政区域系统，它是新时期俄国历史的重要组成部分。

　　此时已形成独特的等级不同的城市系统，即首都、省城、县城，从一开始它们之间就存在差异，但都是各自区域的行政管理中心，也都置于政府管理之下。还有一种没有城镇的堡垒城市，其特点是不设行政机构。① 工商区也被纳入城市系统，不过，这些工商区都位于市郊，19 世纪时，这些工商区已发展成为城区的一部分（如巴甫洛夫工商区、沃兹涅谢斯克工商区等）。Н. И. 科斯托玛洛夫在 19 世纪 60 年代出版的著作中指出："现在习惯称工商区为城市，那些所谓的工商业者就是如今的市民。"②

彼得一世时期，城市形成因素就逐渐发生变化，叶卡捷琳娜二世时期，政府的法典对城市行政机构进行了明确规定。1775 年对省级机构进行的改革使俄国省城数量有所增加，③ 也促进了新行政中心的诞生。根据政府决议，许多村镇具有了城市地位。据统计，这一时期共产生了 200 多个新城市。④

1785 年颁布的特赐城市特权诏书是决定新时期城市命运的重要政府法令，它最终确定了俄国城市的法律地位，以及城市和乡村的差别。19 世纪 60 年代一个官方出版物中指出："我们现在所说的城市这个词在 1785 年之前并不存在。"⑤

此后城市必须按照特定规划建设，城市建设时会得到政府的公文，公文中确定了这个城市的权利与徽章。18 世纪末，城市拥有自己的徽章标志着城市被定为新时期城市。此后城市中心概念重新被提出，1781 年徽章基本上都保留了传统标记（如莫斯科、弗拉基米尔、梁赞、雅罗斯拉夫等）。徽章一般象征区域内的自然资源，或是市民从事的职业，大多是农业方面的，很少有表现城市职业，特别是工业方面的城市。有时，徽章上图形就是城市的缩写名称（维亚兹尼基为维亚兹、戈罗霍韦茨为戈罗霍，奥廖尔在建筑城堡木门时，门上方就有奥廖尔图标）。俄国城市徽章不具有仪式感，徽章可以根据政府指令进行变更，也可多次更改和重新确定。⑥

① *Толковый словарь живого великорусского языка.* Т. 1. М.，2000. С. 667. *Штат губернии определялся 《Учерждением для управления губерний》1775 г.* ПСЗ. Т. 20. № 14392. Гл. 1.

② *Костомаров Н. И. Домашняя жизнь и нравы великорусского народа.* М.，1993. С. 13.

③ *Историческая география СССР.* М.，1973. С. 179.

④ *Городские поселения в Российской империи.* СПб.，Т. 1. Предисловие. С. 6.

⑤ *Городские поселения в Российской империи.* СПб.，Т. 1. Предисловие. С. 5.

⑥ *Соболева Н. А. Очерки истории российской символики.* М.，2006. С. 436，451.

最初城市社会的组成人员中就包括从事商业、手工业和副业的人。城市"奉命"要建立学校，允许建立和拥有手工磨坊、小饭馆、酒馆，可以设置集市。同时，将花园、田地、耕地、牧场、鱼塘、森林、小树林等也划拨为城市公共用地。政府可以根据需要长期使用，或临时出租这些土地，出租的土地通常用于农业。[1] 土地是市民生活和活动的重要场所，在整个19世纪，它也是补充城市预算的重要来源。

城市财产分配原则如下：不动产不是市民私有财产，而属于城市公社，这与农村公社类似。新时期城市自诞生时起就缺少资本主义财产规则，即私有制。

在建立新城市时，政府首先是出于行政和财政的打算，该观点已被同时代的人和十月革命前的研究者多次证实。"城市建立的依据不是发展工业或商业……从18世纪中期开始，城市建设首先考虑的还是行政管理因素……因此，城市按照指令产生，其设置方式要方便统一管理，在这一点上如今也是大同小异。只有政府和政府的行政机构功能确认，城市规模才能扩大，城市财富才能迅速增加。"[2]

19世纪上半叶，农村也开始改革，城市郊区虽然诞生，但规模有限。1840年尼古拉一世颁布法令，卡卢加省苏希尼奇经济镇被定为编外城市。[3] 1836年政府宣布萨拉托夫省切尔塔尼尔和教区为新县城和沙皇属地。1844年莫斯科省巴甫洛夫庄园转变为城市。[4] 1829年库尔斯克省长报告中指出

① *ПСЗ. 1. Т. 22. № 16188. Раздел А.*

② *Материалы для географии и статистики России, собранные офицерами Генерального штаба. Т. 17. Ч. 2. Пензенская губерния С. 378. Т. 19. Рязанская губерния. С. 481; Т. 20. Ч. 2. Симбирская губерния. С. 640; Экономическое состояние городских поселений Европейской России в 1861 – 1862 гг. СПб. , 1863. Ч. 1. С. 5; и др.*

③ *Материалы для географии и статистики. . Т. 9. Ч. 2. СПб. , 1864. С. 241.*

④ *Ган И. А. О настоящем быте мещан Саратовской губернии. СПб. , 1860. С. 16; Экономическое состояние городских поселений Европейской России в 1861 – 1862 гг. СПб. , 1863. Ч. 2; Рындзюнский П. Г. Крестьяне и город в дореформенной России //* Вопросы истории. 1955. №9. С. 39.

"省内已没有可发展为城市的地方。"[1] 尼古拉一世的举措可以说明政府和城市之间的关系。1837 年沙皇完成高加索之行后到达塞瓦斯托波尔，尼古拉一世不喜欢这里，希望取缔该城市，打算在库班建立新城。但哥萨克军团指挥官维里亚米诺夫拒绝执行沙皇命令，阐述保存俄国南部堡垒的重要性，随后沙皇宣布："尊重他的请求，亚历山大诺维奇仍是当地城市"，并且确认城市新规划。[2]

新时期大多数县城都由乡镇转化而来，同时诞生了一些经济镇。省份增加导致新省城出现（1851 年萨马拉就是在此情况下诞生的）。

19 世纪内务部经济厅和中央统计委员会就开始搜集俄国城市信息，但由于俄国统计学发展有限，当时还没有明确城市概念和确定划分标准，因此，此次统计不是很准确和完整。20 世纪初，一些出版物中指出，"最初准备对帝国所有城市进行统计，但结果不尽如人意"，同时也指出，"城市居民点概念和标志在法律中并未明确"。[3]

俄国城市史重要信息文献之一为 K. A. 涅沃林研究资料[4]，从中可以看出新时期行政区域系统形成过程中古老城市的作用和意义。文献中含有欧俄49 个省城、伏尔加河区域 27 个城市的文献资料。如果按照时间线索研读其著作，可以确认 18 世纪只有两个城市产生，即圣彼得堡和彼尔姆。1777 年梁赞迁移到新区（古城佩列亚斯拉夫尔——梁赞所在地），沃罗涅日 1777年才获得城市地位。17 世纪建立了三个城市，即奔萨、辛比尔斯克和唐波夫，伏尔加河流域城市，如萨马拉、萨拉托夫、喀山和阿斯特拉罕，以及阿尔汉格里斯克都产生于 16 世纪下半叶，但 16 世纪中叶才获得城市地位，虽然 1095 年奥廖尔和库尔斯克就已家喻户晓。因此，所研究的 27 个省城中几乎一半是古老的俄国城市（13 个城市，占 48%），他们从城堡逐渐发展为

---

①　*РГИА. Ф. 1281. Оп. 11. Д. 69. Л. 86.*

②　*Русская старина. 1884. Т. 43. Кн. 8. С. 397.*

③　*Список городских послений. СПб. , 1901. С. 1, 10.*

④　Неволин К. А. *Общий список городов русских//Полн. соб. соч. Т. 6. СПб. , 1859. С. 27 – 251;*
Милютин Н. А. *Число городских и земледельческих послений в России//Сборник*
статистических сведений о России. СПб. , 1851. Кн. 1. С. 234.

行政经济中心。这些城市自古以来就是文化中心，保存着大量的历史遗迹。教堂、教会、修道院仍是19世纪城市文化空间的一部分。

相反，县城产生于18世纪，由政府行政机构改革所致，许多村镇转变为城市。

俄国经济具有农业特征，村镇小手工业快速发展使一些小村镇具有城市生活特征。19世纪上半叶，中部工业区出现了很多"非农业中心"（如伊万诺沃、巴甫洛夫、沃尔斯马和基姆等），虽然它们已具有城市经济功能，但法律上它们还属于村镇。许多村镇于1860年改革后才获得城市地位。这些手工业城市都是非农业中心。一些城市商人属于乡村商品生产者，从事非农业手工业，开始掌握商业资本和手工作坊。①

改革前农业城市也模式众多，城市居民从事贸易、蔬菜栽培和园艺业。② 1860年改革初期很多市民仍从事农业活动，农业经营在城市中具有重要意义。"蔬菜种植业迅速发展""园艺业和水果种植业发展"都是城市农业发展的标志，但最终只有少数居民从事该行业。据统计，20个省城中只有6个城市还从事农耕，大多数省城居民不再从事农耕。

城市内蔬菜种植业发展能客观反映城市农耕文化。俄国培育出了众多独特的蔬菜和水果。"穆罗姆"和"维亚兹尼基"黄瓜、"弗拉基米尔樱桃都闻名遐迩"。城市菜农将种子出售给附近农民，客观上促进了蔬菜和水果种植业快速发展。

通过统计，发现19世纪60年代初欧俄595个城市中只有6个还从事贸易和工业活动，大部分城市还具有农业特征。③ 通过数据评估19世纪60年

---

① Рындзюнский П. Г. *Основные факторы городообразования*..//Русский город Вып. 1. М., 1976. С. 121.

② Милов Л. В. *О так называемх аграрных городах России*//Вопросы истории. 1968. №6；Он же *Великорусский пахарь и особенности российского исторического процесса*. 2-е изд. М., 2006；Вебер М. *Город*. Пг., 1923. С. 9.

③ *Материалы, относящиеся до нового общественного устройства в городах империи Городовое положение 1870 г.* Т. 1. СПб., 1877 – 1884. С. 181；Миронов. М. Н. *Русский город*... С. 235 – 236.

代初城市经济状况时可确定："许多村镇都出于行政目的设置，虽然居民从农民转化为市民，失去份地，但还有一部分人从事农耕。"① 因此，俄国居民从事农业活动是城市经济的特征之一。

当时个别省的信息足以证明该状况。

沃罗涅日省："省内共有 12 个县城；除省城以外，县城发展规模有限，有些县城规模甚至逊色于乡镇……县城贸易萧条，主要满足市民和周围农村居民的需求"。

科斯特罗马省："一部分城市居民从商人过渡到农民，从事手工业，或在城市周边从事农耕，和农民并无区别"。

卡卢加省："本地商品需求量有限，导致城市工商业萧条，工匠数量减少……本地商人和市民进行贸易，主要从事零售贸易以满足农民日常生活所需"。

奔萨省："手工业并不集中于城市内，大工厂位于县城内"。

喀山省："大多数县城都是行政中心。贸易和工业都不发达……主要满足本地居民需求"。

梁赞省："城市只是省内政权和行政机构所在地，该功能制约着城市规模扩大和财富增长；工业主要分布在远处村镇内……之所以城市经济发展滞后和社会活动萧条，是因为城市设置时并未考虑经济因素，梁赞和其他俄国城市一样，城市并不是工商业发达和财富聚集地区"。②

因此，19 世纪 60 年代初期县城是地方贸易中心，也是商品交换、周边居民获得生活必需品和销售产品的所在地。

耐人寻味的是，20 个省城中并未产生大工业，也没有居民从事该行业。一些工业快速发展的省份，如弗拉基米尔、科斯特罗马、图拉、雅罗斯拉夫、下诺夫哥罗德等的工业发展也十分滞后。即便在奥廖尔工业快速发展的时期，不论在城市内，还是在周边郊区，仍有很多居民从事农业生产。弗拉

---

① *Экономическое состояние городских поселений Европейской России в 1861 – 1862 гг. Ч. 1. С. V.*
② *Материалы для географии и статистики.. Т. 4. С. 348，352；Т. 12. С. 195；Т. 9. Ч. 1. С. 635，656，658，679 – 680；Т. 8. С. 584；Т. 17. Ч. 2. С. 379；Т. 19. С. 481，482.*

基米尔省佩列斯拉夫县城居民不从事农耕，很多居民在工厂内务工；弗拉基米尔省书伊县居民主要在工厂内务工或从事贸易，但也有一些居民租赁土地发展畜牧业。[①]

19世纪末县城经济活动的特征变化不大。众多文献相关数据足以证明该论断（文献中提及居民从事行业次数如下）：18个中欧和伏尔加河流域省份居民从事如下职业提及次数分别是贸易（62次提到），耕种、农耕（22次提到），蔬菜种植、园艺（28次提到），运输业、手工业（18次提到），贩卖牲口（9次提到），捕鱼业（5次提到），纺织工业（14次提到），制靴业（26次提到），皮革加工业（10次提到），锻造业（10次提到），金属五金和车床加工（5次提到）。[②] 很显然，城市中有从事贸易和农业，以及生产其他日常生活必需品副业的居民。只有14个抽样提及大工厂，主要集中在弗拉基米尔、科斯特罗马和雅罗斯拉夫省。

19世纪城市形成过程并未停止，但村镇转变为城市并不是唯一形式。在城市诞生过程中经济因素的影响不断加强。这一点在法律上有所体现。1857年颁发的俄罗斯法典中规定：任何一个村镇工业影响增强时，当从事工业和手工业的居民数量超过农业居民数量时，该地区可以转变为城市。[③] 1863年刊登国务会议意见，以法律形式确定乡镇转变为城市的程序。[④] 法律规定，村镇2/3以上居民一致通过后可转变为城市，在得到农村公社确认后，再把申请书提交给省内农民事务主管部门，最终确定城市转变所需资金数额和城市管理机构职权。此后层层报批，省长和国务会议确认后还需沙皇许可。

19世纪末法律中含有城市周围闲置国有土地划拨给城市的规章，最初这些规章只存在于沙皇诏书中，1807年该条文才以法律形式颁布。城市周边2俄里范围内土地都属城市所有，供城市居民使用，每个男性居民可获得

---

① *Экономическое состояние городских поселений Европейской России в 1861 – 1862 гг. Ч. 2. С. 8, 12.*

② *Города России в 1904 году. СПб. , 1906.*

③ *Свод законов Российской империи. Законы о состояниях. Т. 9. СПб. , 1857. Ст. 440.*

④ *ПСЗ. II. Т. 38. Отд. 2. № 40261.*

5 俄亩土地的使用权。土地数量不足时，按照当时价格给予居民补偿，除支付迁移费用外，还需支付市民在其他地区购买同等数量土地的金额。① 19 世纪一直保留着城市附属土地条款，条款中规定，如果城市将这些土地改为牧地，那么牧地也属于城市。②

因此，政府行为虽引发村镇转化为城市，但很多旧的陋习和制度仍存在，政府城市改革的首要目的仍是行政功能。1884 年萨马拉省长在报告中指出，巴拉科夫城设置警察局刻不容缓，该城市是萨马拉省第二大码头，转化为城市后需要警察维持秩序。③

大改革后居民主动变革身份的案例不多。舍列梅杰夫所创的伊万诺沃镇改革史十分著名，该城市具有很强的代表性。1870 年 4 月村镇会议做出合并决议。④ 虽然 1853 年该城市就和沃兹涅谢斯克工商区合并，但 1871 年该城市才正式更名为伊万诺夫 - 沃兹涅谢斯克市。

特维尔省基姆尔镇转变为城市也十分困难，1917 年该村镇才转变成城市。1917 年奥列霍沃 - 祖耶沃镇转变为城市，1919 年巴甫洛夫镇转变成城市。

乡镇工业快速发展是当时俄国经济的特征之一，工业发展并未促进新城市产生，而是使得一批工厂镇出现，它们中某些地区发展为大型工业中心。工厂镇是俄国特有的城镇模式，它们主要分布于欧俄中部工业区内，主要从事纺织业。19 世纪末，103 个工业中心中只有 40 个转变为城市，其余则成为工厂村和手工业村。⑤

工业镇发展和保留是城市改革的有机组成部分，它能体现出俄国经济城市的特殊性。工厂镇发展为工业中心后法律上仍保留村镇地位，但村民的日常生活方式已接近城市。

---

① *РГИА.* Ф. 1146. Непременный совет. Оп. 1. Д. 28. Л. 25 об, 26, 26 об.

② *СЗ.* Т. 9. Изд. 1899г. Ст. 689. Приложение к статье.

③ *РГИА.* Библиотека. №80. Отчет о состоянии Самарской губернии за 1884г. С. 5.

④ *ГАИО.* Ф. 1. Дума Вознесенского посада. Оп. 1. Д. 299. Л. 7.

⑤ Ленин В. И. *Развитие капитализма в России.* ПСС. Т. 3. С. 519, 605；Водарский Я. Е. *Промышленные селения Центральной России в период генезиса и развития капитализма* (*XVIII-XIX вв.*). М., 1972. С. 201.

城市类型也是一个重要的研究课题，它是城市发展的标志之一，可彰显城市等级。

图 1 - 1　1900 年邮局明信片上巴甫洛夫镇沃斯克列谢尼斯克大街

有关俄国城市类型的研究著作很少。如果想对该问题进行研究，就不能在改革前框架内进行。[①]

新时期和资本主义时期俄国城市类型研究仍困难重重，首先在确定城市概念时缺少严格的类型判断等级，在官方出版物中没有划分统一标准。

在研究 1860 年城市时，需重点研究当时的城市改革，当时城市命名方式五花八门，如按照居民姓氏、居民经济生活方式、居住位置划分……根据这些因素确定城市名称，而且城市名称可不断变更。[②]

1897 年人口普查数据中指出，要想理解城市首先要确定其是否为该地行政中心。[③] 俄国城市居民比重并不高，只为 13.4% 。20 世纪初出版物

---

① Миронов Б. Н. *Русский город в XVIII-первой четверти XIX в. Типологический анализ//* История СССР. 1988. №5；Кошман Л. В. *К вопросу о типологии русского провинциального города (XVIII-XIX вв.)* // Провинциальный город: Культурные традиции. История и современность. М. , 2000.

② *Материалы, относящиеся до нового общественного устройства в городах. .* Т. 2. С. 146.

③ *Общий свод данных по империи результатов разработки данных Первой всеобще переписи.* СПб. , 1905. Т. 1. С. 5.

中曾强调"城市居民概念和标志在法律中并没有准确的定位"。①

因此，一方面，俄国城市在设置时不能根据其经济职能进行命名；另一方面，行政功能在城市设置时居于首要地位，也是城市区别于乡村的主要特征。雷尼德秋斯基认为，尽管学者们分歧很大，但行政功能首位的说法仍占主导。他们不但开始注意居民的生产活动，也开始注意社会影响。因此，在研究城市时一定要公正、客观。本研究也参照该方法研究城市。

与城市行政功能相比，19世纪城市设置时也考虑一些次要因素，诸如城市发展潜力、社会结构和人口指标等。1870年内务部城市规章中首次对城市进行划分，划分的首要因素为城市居民数量（不少于5000人），其次是不动产价值和城市收入水平。②

按照人口指标对城市进行分类是现代研究者通用方法，社会学家、民族学家、城市学研究者也都使用该方法。按照居民数量，城市可划分为小型（10000人以下）、中型（10000~50000人）和大型（50000人以上）城市。

19世纪城市人口数量指标（增长率、居民人口分布、城市人口占全国人口比例）见表1-1。③

应该指出的是，表1-1中数据是19世纪统计资料，只能反映城市发展趋势，并非绝对准确。

---

① *Список городских поселений Российской империи.* СПб.，1901. С. 1.
② *Материалы, относящиеся до нового общественного устройства в городах.* Т. 2. С. 146；Рагозин Е. *Путешествие по русским городам*//Русское обозрение. 1891. Т. 4. №7. С. 261.
③ Герман К. *Статистические исследования относительно Российской империи.* Ч. 1. *О народонаселении.* СПб.，1819；*Статистическое изображение городов и посадов Российской империи по 1825 год.* СПб.，1830；*Статистические таблицы о состоянии городов Российской империи.* СПб.，1852. Приложения；*Материалы, относящиеся до нового общественного устройства в городах империи.* Т. 1. СПб.，1877. С. 181；Ливрон В. *Статистическое обозрение Российской империи.* СПб.，1874. Приложения；*Первая всеобщая перепись населения Российской империи 1897 года.* Вып. 2. Население городов. СПб.，1897.

表1-1 19世纪俄国城市数量和人口分布

年份	城市数量（个）	类型			城市居民		
		小型（个）	中型（个）	大型（个）	人口绝对数（人）	占欧俄居民的比例（%）	占俄国居民的比例（%）
1811	630	593	30	7	2940	7.0	—
1825	496	—	—	—	3500	7.0	—
1847	622	533	83	6	4730	—	9.0
1862	595	474	113	10	6540	10.2	12.3
1879	933	587	291	55	16280	12.9	13.4

注：不含伏尔加河流域城市信息。

很显然，19世纪城市居民数量发生变化。60年代大部分城市都属大中型城市，足以证明城市居民数量增加。改革后城市居民增加更为显著。表1-2中数据足以证明该观点。[1]

表1-2 19世纪俄国各规模城市数量及其人口分布

年份	小型（10000人以下）				中型（10000~50000人）				大型（50000人以上）			
	数量（个）	所占比例（%）	居民人数（人）	所占比例（%）	数量（个）	所占比例（%）	居民人数（人）	所占比例（%）	数量（个）	所占比例（%）	居民人数（人）	所占比例（%）
1811	593	94.1	1634	55.6	30	4.8	467	15.9	7	1.1	838	28.5
1847	533	85.6	3204	54.0	83	13.3	1435	24.2	6	1.0	1290	21.8
1862	474	79.4	1534	28.8	113	18.9	1917	36.1	10	1.7	1867	35.1
1885	981	77.0	3620	26.3	257	20.2	5149	37.4	36	2.8	4988	36.3
1897	587	62.9	2868	17.1	291	31.2	2812	34.5	35	5.9	8175	48.4

---

[1] Рашин А. Г. *Народонаселение России за 100 лет.* М., 1956. С. 103, 105, 106; *Статистические таблицы о состоянии городов...* СПб., 1852. Приложения; *Материалы, относящиеся до нового устройства городов.* Т. 1. С. 182; *Статистическое обозрение Российской империи.* СПб., 1874. с. 39-41.

19世纪末小城市不断涌现，此时小城市数量占欧俄城市总数的2/3左右。① 大多数小城市隶属于中部省份。与此同时，俄国中型城市也出现增长趋势（19世纪几乎增长9倍）。19世纪末中型城市集中了1/3的城市居民，小城市居民比例仅为1/6。

中小城市之间关系可由"1861～1862年城市居民经济状况"数据资料确定，笔者在上文也曾提及该文献。笔者对其中20个省份进行研究，其中16个属于中型城市，通常居民数量为20000～30000人。其中4个省会的居民数量超过50000人（莫斯科、图拉、萨拉托夫、喀山）。这些省份内大多数县城都是小城市，人口仅有3000～5000人。19世纪60年代初31个县城都属于中型城市。这些城市分别位于奥廖尔省（布良斯克、叶里茨、卡拉切夫、里夫尼、姆岑斯克）、特维尔省（上沃洛乔克、奥斯塔什科夫、列热夫、托尔若克）、唐波夫省（科兹洛夫、利佩茨克、莫尔尚斯克）、雅罗斯拉夫省（洛斯托夫、雷宾斯克、乌格里奇）。伏尔加河流域县城中人口较多城市为伏尔格斯克、库兹涅茨克、赫瓦伦斯克（萨拉托夫省）、塞兹兰（辛比尔斯克省）。

所有这些城市都是工商业中心或者旧文化中心。伏尔加河流域很多城市快速发展为贸易中心。莫斯科省只有科洛姆纳和谢尔普霍夫市居民数量为10000～15000人，其他城市人口数量较少。

改革后人口数量达100000人的城市数量增加。19世纪60年代初欧俄只有3个该规模的城市（圣彼得堡、莫斯科、奥杰萨），60年代末已有5个（增加了基什涅夫和里加）；90年代末增加到14个，几乎增加了2倍（如图拉、萨拉托夫、下诺夫哥罗德、喀山、阿斯特拉罕、基辅和哈里科夫）；20世纪初该类城市增加至20个。②

19世纪俄国城市社会经济生活和农村具有紧密联系。它反映在许多方

① *Города России в 1904 году.* С. 390.
② *Статистический временник Российской империи* Вып. I. СПб. , 1866；*Статистическое обозрение Россссийской империи* СПб. , 1874. С. 39；*Историческая география СССР.* С. 199；*Города России в 1904 году.* С. 440.

面：诸多省城和县城中有很多居民从事农耕作业，它们实质上仍是农业城市。在工业发展过程中，城市、工厂镇和农村的联系千丝万缕。19世纪，不但俄国城市和农村间具有这种关系，西欧也是如此。该过程主要和工商业相关联，城市和农村逐渐形成统一的经济体系。西欧国家城市研究资料指出，19世纪初城市和农村间差距逐渐减少……19世纪下半叶随着外部文明传入，农村闭塞状态打开……铁路、刊物、自由运动不但在大城市中普及，也逐渐深入乡村中。工业开始在大城市周围快速发展。①

虽然俄国和西欧的发展模式具有共同点，但二者也存在明显差异，主要体现在两地区城市比重，以及国家内城市和乡村关系层面。②

表1-3 19世纪下半叶西欧国家与俄国城市居民比例

单位：%

国家	城市居民比例			
	1840年	1850年	1860年	1890年
英 国	—	50		72
法 国	24.4	—	—	37.4
德 国		—	35.8	48.5
瑞 典	—	10.1		18.8
挪 威	12.3			23.7
意大利		—		25
欧 俄	—	10.0	10.7	12.9
整个俄国	—	9.0		13.4

因此，19世纪俄国仍以农业为主导，城市对周围农业区经济的影响力加强，对居民文化生活的影响也逐渐增强。大多数省城文化模式类似，其住宅样式、公共和家庭生活方式相近，缺少完善的城市公共设施，同时居民世

---

① Вебер А. Рост городов в XIX столении. СПб., 1903. С. 10 – 11.
② Вебер А. Рост городов в XIX столении. С. 47, 65, 79, 103, 106, 107, 114; Статистические таблицы о состоянии городов ... СПб., 1852. Приложения; Общий свод .. Т. 1. Таблица 19.

界观、精神和道德价值观都趋同。城市与农村关系特征已基本定型，俄国都市化进程开启。

19 世纪中期俄国只有几个城市是工业中心，如莫斯科、圣彼得堡和少数几个省会城市。改革后大工业在城市周边地区蓬勃发展。19 世纪末 20 世纪初对 18 个省份城市工业机构研究后发现，在大多数城市中，手工业机构仍占主导，详见附表 1。这些省城居民主要从事零售贸易、园艺花卉和小手工业生产。大型工业城市数量有限，主要分布在雅罗斯拉夫、科斯特罗马和图拉等省份。[①]

改革后城市最重要的功能仍是行政职能。1880 年 H. B. 舍谢尔库诺夫指出"城市之所以存在，其中一个重要原因就是它永远是行政中心"。[②] 国外学者在研究中也指出俄国城市特殊性，即服从于中央政府，受政府监督以便征税。[③]

因此，如果对 19 世纪俄国城市特征进行归纳，那么如下因素十分重要。

● 19 世纪俄国城市具有多功能性，但其主导作用仍是行政功能。

● 与 1860～1870 年俄国资产阶级改革一样，此时期也是俄国城市发展的分界点。现代化进程促进城市数量增加和城市文化发展，城市居民成分也随之变化。但无论是改革前，还是改革后，城市都保留与农村的特殊关系。

● 省城基本上都是小城市。在整个研究时期内中型城市都有增加趋势，居民数量也有所增加。19 世纪末，100000 名居民以上大城市数量明显增加，但俄国该类城市数量有限，首都居民数量最多。

● 城市主要特征是本地农业和工商业中心。大部分城市或多或少地保留了农业居民，不只具有商业特征，还具有自然经济特征。工业生产形式主要为手工工场和小作坊。只有个别工厂镇有大型工厂。

● 因此，19 世纪俄国城市是文化离心力的中心，它确定了新社会文化水平。同时，它也试图巩固传统文化影响。

---

① *Города России в 1904 году.*

② Шелгунов Н. В. *Очерки русской жизни.* СПб. , 1895. Стб. 73.

③ Brackwell W. L. *Modernization and Urbanization in Russia//The City in Russian History.* P. 299.

第二节　城市基础设施建设和发展

19 世纪很多城市都保留了中世纪建筑风格。在城市设置时自然因素具有特殊作用，一些城市沿河而建，因此，傍河城市在俄国具有典型性。牧场、果园也都是城市不可或缺的画面。

新时期城市建筑风格中产生了新元素，该因素奠定了城市的社会文化空间。首先是街区建筑，主要特征为径向—环形设置。

新时期城市标志性建筑总是设置在公共中心，按照确定的规划调整城市建筑，但城市建筑方式产生了重大变化。除祭祀设施外，城市建筑时必须设置行政和贸易建筑物。典型建筑物都按照规定方案、样式进行设置。设计规划由沙皇确定，并具有法律效力。1785 年公文中首次规定该条文。18 世纪 60 年代首次制定城市建筑规划，此后二十年该工作不断扩展，一直持续至 19 世纪上半叶，1840 年彻底完成。新规划促使 400 多个省城和县城诞生，俄国大部分城市都产生于该时期。[①] 制定城市规划的建筑师都家喻户晓，如 A. B. 克瓦索夫、И. E. 斯塔洛夫。规划制定必须遵守如下原则：确定城市界线，首先进行行政和商业中心建设，在设置街道和胡同时必须考虑安全因素。

新建筑布局逐渐合理，其理念为古典主义美学和艺术美学。但在此后建筑过程中也不断调整建筑风格，欧洲风格居于主导地位。

19 世纪中叶标准建筑最为普及。国家机构建筑方案基本定型，1809 ~ 1811 年初次刊登省城和县城居民用房模式，19 世纪 40 ~ 50 年代该模式已成明文规定。政府对城市建筑进行监管。1813 年莫斯科成立建筑委员会目的是为因火灾无家可归的穷人发放贷款和补助金，因此在施工和建筑时必须保障与规划相一致。[②] 1828 年奔萨省省长在报告中专门指出所有城市建筑须遵循图纸。[③]

---

① *ПСЗ*. 1. 1763. Т. 16. № 11883；ПСЗ. 1. СПб. ，1839.

② *ЦИАМ*. Ф. 163. Комиссия для стоений в Москве. Оп. 2. Д. 2. Л. 14. ，14 об.

③ *РГИА*. Ф. 1281. Оп. 11. Д. 99 6. Л. 17 об.

图 1 - 2　弗拉基米尔省省长府邸——19 世纪弗拉基米尔典型建筑

图 1 - 3　19 世纪初邮局明信片上的雅罗斯拉夫中心广场（教堂附近）

城市中典型建筑物也出现新特征，但在城市设置时首先考虑的仍是城市中心定位与标准化。Н. П. 阿尼茨非洛夫认为，19 世纪城市风格趋于一致，具有相当复杂的社会—空间结构。这个结构包括街道体系、广场设置，以及商业街和教堂布局。此时大多数教堂都是石制，且是城市的重要组成部分。同时城市建筑也具有多面性，也要考虑本地特色，很多城市保留了旧式空间

图1-4　弗拉基米尔市政府广场和省办公大楼

结构。1827年，典型建筑发展达到高潮，尼古拉一世吩咐各省收集相关信息，即什么样的城市仍保留城堡和堡垒，如果城市中有这些建筑，怎样与现阶段建筑风格融为一体。严格禁止破坏老式建筑物；当地警察局和部分官员专门负责该问题。沙皇指令对保留俄国中世纪城市具有重要作用。

　　19世纪30年代开始，国家建筑政策中确定了保护城市空间规划结构的原则，加强中世纪城市建筑保护工作。该观点与叶卡捷琳娜二世时期政策相悖。尼古拉一世时期明确提出保护彼得一世以前古城，并对古建筑进行修补和翻新，他对国内古建筑情有独钟，对弗拉基米尔教堂和神殿更是十分重视。1834～1835年间修复了德米特洛夫大教堂、巴加留巴夫教堂和巴克洛夫教堂；此后还修复了圣诺夫哥罗德、下诺夫哥罗德和斯摩棱斯克教堂墙体。①

　　改革后，对典型建筑重视程度降低，对各城市建筑开始统一规划。19世纪中期俄国城市建筑都按照沙皇规划设置，无论是省城还是县城都遵循该

①　ЦИАМ. Ф. 163. Оп. 2. Д. 40. Д. 2，12 - 12 об；Градостроительство России середины XIX—начала XX века. М.，2001. С. 38，61 - 62；Полякова М. А. Охранга культурного населедия России М.，2005. С. 28 - 29.

原则。1858 年命令主要针对居民住宅缺乏统一模式的问题。因城市建筑实际需求，1850～1870 年间典型建筑逐渐消失。1870 年城市规章中允许私人建设房屋，但是必须遵循相应建筑风格，即便如此，仍加速了城市建筑风格多样化发展。①新房屋一般是多层楼房，多为 3～4 层，常由房屋所有人邀请知名建筑师设计。其中一些建筑成为当今的城市建筑遗迹，19 世纪末至 20 世纪该类房屋模式最为普及。

19 世纪地名录是城市特有的"语言"。②地名录中含有城市历史遗迹的描述，也阐述居民具体的经济活动。

市民阶级属性在街道名称上展现得淋漓尽致：城市中有贵族、市民、工商业街道，通常邮政线路穿过城市中央，便于城市和首都联系。街道名称一般按照城市名称设置，据此进行定位。例如，在季米特洛夫，有卡什尼斯克、克里尼斯克、特洛茨克大街。街道名称也常以街道上的教堂和修道院命名，如彼拉卡维什斯克、吉和维尼斯克、比特尼茨克、斯巴斯克大街。

城市的入口是城市哨卡。18 世纪末在邮政路线的两侧设置驿站，主要用于检测来往车辆和行人，在此处设立绘有双头鹰标记的界碑。普希金在小说《叶甫盖尼·奥涅金》中对哨卡进行描述："哨卡柱子已发白，这就是特维尔……雪橇已经难以行走"（第 7 章）。1868 年彼洛夫在其作品《哨卡附近的最后酒馆》中也描绘哨卡。进入城内的行人，首先进行登记，登记内容主要包括"姓名、从哪里来、到哪里去"。铁路产生后，过去的哨卡变成拦路杆，主要设置在火车站内。③但在一些城市中长期保存着哨卡，如 1912 年科斯特罗马还保留有哨卡。

---

①　*Образцовые проекты в жилой застройке русских городов XVIII-XIX вв.* М.，1961. С. 164，200；Гуляницкий Н. Ф. *Русский регулярный город на традиционной основе* // Архитектурное наследство. Вып. 33. М.，1985. С. 5－6；*Градостроительство в России.* . . С. 268－272.

②　Маслова Н. М. *Топонимика Калуги—зеркало истории города*//Вопросы географии. 1962. № 58. С. 158－165；Суперанская А. В. *Наименовамия и переименования в городах*//Вопросы географии. 1966.　№ 7. С. 86　－96. Зорин　А. Н. *Города　и　посады дореволюционного Поволжья.* Казань，2001. С. 320－325.

③　*Рассказы бабушки. Из воспоминаний, записанных внуком Д. Благово.* М.，1989. С. 6.

图 1－5　20 世纪初科斯特罗马城市哨卡

　　因此，城市是各时期工程的代表。作家 И. И. 普什卡列夫在描述圣彼得堡时指出："在活生生的历史古迹面前我们能探寻俄国城市过去和现在的生活方式，这是我们先辈留给我们的丰富遗产。"①

　　过去标记被刻在石头或青铜器上，逐渐演变成现在的纪念碑，19 世纪许多俄国城市都有独特的文化元素。A. 达尔卡夫在 1860 年出版的《俄国纪念碑汇编》中指出："纪念碑上记录着俄国值得纪念的历史事件，或记录着战争过程以及城市内功勋卓越的人物。"②

　　纪念碑是雄伟的雕塑艺术品，每个时期的纪念碑都有其艺术特殊性，足以体现出当时的文化特征。

　　中世纪为纪念胜利和重大历史事件，通常在教堂附近设置纪念碑。新时期世俗文化在文化模式中占优势，已不再修建纪念碑等类似设施。但莫斯科

① Пушкарев И. И. Историко-географическое описание городов С.-Петербургской губернии. СПб. , 1837. С. 3.
② Долгов А. Памятники и монументы, сооруженные в ознаменование достопамятнейших событий и в честь замечательных лиц. СПб. , 1860. С. 29.

救世主大教堂就是为纪念 1812 年卫国战争胜利而设立的伟大纪念碑。

18 世纪俄国就具有修建世俗纪念碑的传统。彼得一世时期圣彼得堡修建了俄国第一个世俗纪念碑，雕刻家 Э. 法理卡涅、M. 卡拉和 Ф. 卡尔杰耶夫共同雕刻铜像。1818 年在莫斯科设立了市民米宁和大公波让尔斯基纪念碑，该纪念碑由 И. П. 马尔托斯雕刻。

1611 年国民后备军将领就提出建立纪念碑的想法，1803 年文学、科学和艺术爱好者协会诞生，该协会是玛尔托斯纪念碑创立者。此后，在国内掀

图 1－6　19 世纪末莫斯科米宁和波让尔斯基纪念碑

起建立纪念碑的热潮。[①] 1818 年在俄国科研会议上首次提出用设置纪念碑来纪念国家的重大事件，米宁和波让尔斯基纪念碑也因此建立。

1811 年下诺夫哥罗德首次设置纪念碑，由下诺夫哥罗德市市长 K. 米宁提出设计提案，其目的是纪念 200 年内民族战争。亚历山大一世指令指出，纪念碑应设置在莫斯科，以彰显 17 世纪俄国抵御外敌战争胜利。为纪念该事件，1826 年在下诺夫哥罗德设立花岗岩纪念碑（雕刻者为 И. А. 梅里尼科夫）。[②]

首都设置纪念碑带有诸多省城的文化因素。为纪念 1812 年卫国战争胜利，在塔鲁京（1834）、斯摩棱斯克（1841）、梅德尼（1854）设置纪念碑；1849 年为纪念波尔塔瓦战争胜利，在该城市也建立了纪念碑；1912 年博罗季诺为纪念卫国战争胜利 100 周年设置纪念碑。

为纪念 1812 年卫国战争，北部首都设立亚历山大纪念碑（由雕刻家 O. 莫尼费朗雕刻），该纪念碑成为君主专制制度强化象征。1834 年该纪念碑开始对外开放。[③]

1830 年起产生了新型纪念碑，肖像纪念碑数量迅速增加，以前的方形石碑、大型纪念碑或锥形纪念碑数量减少。[④] 城市中人物纪念碑数量增加，被纪念的人物或是民族英雄，或是具有伟大功勋的名人。19 世纪上半叶，城市内产生了俄国沙皇纪念碑。城市中出现最多的是彼得一世和叶卡捷琳娜二世纪念碑。

利佩茨克最多的就是彼得一世纪念碑，当地居民认为他是城市创始人，预示着这将给这座城市带来新财富[⑤]（彼得一世时期利佩茨克建立了大型冶金工厂）。随后沃罗涅日建立了沙皇纪念碑，该市造船厂生产出俄国第一艘

① Турчин В. С. Монументы и города. М. , 1982. С. 30.

② Города по В олге, Клязьме и в Московской губернии. Б/м. Б/г. С. 14； Кириченко Е. И. Запечатленная история России М. , 2001. С. 97.

③ Долгов А. Долгов А. Памятники и монументы, сооруженные в ознаменование достопамятнейших событий и в честь замечательных лиц С. 12.

④ Кириченко Е. И. Запечатленная история России. С. 97 – 98.

⑤ Долгов А. Памятники и монументы, сооруженные в ознаменование достопамятнейших событий и в честь замечательных лиц С. 9.

轮船（1860年），为庆祝彼得一世200周年诞辰，在叶卡捷琳堡和彼特洛扎沃斯克也建立了其肖像纪念碑。阿尼托卡里斯克认为还应在塔卡尼罗克和阿尔汗格棱斯克建立彼得一世纪念碑，工程分别于1903年和1914年竣工。

许多城市中建立了叶卡捷琳娜二世肖像纪念碑，主要分布在叶卡捷琳斯拉夫（1846年）、叶卡捷琳堡（1886年）、西姆佛洛巴夫（1899年）、奥杰萨（1899年）。1873年在圣彼得堡建立了俄国沙皇纪念碑（雕刻家为米科什尼，他也是下诺夫哥罗德《千年俄罗斯》雕塑的雕刻者）。

图1-7　莫斯科救世主大教堂

按照玛尔托斯方案，1831年在塔甘罗格建立了沙皇亚历山大一世的雕塑。1859年在圣彼得堡建立了尼古拉一世肖像纪念碑（雕塑家为克洛德）。[1]

1862年下诺夫哥罗德《千年俄罗斯》建筑竣工成为轰动俄国社会文化界的大事，竣工时沙皇亚历山大二世亲临现场。在纪念碑附近广场上检阅军团，晚上城市灯火辉煌，国宴持续数天。这些纪念碑和圣彼得堡亚历山大洛夫斯克圆柱一样象征着俄国的实力强大，纪念国家过去的重大历史

---

[1]　Долгов А. *Памятники и монументы, сооруженные в ознаменование достопамятнейших событий и в честь замечательных лиц* С. 13.

事件。

19世纪末20世纪初在首都建立了罗曼诺夫家族最后几位沙皇的纪念碑，在莫斯科和克里姆林宫内设置了亚历山大二世纪念碑，在救世主大教堂对面广场上建立了亚历山大三世纪念碑（雕塑家为奥别库什尼，该纪念碑于20世纪30年代遭到破坏）。1909年在圣彼得堡建立了亚历山大三世纪念碑（雕塑家为特鲁别茨卡，1917年后雕像被拆除，但仍然具有一定的艺术价值，如今设置在姆拉莫尔教堂对面）。

罗曼诺夫家族第一位沙皇米哈伊尔·罗曼诺夫纪念碑设立在科斯特罗马市，建立于此并非偶然。众所周知，科斯特罗马市农民伊万苏萨尼曾救过俄国沙皇，把其藏在伊巴奇夫斯克修道院中。雕像最初名字叫《沙皇米哈伊尔和农民伊万·苏萨尼》，于1851年3月14日庆祝城市诞生时建立。该广场开始时被称为苏萨尼广场，竣工当日广场周围酒店院子、阳台凉台、居民住宅窗户旁都站满观众，当天参加庆祝人数达30000人。[1]

科斯特罗马市还打算建立巨型纪念碑，以纪念罗曼诺夫家族300年的统治。为庆祝该事件，在1913年3月庆祝日当天，伏尔加河岸边树立起了纪念碑，由院士阿达姆索尼设计并监督施工。[2]

19世纪30年代起，特别是改革后，俄国城市内设置了众多名人纪念碑，包括作家、学者、作曲家、社会活动家。纪念碑开始由国王纪念碑向人民纪念碑发展，这明显反映出城市的文化水平。[3] 在雅罗斯拉夫 П. Г. 杰米多夫纪念碑底座上写道（1826年）："感谢雅罗斯拉夫省贵族巴维尔·戈里卡里耶维奇，他是教育的赞助人，也是高等技术学院创立人。"[4]

城市中也有很多名人纪念碑，这些名人或是出生于此，或是在这里从事

---

① *Из Костромы. Открытие памятника Михаилу Федоровичу и Ивану Сусанину//* Москвитянии. 1851. № 8. С. 334 – 341.

② *Губернский город глазами костромских фотографов. Фотоальбом.* Кострома，1991. С. 24，74.

③ Кириченко Е. И. *Запечатленная история России.* С. 98.

④ Долгов А. *Памятники и монументы, сооруженные в ознаменование достопамятнейших событий и в честь замечательных лиц.* С. 25

创作和展开社会活动。如在阿尔汉格尔斯克建立罗蒙诺索夫纪念碑（1834年，雕塑家玛尔托斯）、在辛比尔斯克建立卡拉姆辛纪念碑（1845年，雕塑家卡里得别克）、在喀山建立罗马切夫斯基纪念碑（罗马切夫斯基教授是19世纪俄国著名数学家），此外，沃罗涅日省卡林索夫雕像、斯摩棱斯克戈里尼克雕像、奔萨城市花园中列尔莫尼托夫雕像（1889年由雕塑家奥别库什尼雕刻）也都是纪念碑代表。

普希金雕像在其流放的南部城市中随处可见，如基什涅夫、奥杰萨（1887年），皇村贵族学校对面（1899年）也设有普希金雕像。[1] 为庆祝俄罗斯民族文化节，1880在莫斯科设立普希金雕像（雕塑家是奥别库什尼）。此类事件报纸上都有所刊登。在莫斯科举办的俄罗斯文学爱好者协会会议上，图尔克涅夫、达斯托夫斯基、克留切夫斯基分别进行发言，倡导在城市中建立名人雕塑。

许多著名纪念碑和雕塑不只是"政府证明民族属性的社会形式"，即便是思想专制的工具，但它们不仅具有文学价值，也是俄国文化社会遗产的重要组成部分。

如今仍试图恢复那些遗失的建筑雕塑和纪念碑，但首都和诸多城市文化建筑空间的差异将永久存在。

改革后俄国城市数量迅速增加[2]，城市面貌也焕然一新。在社会经济创新的影响下，很多古代遗迹被破坏，19世纪60～70年代有学者写道："现在下诺夫哥罗德是个巨大的集市……古代东西已不复存在，所有的一切都以商业利益为主。"[3]

同时，大多数城市郊区还保留着乡村居民点。"半农村特征加速了一些城市的成长，城市不可能转化为农村，而农村却被城市融合"，19世纪60年代人们曾用此话语来描述科斯特罗马。70年代沃罗涅日郊区俨如乡镇，建筑十分简陋。80年代辛比尔斯克省城教区还不能被称为城市。"沿伏尔加

---

① *Исторический очерк.* СПб., 1902. Приложение.

② Шелгунов Н. В. *Очерки русской жизни.* Стб. 76.

③ Шмурло Е. Ф. *Волгой и Камой. Путевые впечатления //* Русское богатство. 1899. Т. 10. С. 97.

河有众多苹果树和樱桃树果园……炎热夏季伏尔加河下游水流浇灌这牧场，这里已不能听见农民歌声，却可清晰听见市民歌唱。伏尔加河沿岸所有城市都沿伏尔加河分布。"①

石头城市是新时期城市建筑的典型风格之一。石头房屋不仅是正规城市的象征，而且是城市生活方式的标志。它是城市财富、社会地位的象征。但在现实生活中，石头建筑在俄国城市内很受限制。19世纪城市保留建筑多为木制建筑。甚至在19世纪末期，首都木制建筑比例达60%，欧俄其他城市中木制建筑比例达80%。②

在19世纪60~70年代的改革浪潮中，因火车站、各种技术设施和民房建筑数量增加，大城市中石头建筑数量也增多。

省城和县城的大多数居民都有小型房屋。与农村不同的是，城市居民有稳定收入，可以把房屋出租。他们通常把房屋租给军官、教师、医生和小官吏。改革后住宅出租已十分普遍，建设出租房屋是资本积累的一个重要形式。19世纪末这种状况多出现于首都和省城中。当时有人指出："出租住宅的情况只出现于大城市中，小城市中每个官吏、医生、教师、手工业者甚至杂工都有房屋。"③

研究时期内，城市居民密度并不比农村高。19世纪50年代，城市居民平均密度不超过6~9人/房屋。弗拉基米尔、奔萨、沃罗涅日、彼尔姆、喀山、萨拉托夫、奥廖尔、雅罗斯拉夫居民平均密度分别为7、8、6、9、7、9、8和9人/房屋。首都该指标非常高，圣彼得堡和莫斯科分别为42人/房屋和22人/房屋。④

与中世纪相比，19世纪末城市居民密度变化不大，大多数城市居民密度都属于中下等水平。20世纪初一份出版物中指出，城市居民密度并不是

---

① Керенский А. Ф. *Россия на историческом повороте. Мемуары.* М. , 1993. С. 3.
② Семенов-Тян-Шанский В. *Город и деревня в Европейской России.* СПб. , 1910. С. 195 – 202. *Сведения по губерниям.* См. : Приложение. Табл. 2.
③ Михайловский А. Г. *Реформа городского самоуправления в России.* М. , 1908. С. 10.
④ *Статистические таблицы о состоянии городов. . .* СПб. , 1852. Приложения.

很高，大多数省城单位住宅内居民数量都低于 15 人，一些大城市达 30 人，如莫斯科、弗拉基米尔和喀山。通常，县城内居民密度为 5～10 人/房屋，只有伊万诺夫－沃兹涅谢斯克达到 50 人/房屋。[1] 该地是俄国大工业中心，被称为"俄罗斯的曼彻斯特"。

图 1－8 下诺夫哥罗德彼拉卡维谢斯克广场

城市基础设施及其发展方向决定了城市公共事业和卫生水平，以及社会文化水平。

改革前城市基础设施维护（按照 19 世纪 50 年代末 60 年代初的资料）主要限定在中央街道、广场、城市照明设施维修。此类支出不超过城市财政收入的 1/3。[2] 19 世纪 50 年代末各省相关资料完全可以证明该观点。如沃罗涅日、库尔斯克省县城中，用于基础设施建筑的支出为 25～50 卢布；卡卢加用于城市公共设施的花费低于 20 卢布，其他城市（塔鲁斯、梅德尼）花费为 300～400 卢布。科斯特罗马省玛卡里耶夫、奔萨省纳洛夫洽奇、克列

---

① *Города России в 1904 году.* С. 392，441.

② *Экономическое состояние городских поселений . .* Ч. 1 － 2；Шрейдер Г. И. *Город и городовое положение 1870 года// История России в XIX веке.* Т. 4. С. 10.

尼斯克、莫斯科省卢吉用于公共设施维修的资金非常少，只有 2~10 卢布。个别地区公共设施维修支出较高，达 750~900 卢布，如梁赞省的卡西莫夫、奔萨省的萨拉尼斯克县城。[①]

除图拉、萨马拉、奔萨省外，省城都有铺砌的街道，街道都设置照明设施。通常，县城内没有铺砌街道和设置街道照明设施。但弗拉基米尔、斯摩棱斯克和雅罗斯拉夫省等城市除外。莫斯科省各县城虽然和首都很近，但是基础设施相去甚远，只在谢尔布哈夫有铺砌的街道，只有卡洛姆尼有照明设备。街道由石头铺砌而成，有时也使用石板。18 世纪时就已对市民征收桥梁维修税，该赋税一直持续至 19 世纪末。1899 年唐波夫省省长指出欲确定城市公共设施水平，必先确定城市道路设施状况……因此唐波夫省各县城很注意道路维修。对房主征收实物差役，用于道路和街道维护，但居民抵触情绪较大……因此，有时道路十分泥泞，甚至不能通行。[②]

在省城中，下诺夫哥罗德比较特殊，它是伏尔加河流域最美丽的城市，在改革前几十年其基础设施就发生了明显变化。1846 年《莫斯科人》杂志中写道："25 年前下诺夫哥罗德和省城的农村类似，巴克洛夫卡、伊莉尼克、洛热杰斯特维尼卡除一条主街外什么也没有……人行道就更不用说了……到处可见牛、猪和羊，旁边的水中鸭鹅成群……现在城市变化翻天覆地。伏尔加河岸边建造有美丽的河堤，街道几乎都用石头铺砌而成，宫殿内部还有花园。1846 年下诺夫哥罗德开始使用自来水，在彼拉卡维谢斯克广场上建筑有喷泉和储水池。居民免费使用自来水。"[③]

1834 年和 1836 年尼古拉一世到达下诺夫哥罗德之后，该城市的石头建筑迅速增加。按照尼古拉一世指令在这里建筑兵营、监狱和警察局。但 19世纪 60 年代初一个官方出版物中指出，下诺夫哥罗德并没有设置公共设施的良好条件：奥卡河两岸之间没有固定桥梁，128 条街道和人行道中只有1/3 修缮完毕，除克里姆林广场之外 9 个广场中只有 3 个处于人口密集地区，

---

① *Экономическое состояние городских поселений . . Ч. 1 – 2.*

② *РГИА.* Библиотека № 97. Отчет о состоянии Тамбовской губернии за 1899 г. C. 4.

③ *Москвитянин. 1846.* № 4. Отд.《Внутренние известия》. C. 191 – 193. 197.

许多市场和中央街道仍十分泥泞。针对这种状况，城市杜马只拨款 5000 卢布用于公共设施建设（县城公共设施花费超额较多，阿尔多夫为 96 卢布，克尼亚基尼为 41 卢布）。①

下诺夫哥罗德城市面貌和公共基础设施变化与 1817 年贸易场地转移和经济发展密切相关。玛卡里耶夫市"在搬迁后变为玛卡里耶夫交易所，最终完成从小乡镇到城市的转变"。1861 年政府第一次提出关于玛卡里耶夫转变为城市的问题。② 在经济活跃条件下，政府关注和法令成为该城市发展与否的关键。应该指出，玛卡里耶夫市的形成主要源于商业因素，受其他因素影响较小。

街道和广场照明设施是评估改革前城市基础设施水平的重要指标之一。街道两侧路灯是衡量城市基础设施水平的重要因素之一。通常在当年 8 月至次年 4 月和秋冬季节晚上城市都被照亮。

省城和县城长时期都使用含油或松节油的灯照明，但只在中央街道上点亮。而且数量上也存有差异：19 世纪 50 年代末省城路灯数量一般低于 100 盏，萨拉托夫和下诺夫哥罗德有时达 600 盏，县城内一般不超过一二十盏。街道灯光非常弱。一个旅行者指出："奔萨几乎可以说没有路灯，灯光非常微弱，只能勉强看见道路。"③ 因为可以食用，使用大麻籽油做燃料的路灯经常被偷走。为能正常使用，选择在灯内添加煤油。19 世纪 60 年代煤油灯在很多城市中得以推广。在某些城市中油灯因价格低廉而被保留下来。1862 年科斯特罗马省省长给内务大臣瓦鲁耶夫的信中写道："科斯特罗马省街道照明使用含酒精的松油，城市收入不能维持灯油供应，城市杜马认为在城市中不能继续使用该燃料进行照明。报告中表明维持城市照明共需 170 盏照明灯，共计金额 12500 卢布，而城市收入仅有 25000 卢布，街道铺设支出为 32500 卢布，已经无力支付该费用。为维持城市杜马运作，建议从 1863 年

---

① *Экономическое состояние городских поселений . . Ч. 1. С. 11 – 13.*

② *Экономическое состояние городских поселений . . Ч. 1. С. 35 – 36.*

③ *Экономическое состояние городских поселений . . Ч.1 – 2; Рагозин Е. Путешествие по русским городам//Русское обозрение. 1891. Т. 4. №7. С. 214.*

开始使用煤油灯，把灯笼数量增加到 300 盏。"① 这封信证明省内财政比较紧张，而科斯特罗马省是公共设施新事物推广区。内务部经济厅答复如下："内务大臣以前没有遇见城市和广场照明相关问题的请示，建议根据当地情况寻找合适方式解决该问题。"②

夜晚街道照明设备必须做好防火措施。开关灯时间为防火瞭望台工作时间。H. A. 涅克拉索夫在一首诗中对俄国城市街道照明状况进行描述，诗句内容如下：

> 当路灯工人携带梯子到来后，
> 街道上暗淡无光的灯笼
> 在广场上冉冉升起。

路灯设置和维修技术难度不断加大：挂灯工人把灯笼悬挂、放下、刷洗和加油，然后放回原地。

文化空间元素在旧式建筑中持续存在，主要体现在公共花园和林荫路设置方式上，通常按照河岸和城市堤坝分布。М. Ю. 列尔莫尼托夫对 19 世纪 30 年代中期莫斯科景观进行描述，他指出，在玛里伊小树林中看见"尖尖的屋顶，堤坝上虽有尘土，但绿色林荫路十分笔直"。首都中不但有花园，还有菜园（篱笆）。19 世纪 30 年代圣彼得堡菜园（篱笆）面积占城市属地的 1/7。③ 从政府机关办公室可看见菜园内的黄瓜。Ф. 戈里卡在 1840 年时描写莫斯科时写道："耕地围绕着莫斯科，仿佛处在花园之内。"

公共花园是城市著名景点，它是城市中新事物的代表。在某些省城公共花园内还有专业花匠。М. С. 谢梅夫斯基在 19 世纪 50 年代末发现下诺夫哥罗德城市公共花园对面是集市。④ А. Н. 奥斯特洛夫斯基于 1856 年描述特维

---

① *РГИА*. Ф. 1287. Оп. 34. Д. 1573. Л. 1，1 об，2.

② *РГИА*. Ф. 1287. Оп. 34. Д. 1573. Л. 7.

③ *Статистические сведения о Санкт-Петербурге*. СПб.，1836. С. 66.

④ Семевский М. С. *Прогулка в Нижний Новгород*//Русский вестник. 1860. Т. 29. Сентябрь. Кн. 2. Отд.《Современная летопись》. С. 140.

尔时写道："卡斯基尼宫殿旁老花园附近，花儿虽然还没有盛开，但游人已接踵而至。"

笔者并未掌握有关19世纪40年代圣彼得堡公共花园的描述。此时首都已有1000多个公共和私人花园。夏天叶卡捷琳堡居民经常逛花园，塔夫里常有游人参观宫殿。其他花园进入时需要持票，但是观赏者仍然很多。① И. 布什卡列夫在描述圣彼得堡时写道，首都居民文化生活丰富，人们都乐于去公园游玩。А. Н. 奥斯特洛夫斯基就居民游览特维尔公共花园写道："那里有很多美丽的姑娘，一多半女性都化妆。他们乘着小车……商人妻子穿着时髦的衣服，大部分都是丝绒；妇女们穿着黑色靴子和大衣，头上为鲜艳的玫瑰色头巾，衣服上带有宝石胸针。特维尔人只有在重大节日时才佩戴此类刺针，平日里人们都忙于自己的事务。"②

在盛大教会节日时公园中聚集很多人。在悼亡节、圣灵降临节和感恩节，"各阶层居民都来到这个夏季花园中"。同时，И. 布什卡列夫指出"游园人数逐年变少……我们的风俗逐渐在改变和消失"。只有一部分商人和市民还保留着传统习惯和旧习俗，圣灵降临节之后第一周夏季花园中聚集了一批新娘，现在这个习俗逐渐改变，人数也变少。只有复活节和谢肉节保留着群众性和有民族色彩的活动，政府广场上聚集着很多人。③

圣彼得堡成为俄国欧化中心。在其影响下，省城或县城内民族文化传统已有明显的现代化元素。大多数俄国城市中传统宗教和国民节日，如圣诞节、主显节、报喜节、复活节、谢肉节，在各个阶层的生活中都保留下来，市民和商人阶层保留得最为完整。

城市和国民文化问题是一个非常宽泛的问题，在城市传统节日中都有所体现。Г. П. 费德托夫认为，职业文化和国民文化关系问题、智力和日常生

① Пушкарев И. Описание С.-Петербурга и уездных городов С-Петербургской губении. Ч. 3. СПб., 1841. С. 153.

② Островский А. Н. Дневники и письма. М.; Л., 1937. С. 22, 28, 36, 39.

③ Пушкарев И. И. Историко-географическое описание городов С.-Петербургской губернии. С. 165 – 167.

图1-9 莫斯科雅罗斯拉夫火车站

活关系问题，对理解俄国公共文化生活产生的过程非常重要。

在改革初期公共经济生活逐步现代化的条件下，城市生活基础设施非常复杂。自来水和下水道出现，街道上有了电力照明设备，家庭内安装电话，水塔建成后清洗设施、电站和电话需求不断增加。

改革后建立了形式各异的能反映城市经济和文化生活的新式公共建筑。城市中银行、集市、饭店、剧院、出租房涌现，市中心建筑特征开始发生变化。

改革后城市变革的重要因素为铁路，它影响城市基础设施设置，使许多新型建筑物和行业产生。铁路提供给人们新式公共建筑，如客车站和火车站。

当时的资料中经常提到城市公共设施发展和铁路建设间的关系。俄国最古老的文化中心之一沃罗涅日，在19世纪初城市基础设施十分落后，但从60年代末出现铁路起，城内开始一系列施工。城市火车站最引人注目①。

火车站改变了城市结构，使城市成为文化经济中心，车站周围产生了商店、饭店和报亭。火车站是朋友分别和相逢的地点。皇村铁路巴甫洛夫火车站内华尔兹舞王伊卡尼的夏季音乐会非常著名。1856～1865 年、1869 年、1872 年举办音乐会时吸引了众多观众。巴甫洛夫音乐会成为首都文化生活的重要组成部分。O. Э. 玛尼杰里什特在 1890 年指出："巴甫洛夫今年有望赶上圣彼得堡。蒸汽火车汽笛、铁路铃声和前奏曲混合在一起……在大型火车站中演奏着柴可夫斯基和鲁宾斯坦的乐曲。"② A. H. 奥斯特洛夫斯基在"天才和崇拜者"（1882 年语）中描述主人公亚历山大就是从铁路火车站一级乘客大厅开始的。③

城市建筑新元素为邮政小事处。取代旧式狭小和简陋办公室的是宽敞的办公大厅，可见邮政业务的发展程度。

邮政设施在城市规划时统一设置，按规定方案进行施工。同时代人认为它和火车站类似，具有优点和不足。19 世纪末俄国旅行者在来到吉夫里斯火车站时写道："基辅或下诺夫戈罗德火车站稍微逊色……铁路建筑物千篇一律，没有考虑气候因素，建筑没有和自然环境融为一体。"④

各城市在建筑火车站时都参考莫斯科—圣彼得堡车站样式。两个首都间火车站遵循 K. A. 托尼方案，他是尼古拉一世时期著名建筑师，同时也是莫斯科救世主大教堂设计者，很多车站都以其设计为模板。

交通运输也是公共文化的指标之一。19 世纪交通运输开始发展，19 世纪下半叶已发生显著变化。与私人马车和出租马车相比，城市中产生了公共

---

① Веселовский　Г. М. *Исторический очерк города Воронежа*. Воронеж. 1866. С. 219，224；Веселовский　Г. М. и др. *Города Воронежской губернии. Их история и современное состояние*. Воронеж，1876. С. 3，11.

② Мандельштам О. Э. *Шум времени*. Иркутск，1991. С. 198－199.

③ *Правила устройства вокзала в московском Петровском парке*. М.，1837；Черничкина В. А. *Повседневная жизнь губернского города Владимира в последней трети XVIII—первой половины XIXв*. Рукопись канд. дисс. Владимир，2007. С. 168.

④ Крушеван А. П. *Что такое Россия. Путевые заметки*. М.，1900. С. 75.

运输工具。改革前 10 年圣彼得堡和莫斯科就定期通行普通旅客客车（16 个座位）、大型敞篷马车或能容纳 10~14 位客人的车辆。敞篷马车具有固定线路，中型城市内该运输方式十分流行。

改革后城市中产生了有轨马车。它被称为马车铁路，用马匹拉动车厢，按照轨道移动。1863 年在圣彼得堡该运输工具第一次投入使用。第一条路线是从莫斯科火车站到涅夫斯克大街停车场。19 世纪末莫斯科有轨马车线路长度达 85 俄里。[①]

有轨马车在莫斯科产生的时间为 1872 年，当时正在举办工学展览会。有轨马车从伊维尔斯克弯道出发经过涅戈里克和布里瓦尔大街至特维尔哨卡。19 世纪末 20 世纪初莫斯科有轨马车线路长度超过 90 俄里。[②]

图 1-10　1843 年莫斯科马车夫

①　*От конки до трамвая. Альбом. СПб.，2001.*

②　*Города России в 1904 году. Приложение. Табл. 2.*

有轨马车是什么样的呢？"两层车厢，带有上下两层座椅，用两匹马拉车。在上坡时还要套上 1～2 匹马。每站地上层乘客需支付 5 戈比，下层乘客需支付 3 戈比，上层车厢只能坐男乘客。"① 该运输方式主要针对市民，商人自己都配有马车。

1875 年内务部开始对有轨马车及其线路设置进行监督，允许在其他城市推广有轨马车。② 报纸和杂志上讨论圣彼得堡和纽约有轨铁路问题，1832 年俄国各城市都讨论有轨马车建设问题。喀山（1875 年）、奥杰萨（1880 年）、哈里科夫（1882 年）、萨拉托夫、罗斯托夫、普斯科夫（1887 年）、图拉（1888 年）、沃罗涅日（1891 年）、萨马拉（1895 年）和某些其他城市有轨马车开始运营。但有轨马车线路不是很长③，19 世纪 90 年代末沃罗涅日有轨马车线路长度为 6.5 俄里，图拉为 8 俄里，只有萨拉托夫达到 20 俄里。④

图 1－11　1896 年莫斯科马车夫

① Белоусов И. А. Ушедшая Москва. Записки по личным воспоминаниям с начала 1870-х годов. М. , 1998. С. 109.

② РГИА. Ф. 1293. Оп. 77. Д. 59. Л. 24，25.

③ Пенкина З. М. Библиографические материалы по железнодорожному делу. СПб. , 1888. С. 47－50；Очерки истории техники в России 1861－1917. Кн. 2. М. , 1975. С. 110.

④ Города России в 1904 году. Приложение. Табл. 2.

1890 年城市中产生了电车。为在有轨马车街道上推广电车，要改造轨道线路，放入枕木，铺设第二条线路。下诺夫哥罗德于 1896 年全俄工业艺术展览会开幕时通行电车。随后，库尔斯克、奥廖尔（1898 年）、喀山（1899 年）都出现了电车。莫斯科于 1899 年才开始推行该运输方式，圣彼得堡于 1907 年运行电车。①

最初电车设置的目的只是公众娱乐。圣彼得堡居民聚集在一起只为乘坐新式运输工具兜风。②

19 世纪末 20 世纪初欧俄 15 个省城内通行电车（其中包括斯摩棱斯克、特维尔、图拉、雅罗斯拉夫、沃罗涅日、库尔斯克、萨拉托夫、奥廖尔）和 6 个县城。与有轨马车相比，电车普及速度更快。在笔者研究的 18 个省城中有 12 个已有电车，而保留有轨马车的只有 4 个。但电车路线长度有限，一般不超过 9 俄里。只有喀山电车轨道达 24.5 俄里，雅罗斯拉夫为 13.2 俄里。莫斯科电车线路长度仅为 4.4 俄里。③

图 1 - 12　19 世纪下半叶圣彼得堡尼古拉耶夫火车站站前的有轨马车

---

① *Отечественная история с древнейших времен до 1917 года. Энциклопедия.* Т. 1. М., 1994. С. 600 – 601.

② Засосов Д., Пызин В. *Повседневная жизнь Петербурга на ребеже XIX—XX веков.* М., 2003. С. 56.

③ *Города России в 1904 году.* Приложение. Табл. 2.

尽管城市运输中产生新事物，但在研究期限内它只是运输工具之一（见附表2）。И. А. 别洛乌索夫指出："莫斯科保留了许多出租马车，重物仍被运到出租马车处，家具也被运到载货马车处，还有运输轻型货物的专业出租马车。19世纪60~70年代轻便马车被称为蜂鸟；80年代蜂鸟被四轮轻便马车所替代，运输非常方便。"[1]

19世纪最后10年某些省城内还没有公共运输设施。C. B. 德米特里夫指出80年代雅罗斯拉夫"不论是有轨马车、电车，还是汽车、自行车，都不存在。全部使用马力运输，马车拉行李和轻型货物到剧院、银行、火车站……在雅罗斯拉夫，出租马车是贵族式的，只在城市中行走。婚礼、葬礼和其他隆重节日也多使用马车。19世纪末才出现汽车，其数量十分有限。城内第一辆汽车属于牙医 H. Я. 波波夫……汽车总被一群人围观，特别是孩子"。[2]

改革后城市街道上产生电灯。19世纪上半叶就试图用电灯为街道照明。1849年法国化学家阿尔克洛"企图在俄国推广电力照明系统"。为实现该目标成立了以科学院院士 Б. C. 亚卡比为首的专业委员会，成员包括许多电力技术领域的科学家。国家教育部下达命令，最初该照明试验用于替换亚历山大罗德纪念碑的四个烛台，且在通向军舰修造厂入口使用电灯。但试验没有取得预期效果，沙皇命令取消该委员会，停止试验。[3] 19世纪最后10年才开始使用电灯用于街道照明。1879年圣彼得堡的"水果烛光"照亮皇宫大桥，1880年它照亮莫斯科红场、石桥、救世主大教堂等建筑物。[4]

用于城市街道照明的电灯被称为气灯。同时，城市生活中还出现了很多新事物，但没有广泛普及。20世纪初中央统计委员会刊登资料指出，大城市中仍使用煤油照明。只有11个城市使用气灯，使用电力照明的共有34个

① Белоусов И. А. *Ушедшая Москва.* С. 109.

② Дмитриев С. В. *Воспоминания.* С. 26，40，41. *Города России в 1904 году.*

③ *РГИА.* Ф. 735. Оп. 2. Д. 745.

④ *Сборник очерков по городу Москве. Издан к Всероссийской художественной выставке в 1896 г. М.*，1897. СЮЗ，13，18；*Очерки истории Ленинграда.* Т. II. С. 828 – 829.

城市，其中省城为斯摩棱斯克、特维尔、图拉、唐波夫、维亚特、卡卢加、喀山、奔萨、阿斯特拉罕、沃罗涅日、奥廖尔、萨马拉。此时，气体和电照明设备在城市中还未广泛普及，如莫斯科的 23000 盏街道照明灯中气灯数量不超过 9000 盏，电灯为 200 盏，其余全是煤油灯。1895 年圣彼得堡气灯和煤油灯数量几乎持平，约为 8000 盏，电灯数量只有 183 盏。[1] 19 世纪末仍有 59 个城市没有照明设备（约占城市总数的 14%），以小城镇为主。[2]

城市生活的一个重要部门是供水部门。大多数县城内，甚至省城多由街道水井供水，少量院子内有水井，部分居民直接从河中取水。19 世纪上半叶一些河流已遭到污染，河水不能饮用。

在城市公共设施中最大众的新事物是自来水管道。它产生于 19 世纪上半叶。1805 年莫斯科完成美吉什尼斯克公用自来水管道建设，1780 年该管道就已开始施工。在城市中安装蓄水池，使用专业运输马车夫为各家供水。卡卢加（1807 年）、下诺夫哥罗德（1847 年）等地也开始使用公共自来水管道。1859 年圣彼得堡开始建设自来水管道，虽然 1819 年就提出了修建自来水管道方案，但政府拒绝安装自来水管，他们认为"圣彼得堡政府有能力保障供水"。[3]

19 世纪 50 年代对美吉什尼斯克公用自来水管道进行改造，主要使用著名工程师杰里维卡的"俄罗斯供水事务创作方案"。按照其方案在下诺夫哥罗德安装自来水管道。1858 年 11 月莫斯科建设新自来水管道，当时莫斯科自来水施工已达一定水平。替换旧式石质管道，减少城内蓄水池数量。19世纪初莫斯科只有 5 个蓄水池，50 年代末已达 22 个。什列梅杰夫斯基、鲁彼尼斯克、杰特拉里、波克洛夫斯克、斯莫列尼斯克、库德里尼斯克蓄水池规模最大。喷水池旁有 8 个储水池储水，还配备了 39 个消防井。美吉什尼

---

① *Города России в 1904 году*. С. 396. РГИА. Ф. 1287. Оп. 37. Д. 92，98，131，147，158；Библиотека. № 68. С. 29.

② *Города России в 1904 году*. С. 396.

③ Середонин С. М. *Исторический обзор деятельности кабинета министров* Т. 1. СПб.，298；*Очерки истории Ленинграда*. Т. 1. С. 615.

图 1 – 13　19 世纪末雕刻画——卖水人

斯克自来水管道改建费用为 200 万纸卢布。①

　　莫斯科美吉什尼斯克自来水管道附近还设有索卡里、洛热杰斯和扎莫斯克供水管道，这些水管主要用于工业供水。政府严格监管饮用水质量。19 世纪 60 年代一个回忆录中指出"索卡里管道、索卡里和卡拉尼水井水质很好"。② 众所周知，1848 年莫斯科省省长颁布指令之一就是要求工业企业向外迁移，主要原因为空气污染。莫斯科有测定美吉什尼斯克自来水化学成分的专业机构。③

　　19 世纪 50 年代末开始从公用自来水管道向各家引水，但"只有得到沙皇许可或者首都长官指令时，才允许公共和工业机构少量引水"。随后该禁令逐渐放松，19 世纪 60 年代末自来水已进入 55 栋房屋，其中包括公共机关、工业企业和私人家庭。家用自来水管的第一个所有人为著名慈善家佛尼

---

① *ЦИАМ. Ф. 2249. Управление московскими водопроводами. Оп. 1. Д. 161. Л. 5；Д. 21. Л. 2；Д. 235. Л. 16　об，18；Труды руссих водопроводных съездов. Первый съезд. М.，1895. С. 24.*

② *ЦИАМ. Ф. 2249. Оп. 1. Д. 224. Л. 1；Д. 235. Л. 17.*

③ *ЦИАМ. Ф. 2249. Оп. 1. Д. 235. Л. 8. об.*

梅克，萨尼度澡堂主人洛玛克尼、企业家马莫尼托夫和赫鲁德夫也先后安装自来水管道。此期间自来水进入克里姆林宫、沙皇剧院、亚历山大洛夫军官学校、邮政总局、国家银行、军事议员和某些国家议员家，以及洗衣店（城中有公共洗衣店）中。[①] 布杰诺兄弟、卡尔吉克尼、梅尔特瓦科工厂中也先后开通自来水。此外，政府还研究向主教公会印刷厂、莫斯科大学印刷厂和莫斯科技术学院引水的问题。[②]

自来水管道也是政府征收不动产税的对象之一。在把自来水管道引入屋内时，城市要进行征税。[③]

图1-14　清洗自来水管道

19世纪因税率非常高或缺少统一征税规则，很多用户偷税漏税。偷税者中不乏富裕和有声望的居民，如莫斯科著名药店所有人费尔列尼、卡玛洛夫斯基伯爵夫人、扎卡列夫斯克伯爵夫人、城市澡堂所有人切里什夫和洛玛克尼。[④] 欠费时会被切断供水，在向莫斯科自来水管道管理局缴纳费用和所欠税款后，自来水可正常使用。

19世纪下半叶，萨拉托夫（1857年）、雅罗斯拉夫（1862年）、特维尔（1865年）、新切尔卡斯克（1865年）、罗斯托夫（1866年）、科斯特罗马（1870年）、奥杰萨（1873年）、喀山（1875年）、哈里科夫（1879年）、

---

① *ЦИАМ. Ф. 2249. Оп. 1. Д. 161. Л. 64, 107об, 129, 167об, 283 – 286；Д. 172. Д. 1；Д. 188. Л. 1；Д. 259. Л. 1.*

② *ЦИАМ. Ф. 2249. Д. 293. Л. 1；Д. 161. Л. 37.*

③ *ЦИАМ. Ф. 2249. Оп. 1. Д. 235. Л. 17.*

④ *ЦИАМ. Ф. 2249. Оп. 1. Д. 161. Л. 183 – 184.*

图 1-15 19 世纪末弗拉基米尔水塔和商队

书耶（1883 年）、萨马拉（1886 年）、图拉（1894）、卡卢加、叶莉茨都铺设了自来水管道。但诸多城市中并没有自来水，自来水也不能成为最主要的供水方式。①

诸多莫斯科专家参与其他城市供水网络建设工作。1860 年特维尔省长请求 А. И. 杰里维克为该城市安装自来水。为监管莫斯科省梅基西市自来水机器质量，莫斯科专门派遣领导到工厂检查。在施工方案报告中，杰里维克指出，特维尔自来水管建筑方案由他领导工程师进行，他对施工方案专门进行研究。② 同时他还研究如下城市的供水方案：基辅（1859 年）、哈里科夫（1857 年）、新切尔卡斯克（1867 年）。③

因城内有许多老式建筑，自来水管道设置首先和消防相关。1893 年莫斯科消防部门负责人吉米尼在第一届自来水管道代表大会上指出：俄国火灾

---

① Фальковский Н. И. *История водоснабжения в России.* М. , 1947. С. 180，184，186，188，218；Анохина Л. А. , Шмелева М. Н. *Быт городского населения средней полосы РСФСР в прошлом и настояшем.* С. 124.

② *ЦИАМ.* Ф. 2249. Оп. 1. Д. 182. Л. 2，16.

③ *ЦИАМ.* Ф. 2249. Оп. 1. Д. 135，199，290.

多发，给国家财产带来巨大损失。1875～1882 年欧俄各省年平均火灾数为
37000 起，火灾使 130000 个城市和农村建筑毁灭。19 世纪 90 年代因火灾带
来的损失达到 8000 万卢布，其中 1/4 来自城市。代表大会上研究了城市消
防管道问题，倡导安装专业灭火设施，设置消防水龙头，该水龙头能产生强
有力水柱，为手动和消防管道必需设备。[①] 因采取防火措施，俄国火灾数量
明显减少。据统计，1860～1862 年建筑物火灾系数从 4.9 减少到 3.3。[②] 因
火灾危险仍然存在，自来水管在防火工作中具有重要作用。1897 年奔萨省
省长在报纸上指出自来水管道铺设工作十分重要，它不但可保证居民获得纯
净和健康的饮用水，而且能用于消防。[③]

　　萨马拉也按照吉米尼方案铺设自来水管道，省内官员指出自来水管道不
但可消除火灾，且春秋季节居民可以喝到伏尔加河和萨马拉河的纯净水，水
中含有大量有机物，且没有污染。但萨马拉省农村公社对安装自来水非常反
对。只是在扑灭火灾时他们才客观地看待自来水，开始为它自豪，当地报刊
甚至陶醉于自来水管的防火作用之中。[④]

　　尽管普及自来水管道取得显著成绩，人们也明白其重要性，也清楚其消
防功能，但吉米尼指出到 19 世纪 90 年代为止俄国自来水管道发展仍十分缓
慢。[⑤] 19 世纪末 20 世纪初只有 88 个城市中有自来水管道。[⑥] 1911 年 20.6%
的城市中设置了自来水管道，使用居民超过 10000 人（中型和大型城市）。[⑦]
除梁赞外，所有省城都有自来水管道。各省有自来水管道的县城情况如下：
弗拉基米尔、奥廖尔有 7 个城市；萨拉托夫和维亚特卡有 8 个城市。斯摩棱
斯克、下诺夫哥罗德、奔萨、沃罗涅日省中没有一个县城有自来水管道。小
城市以及大部分县城仍使用传统的供水方式。通常城市分布于河流两岸，河

①　*Труды русских водопроводных съездов. Первый съезд.* С. 102, 113.

②　*Статистический временник Российской империи.* Сер. III. Вып. 17. Спб., 1887. С. 3, 8 - 9.

③　*РГИА.* Библиотека. № 64 а. Отчет о состоянии Пензенской губернии за 1887 г. С. 4.

④　*Труды русских водопроводных съездов.* Первый съезд. С. 196 - 197.

⑤　*Труды русских водопроводных съездов.* Первый съезд. С. 4.

⑥　*Города России в 1904 году.* С. 396.

⑦　Фальковский Н. И. *История водоснабжения в России.* С. 286.

水比较纯净且可以饮用。

　　大部分城市中自来水管道是公用的。19 世纪末只有 1/8 的城市引水到户，即便是莫斯科这样的城市的自来水也只供应 20% 的建筑。①

图 1 – 16　1880 年莫斯科消防队

　　日常生活垃圾处理也是城市生活的重要方面。19 世纪大多数城市清理垃圾的基本方式是使用卫生设备、在房子附近设置脏水坑，以及使用专门渠道输出垃圾。

　　大城市中因没有清理设施，垃圾问题非常棘手。1895 年在参加第二次供水大会时一名代表指出："到现在为止，下水道仍被认为是天方夜谭，只有奥杰萨、雅尔塔、基辅、华沙建有下水道。莫斯科去年才开始建设下水道。圣彼得堡仍在犹豫是否铺设下水道。"② 莫斯科下水道建设方案于 1874 年就被提出，但城市杜马迟迟没有通过。1898 年首都的中央下水道网络才开始运行。③ 19 世纪末 20 世纪初只有 7 个城市有下水管道系统（不足全部

---

① 　Михайловский А. Г. *Реформа городского самоуправления в России. С. 104*；*Фальковский Н. И. Москва в истории техники*. М.，1950. С. 24.

② 　*Труды русских водопроводных съездов*. Второй съезд. М.，1897. С. 44.

③ 　*Города России в 1904 году. С.* 397.

城市的2%）。[1] 20世纪最初10年城市生活中该领域变化不大：1910年只有40个城市有排水管道，仅占全俄城市总量的5%。[2]

内务部医务厅厅长尼卡拉耶夫在1898年研究卫生状况之后认为任何城市的卫生都需改善，其中特别强调现在需要供水管道。城市需要优质的水源，这些水来自供水管道，这是衡量城市公共设施水平的重要指标之一……同时，排水管道和供水管道一样重要，排水管道也会影响供水质量，若铺设不好则会导致瘟疫在城内蔓延。[3]

图 1-17　莫斯科苏哈列夫水塔附近的配水柱

城市环境形成特征与居民服务和交流方式密切相关，农村却十分排斥这些因素，如店铺、商店、小酒店、饭店、药店、公共澡堂、图书馆、博物馆和剧院等服务设施。19世纪中期省城内都具备这些建筑。城市中贸易和餐

---

① *Сборник очерков по городу Москве. Канализация г. Москвы.* С. 2，4.
② 《*Энциклопедический словарь*》Гранат. Т. 16. Стб，65；*Города России в 1910 году.* СПб.，1914. С. 1-19；Фальковский Н. И. *Москва в истории техники.* С. 272.
③ *РГИА.* Ф. 1287. Оп. 28. Д. 395. Л. 39 об.，40.

饮业有所发展，对于外来人口而言，饭店、旅店和小酒店具有重要意义（这些业态在县城内也有，其中最著名的是小说《稽查员》主人公）。19 世纪一位作家指出："伏尔加河沿岸所有繁华城市中都有酒馆，也可称为饭店，且总是客满。"① 饭店和酒馆的区别在于，它有清晰的门牌号，多处于繁华处，十分好找。饭店钥匙上标明牌号或者饭店房间号。19 世纪 60 年代城市中上述领域的发展状况见表 1-4。②

表 1-4　城市中的贸易、公共饮食领域

单位：家

省城	店铺	商店	咖啡店	小酒店	小饭店	旅店	饭店	澡堂	药店	理发馆
弗拉基米尔	150	—	—	—	—	—	—	—	—	—
沃罗涅日	505		3	13	—	50	12	6	3	—
喀山	193	38	—	12	11	20	33	—	—	—
卡卢加	803	7	—	8	8	62	5	3	—	—
卡斯特洛马	302	5	—	13	—	10	7	—	—	—
库尔斯克	545	16	2	8	—	40	11	—	—	—
下诺夫哥罗德	6934	—	—	24	—	20	37	—	3	—
奥廖尔	536	30	5	9	6	60	7	4	—	—
奔萨	452		1	4	1	66	9	—	—	—
彼尔姆	268	7	—	2	—	20	3	—	—	—
梁赞	241	9	—	17	3	39	2	—	—	—
萨马拉	160		—	7	12	142	2	—	—	—
萨拉托夫	887	—	2	8	—	128	29	10	3	—
辛比尔斯克	813	9	—	—	—	15	5	—	—	—
斯摩棱斯克	241	—	—	7	—	7	3	—	—	—
唐波夫	220		—	12	—	23	17	—	—	—
特维尔	338	10	3	1	—	—	8	—	—	—
图拉	981		1	25	7	—	11	1	—	—
雅罗斯拉夫	865	8	3	2	8	—	12	—	3	10

---

① Рагозин Е. *Путешествие по русским городам*//Русское обозрение. С. 236.

② *Экономическое состояние городских поселений . . Ч1 - 2.*

此时，城市内产生了商店，与城市集市贸易相比，它们更加专业化，且商店种类日趋繁多，如灌肠商店、糖果点心店和时装店等。虽然和店铺相比商店数量较少，但它是新事物，也属于城市贸易范畴。小酒店、小旅店逐渐让位给饭店，饭店具有综合性特征，此处可以同时休息和就餐。饭店也开始成为公共社交场所。1898 年在莫斯科斯拉瓦斯克市场饭店，斯坦尼斯拉夫斯基和涅米罗维奇－丹钦科进行了历史性会晤，被认为是俄国通俗戏剧的开端。外来居民居住地点多为旅店，此时，新旧事物并存：19 世纪末许多俄国城市中都产生了饭店。县城中也出现了城市社会经济环境组合过程，区别只在规模上。

某些回忆录中含有主要食品价格信息，这是研究城市生活十分有价值的资料。И. А. 斯洛诺夫指出"19 世纪 70 年代莫斯科商品异常便宜，且没有假货"（但他没有指出 70 年代为什么会这样）。70 年代莫斯科 1 磅黑面包价格为 1 戈比，一对白面包价格为 2 戈比，1 磅黑色咸鱼仔价格为 1 卢布 20 戈比。[①] 19 世纪 80～90 年代的作品中也提到"莫斯科商品非常廉价，与 1870 年相比价格浮动不大。1 戈比可以买到 1 磅面包，2 戈比可以买到 3 磅盐，小饭店中客人都可以吃肉，高级牛肉价格才 12～13 戈比/磅，火腿价格为 30～50 戈比/磅。鳇鱼价格为 18 戈比/磅，鲟鱼价格仅为 20 戈比/磅，梭鲈鱼、欧鳊价格也很低廉"。当时价格比较高的产品是糖，碎块为 13 戈比/磅，方糖为 11 戈比/磅。[②]

19 世纪末 20 世纪初莫斯科物价与省城相差无几，肉产品平均价格为 13～15 戈比/磅（县城为 10～14 戈比/磅），黑面包、盐和糖的价格分别为 2 戈比/磅、1 戈比/磅和 15～17 戈比/磅。[③]

城市主要医疗设施是医院，通常规模不大，一般有 10 个床位和药房。省城内医院很多，个别县城医院数量较多。19 世纪 50～60 年代市民医疗帮扶率很低。梁赞省普通人不去找医生看病和去药店买药，他们生病时一般都

① Слонов И. А. Из жизни горовой Москвы. Полвека назад. М. , 1914. С. 59 - 60.
② Дурылин С. Н. В своем углу. М. , 1991. С. 51 - 53, 59.
③ Города России в 1904 году . С. 403.

图 1 – 18　19 世纪末莫斯科特洛茨基小酒馆

不去找医生。1857 年省城内有 35 位医生，其中有 10 位留在梁赞，其余医生都去各县城工作。省医院内仅有 3 名医生（此时梁赞省居民数量约为 150 万人）。① 城市居民医疗改革始于 19 世纪末，此时城市医院才有 100～400 名职工。省城中心医院一名医生为 500 名甚至更多的病人提供服务，图拉省医生年均治疗病人数达到 2500 人，莫斯科为 800 人。②

　　城市生活基础设施以及其他社会福利部门发展多受限于城市财政状况和居民收入水平。当时政府代表多次指出因资金有限，公共设施建设举步维艰。1897 年库尔斯克省省长在省内报告中写道："城市公共设施水平和城市生活水平离现代化标准相差甚远，究其原因为城市财政困难。"③

---

① *Экономическое состояние городских поселений* . . Т. 1 – 2；*Материалы для географии и статистики* . . Т. 1. С. 314 – 315；Т. 4. С. 364；Т. 12. С. 585；Т. 19. С. 432.

② *Города России в 1904 году* . С. 397 – 398.

③ *РГИА*. Библиотека. № 48. С. 6.

众所周知，1870年规章赋予城市解决财政问题的独立权。城市自治机构预算由城市杜马确认，无须上交国家部委审批，只需把该决议提交给省长。城市杜马可自由支配城市资金，可确定对酒馆、店铺、旅店、运输业征税额度，上述措施可以促进城市经济发展。М. П. 谢比金尼指出，1870年城市规章是城市正常运转的基础，城市不用再幻想自治。[1]

1870年规章推行后，改革前后省城收支情况见表1-5。[2]

表1-5 各城市收支平衡表

单位：千卢布

城市	1840年			1858年		1870年		1884年		
	收入	支出	盈余	收入	支出	收入	支出	收入	支出	盈余
阿尔汉格棱斯克	33.8	31.7		169.0	168.0	125.9	128.5	143.3	144.4	—
阿斯特拉罕	117.2	106.2		123.3	147.5	265.7	242.8	511.8	611.3	—
弗拉基米尔	6.7	8.1	—	15.8	15.7	31.5	30.5	68.9	65.2	
沃洛格达	10.9	11.6	—	27.5	27.5	38.6	35.2	92.4	92.7	—
沃罗涅日	22.2	20.1		52.4	52.4	77.3	83.0	288.4	285.1	
维亚特	10.9	10.7		24.0	19.0	21.1	23.5	51.1	52.8	
喀山	80.0	62.5		135.0	119.7	274.9	244.6	469.1	459.5	
卡卢加	39.4	50.5	—	51.3	49.2	48.7	45.9	164.8	164.8	
科斯特罗马	11.7	15.4		27.9	27.8	67.0	56.9	227.0	227.3	—
库尔斯克	30.0	42.1	—	43.8	43.8	67.4	66.2	233.4	239.0	—
莫斯科	972.0	1145.7	—	1517.1	1517.1	3123.1	3136.3	5250.4	5250.4	
下诺夫哥罗德	47.8	39.8		187.0	187.0	168.4	154.1	467.6	472.4	—
诺夫哥罗德	22.0	15.4		33.7	33.6	27.0	26.8	80.0	79.4	
奥廖尔	24.4	24.4		63.7	63.6	100.6	100.6	191.1	174.9	
奔萨	16.5	19.7	—	18.4	18.3	62.1	61.1	154.6	151.3	
彼尔姆	14.3	17.6	—	20.8	20.7	39.4	38.6	186.8	195.1	—
普斯科夫	9.4	11.5	—	15.1	15.1	32.0	31.5	75.8	80.6	—

① Щепкин М. П. Опыты изучения общественного хозяйства и управления городов. Ч. 1. М. , 1882. С. 53.

② Общественное хозяйство и устройство городов. Т. 1 - 2. СПб. , 1859；Статистический временник Российской империи. Сер. III. Вып. 22. СПб. , 1887. Таблицы. С. 2 - 62.

续表

城市	1840 年			1858 年		1870 年		1884 年		
	收入	支出	盈余	收入	支出	收入	支出	收入	支出	盈余
梁赞	11.8	14.8	—	23.3	22.9	41.1	39.7	136.6	146.6	—
萨马拉	9.2	6.4		32.8	31.2	120.3	127.9	528.1	422.4	
圣彼得堡	1584.3	1537.0		2512.0	2512.0	3474.7	3474.7	6488.4	6312.5	
萨拉托夫	69.8	94.5	—	101.0	98.4	261.2	264.5	602.2	1155.6	—
辛比尔斯克	30.5	26.5		79.9	76.6	96.7	123.5	223.3	247.2	
斯摩棱斯克	6.8	6.8		21.0	15.2	33.0	26.9	117.7	94.2	
唐波夫	14.0	20.7	—	30.0	30.0	63.0	62.7	159.0	168.3	—
特维尔	20.7	17.8		31.1	31.1	48.0	38.6	148.2	152.1	
图拉	26.0	31.0	—	41.2	41.2	77.4	74.3	162.0	162.9	—
雅罗斯拉夫	35.4	35.4		74.2	68.3	70.4	74.7	203.7	219.8	—

随着城市社会经济的发展，财政收入和支出增加完全有据可循。但值得强调的是，城市财政赤字也持续增加，1840 年为 13000 卢布，1884 年为 16000 卢布。该现象的产生源于城市税源有限，无论是 19 世纪 60 年代之前，还是改革后，城市主要收入为城市财产税和代役赋税，主要包括城市内土地、货栈、店铺、集市征税收入，以及耕地、草场、菜园、蜂场等地租金，以及铁匠铺和屠宰场等机构征税收入。

图 1-19　19 世纪末明信片——伊万诺沃—沃兹涅谢尼斯克工厂

　　城市收入还包括租赁城市建筑或其他设施的保养税，该税种主要针对店铺、旅店、货栈、城市澡堂、工厂和磨坊等设施。

　　在工业较发达的谢尔布哈夫，很难另辟新税源。1915 年城市杜马在审核城市收支平衡表时指出："除草地外，没有其他可征税项目。"因此，城市杜马决定增加草地出租费用："每俄亩的租金增至 2 卢布（原来为 50 戈比）。"① 很显然，土地主要用于租赁，城市土地长期粗放型耕种不能促进城市收入增加。

表 1－6　省城收支平衡表主要项目（占总金额的比例）

单位：%

| 城市 | 1858 年 | | | | 1880～1884 年 | | | | | |
| | 收入项目 | | 支出项目 | | 收入项目 | | 支出项目 | | | |
	城市财产和代租役	企业部分	城市和地方管理者工资	公共设施	城市财产和代租役	生产贸易	城市和地方管理者工资	公共设施	警察工资	消防支出
阿尔汉格棱斯克	13.3	2.2	14.6	10.9	31.0	9.0	12.5	14.0	8.2	14.5
阿斯特拉罕	30.8	14.8	28.0	11.6	35.1	17.0	9.5	21.7	10.8	8.8
弗拉基米尔	38.0	29.1	35.0	10.4	25.2	30.7	14.3	8.7	10.2	16.0
伏尔加	21.8	13.8	48.7	15.5	26.2	23.1	13.4	12.5	8.8	11.7
沃罗涅日	30.7	9.9	39.8	10.0	24.3	12.5	14.6	21.1	6.4	8.2
维亚特卡	10.8	5.4	48.8	6.8	21.2	28.2	20.4	6.6	15.5	18.9
喀山	31.0	15.2	38.9	4.8	37.5	18.0	13.7	18.2	12.0	13.2
卡卢加	29.8	12.7	54.7	14.7	24.4	15.7	11.8	5.1	8.4	10.2
科斯特罗马	33.3	16.1	47.1	18.9	18.4	18.4	13.2	16.2	7.1	8.8
库尔斯克	16.9	9.4	48.9	18.1	23.6	11.7	12.0	4.7	7.0	8.2
莫斯科	3.6	28.5	30.1	12.4	14.2	21.4	9.7	20.2	18.8	6.1
下诺夫哥罗德	8.7	8.4	20.3	15.6	32.7	17.4	13.3	12.6	9.0	7.0
诺夫哥罗德	20.1	7.4	41.4	9.5	12.0	27.4	12.5	9.8	8.0	14.2
奥廖尔	14.9	10.0	32.4	3.5	18.5	25.1	11.0	8.6	7.7	14.8
奔萨	60.8	9.2	53.4	19.8	34.0	20.9	12.4	16.9	7.2	12.6
彼尔姆	21.6	5.8	51.3	3.9	41.1	23.0	9.9	18.2	10.0	10.7
普斯科夫	52.3	30.5	60.2	12.8	44.9	31.1	17.0	24.7	8.4	12.0
梁赞	17.6	12.9	39.0	17.3	26.8	21.5	14.7	8.9	9.2	14.6

① ЦИАМ. Ф. 852. Оп. 2. Д. 54. Л. 129.

续表

| 城市 | 1858 年 | | | | 1880～1884 年 | | | | | |
| | 收入项目 | | 支出项目 | | 收入项目 | | 支出项目 | | | |
	城市财产和代租役	企业部分	城市和地方管理者工资	公共设施	城市财产和代租役	生产贸易	城市和地方管理者工资	公共设施	警察工资	消防支出
萨马拉	63.7	20.1	66.2	15.7	46.9	17.6	8.6	8.7	10.5	8.2
圣彼得堡	11.6	26.7	30.8	20.3	14.8	21.5	9.6	17.2	17.1	7.4
萨拉托夫	34.3	9.8	43.0	18.8	40.0	11.0	10.1	12.2	5.9	7.9
辛比尔斯克	42.3	3.1	25.5	6.2	53.8	15.9	17.8	17.9	9.6	13.0
斯摩棱斯克	16.2	8.6	18.9	15.2	28.5	35.2	17.9	20.5	12.4	14.7
唐波夫	58.0	10.7	53.7	18.3	22.4	9.5	13.5	2.4	7.0	9.7
特维尔	26.4	20.2	50.4	15.0	18.1	25.9	11.6	9.7	7.1	8.7
图拉	18.4	18.0	66.5	16.8	16.8	37.1	20.0	18.8	12.1	15.5
雅罗斯拉夫	31.7	12.5	29.7	7.5	43.7	23.3	9.7	19.6	7.4	9.6

19 世纪 80 年代城市财产税和代租役收入约占城市财政收入的 1/3，大多数城市都是如此（27 个城市中 11 个如此），只有 9 个城市这两项收入占总收入的 1/4。换言之，改革后收入部分只占总支出的 1/8。

企业征税（1858 年）或贸易税款（1880～1884 年）是从商人、小贸易者、酒馆、旅店、贸易机构、澡堂、理发店所有者处收缴的税款，最后才是工厂主和企业家。因此，该收入主要依靠的是贸易，而不是工业资本，整体上城市预算出现增加趋势。

支出部分主要是政府机关、警察局、军事哨卡、消防队支出。城市公共设施支出比例总是很低，却出现增长趋势。相反，在某些城市（如下诺夫哥罗德、奔萨、梁赞、库尔斯克）中，城市公共设施支出降低，但是城市基础设施却有所发展。

通过相关资料可知，1870 年城市改革宣布城市独立性增强，这对于解决城市问题至关重要，实质上并未赋予城市完全支配所属资金的权力。相反，19 世纪 80 年代出现了限制城市自治的趋势。沃罗涅日省省长在 1884

年报告中写道："城市自治需要政府严格监督。"①

上述年份城市预算中行政—警察支出占城市支出的半数以上。②

表 1 - 7　1880 ~ 1884 年欧俄城市预算中收入和支出项目

收入项目	百分比（%）	支出项目	百分比（%）
城市财产税和代租役	26.6	城市公共管理和行政机构员工工资	13.4
私人不动产评估征税	15.1	城市公共建筑、古迹、桥、自来水管道和照明设备支出	14.7
贸易权征税	16.1	城市借款和债务支出	5.2
各种罚金收入	3.4	教育机构支出	7.3
货物运输税款	1.9	慈善机构支出	5.0
欠缴税款收入	5.5	医疗机构支出	1.0
城市资本收入	3.6	警察局支出	10.7
城市银行利润	2.4	消防队支出	7.2
国家和土地的补助	5.1	军事哨卡支出	8.3
国家津贴	2.1		

　　由表 1 - 7 可知，19 世纪 80 年代城市借款和债务支出占总收入的 5% 以上，其中 2.1% 要上缴国库。据统计，国家资金支出可划分为以下项目：国防需要，其中包括兵营建设，约 56%；公共设施，包括自来水管道维修，约 23%；消防支出为 15.9%；国民教育支出只占 2%；各种日常支出（债务支出、城市银行补贴等）为 3.3%。③ 很显然，用于社会文化领域的资金有限。改革后城市收入虽有增长趋势，但该时期俄国各城市预算也有所增加。④

---

① *РГИА. Библиотека. № 18. Отчет о состоянии Воронежской губ.* С. 7.

② *Статистический временник Российской империи.* Сер. III. Вып. 22. С. IV.

③ *Фирсов Н. Город//Энциклопедический словарь 《Гранат》.* Т. 16. Стб. 73.

④ *Статистический временник Российской империи.* Сер. III. Вып. 22. С. XVII; *Извлечение из отчета Министерства народного просвещения за 1897 г.* СПб., 1900. С. 461; *Фирсов Н. Город//Энциклопедический словарь 《Гранат》.* Т. 16. Стб. 63.

表 1 - 8　欧俄城市年平均收入

平均年收入（卢布）	城市数量（个）				
	1840～1843 年	1854～1858 年	1870～1874 年	1880～1884 年	1897 年
1000～5000	340	312	157	73	87
5000～10000	72	116	146	99	136
10000～25000	40	71	172	220	189
25000～50000	14	25	51	98	—
50000～100000	5	7	22	50	—
100000～500000	3	8	24	53	89
50 万～100 万	—	1	1	4	—
100 万以上	2	2	3	4	20

　　与改革前相比，城市数量减少，收入低于 5000 卢布的小城市数量减少最为明显。相反，收入为 10000～25000 卢布的城市数量明显增加。收入为 100000～500000 卢布的城市数量也开始增多（1840 年为 3 个，1897 年为 89 个），但是它们并不占优势。19 世纪末年收入超过 100 万卢布的城市只占城市总数的 2.5%，大多数城市收入为 10000～50000 卢布。

　　城市收入具有局限性，首先主要依靠工商业企业间接税。大城市土地出租最具典型性，城市并不关注与城市生活相关的基础设施建设，而是重视建设旅店、贸易仓库等营利性机构。1870～1890 年圣彼得堡新增纳税项目使城市收入增加 2 倍。[1]

　　莫斯科交易委员会一名工作人员分析城市收支状况后得出如下结论，城市规模与其在公共文化生活中的作用密切相关。"越大的城市，越是人们生存的中心……越大的城市，居民文化程度越高，它要满足居民的各种需求……越大的城市，其国民教育、社会救济和医疗卫生水平、公共设施状况要比其他城市好得多。"[2] 19 世纪 80 年代末许多省城外貌焕然一新，城市社会文化生活环境也变化较大。

---

[1]　Джаншиев Г. А. *Эпоха великих реформ. Исторические справки.* М.，1898. С. 601.

[2]　Михайловский А. Г. *Реформа городского самоуправления в России.* С. 14.

第三节　城市社会文化环境

文化环境能反映出城市精神生活和智力水平，一定程度而言，它是反映社会文化潜能和公民觉悟水平的指标。

在文化功能系统中文化潜能是个非常广泛的概念。它包括各阶层社会教育机构（各类型学校）、社会文化研究所和祖辈传下来的知识（图书期刊出版和销售、图书馆、博物馆）。社会文化潜能决定了社会文化环境的饱和度和深度，首先影响城市日常生活特征。

19世纪俄国教育系统和文化教育机构最终结合，它是新文化的传播者，也是俄罗斯文化的继承者。

城市与许多系统化因素一样具有重要功能，但在此过程中城市具有首要作用。城市中孕育出新式教育模式和机构，可以和先进社会文化类型相一致，形成保证社会变革的体制。19世纪中期 K. A. 涅沃里尼写道，城市中结合所有有利因素，它使我们国家的居民变得更好。将来任何行政机构所在地都是精神、世俗、市民、军事、政府、法庭和其他机构的统一体，公务员是受过教育的官员……教育机构将会培养很多优秀人才，城市生活是优异、舒适和快乐的，没有什么能把他们禁锢住……城市将成为物质和精神生活的统一体。①

19世纪上半叶，学校是城市文化的重要组成部分。1825年许多省城产生中学，但多是宗教学校、军官学校和女子学校。改革后10年县城内开始产生技术学校。1850年只有50个县城无一所技术学校，25年前此类学校数量仅为170个。② 60年代城市预算中拨给县城技校的年维修费用为100～500卢布。30年代某些省初级学校数量开始增加。新学校要按照政府指令开设。按政府规定，辛比尔斯克省所有专科学校应在城市内重新进行建造。因此可

---

① Неволин К. А. Общий список городов Русских//Полн. собр. соч. Т. 6. С. 29.

② Экономическое состояние городских поселений .. Т. 1 – 2.

以说，此时期所有国民教育措施（19 世纪 60 年代初）都针对城市阶层……普及全民教育不如说在城市中普及，1861 年之前农民和市民受教育水平是无法同日而语的。[1]

省内公共教育学校体系还包括少数民族创办的民族学校。1850 年奔萨省已有 36 所穆斯林学校，彼尔姆穆斯林乡镇中都开设民族学校（1851 年其数量超过 50 个）。[2]

学校教育是文化推广的主要形式之一。知识促进人类和书本的交流，激发人类求知欲，让人民学会独立学习知识，熟悉职业技能，因此学校是教育的基础。它虽然不能完全发挥人的理性和道德才能，但有助于恢复国民意识，影响教育发展。[3]

个人受教育程度能体现其世界观，帮助创建市民观。因此，教育发展与市民的社会观念密切相关。[4] 政府和社会必须认清国民教育的重要性。农奴制废除后该需求极为迫切。社会现代化进程开启后对人民教育和职业水平的要求不断提高。正因为如此，俄国民族学校都产生于大改革之后。

19 世纪 60 年代的社会运动促进了俄国初级学校的建立。先进知识分子呼吁建立基础学校，地方自治会的活动最为积极，他们迫使政府在国民教育问题上做出让步。

迄今为止，通过俄国国民教育统计材料还不能准确确定文化人数量。改革前该数据更是难以统计。1897 年俄国才进行第一次人口普查，普查数据中含有居民文化程度数据，城市内居民教育状况在统计部、地方自治委员会和政府组织材料中都有所体现。由于在选择信息时缺少统一原则，所以统计资料缺乏完整性，但能确定此时国民教育的发展趋势。此外，很多俄国知名学者和社会活动家都关注该问题。

---

[1] *Материалы для географии и статистики.. Т. 20. Ч. 2. С. 407，408，409，413.*

[2] *Материалы для географии и статистики.. Т. 17. Ч. 2. С. 172；Т. 18. С. 188；Т. 8. С. 491.*

[3] Васильчиков А. *О самоуправлени. Сравнительный обзор русских и иностранных земских и общественных учреждений. Т. 1. СПб.，1872. С. 39.*

[4] Межуев В. М. *Гражданское общество. Международный журнал социальных и социокультурных наук. Т. XVIII. М.，2006. С. 76.*

　　国民教育问题相关政论作品、国家文化发展史研究和其他相关材料可以证明俄国国民学校形成之路非常艰辛，政府高层认为它缺乏应用性，不能满足现实人才需求。但大改革后初级教育体系不但在省城内推广，在县城和许多乡镇也有所发展。如1884年雅罗斯拉夫省重新开设教会学校，其中9所位于城市，66所位于乡镇。①

　　由于城市改革逐渐普及，初级学校开始在全俄境内推广。② 它包括各种形式的学校，如国家教育部的专业学校（也称部级学校）、1862年东正教会推广的教会学校、机关学校、文化学校、少数民族学校和技校等。

　　当时国民教育研究者指出，19世纪最后10年中学校数量迅速增加。1890年А. С. 彼鲁卡维尼写道，"从80年代初开始，无论是首都还是省城，城市学校数量快速增加"；他对19世纪八九十年代国民教育取得的成绩十分关注③，在城市报纸中指出初级技校需求不断增加。库尔斯克省《俄罗斯公报》指出："我们城市内基础教育需求非常高，现在学校学生已超额，必须尽快建立新学校。"④

　　Ф. Ф. 奥里杰尼布尔卡是国民教育专家，他指出，"19世纪90年代中期初级学校已经普及，和60年代初期相比，现在国民教育明显具有复苏趋势。最近两年，即1894～1895年，各类学校数量快速增加……学校、国民图书馆、周末学校和国民读物广泛普及，个别地区还设立了众多培训班。"⑤

　　从19世纪80～90年代省长报告中可以看出，学校教育取得巨大成绩，同时其中也指出发展目标为"致力于对所有阶层子女进行教育"，但对城市和地方新学校状况有所忧虑。⑥ 1884年萨拉托夫省省长写道："许多适龄儿

---

① РГИА. Библиотека. № 120. Отчет о состоянии Ярославской губернии. С. 4.

② Ольденбург Ф. Ф. Народные школы Европейской России в 1892 ～ 1893 годах. СП6. , 1896. С. 79.

③ Пругавин А. С. Запросы народа и обязанности интеллигенции в области умственного развития и просвещения. М. , 1890. С. 20, 22.

④ Пругавин А. С. Запросы народа и обязанности интеллигенции в области умственного развития и просвещения. С. 21.

⑤ Ольденбург Ф. Ф. Народные школы Европейской России в 1892～1893 годах. С. 90.

⑥ РГИА. Библиотека. № 18. С. 5；№48. С. 4. № 64а. С. 6；№ 97. С. 13.

童还是没有地方上学，学校数量严重不足。城市中该问题更为严重。"此时期省内识字率仅为 4.9%。[1]

地方自治局预算中教育支出比例最高，城市和农村公社教育支出比例较低。1899 年卡卢加省教育支出比例见表 1-9。[2]

表 1-9　1899 年卡卢加省教育经费来源

单位：千卢布，%

经费来源	金额	占比	经费来源	金额	占比
政府	190	23.6	宗教机构	166	20.7
地方自治委员会	160	19.8	培训费用	78	9.6
城市社团	49	6.2	捐款	106	13.2
农村公社	55	6.9			

表 1-9 数据表明，政府和教会机构承担着学校建设和维修的大半支出。

改革前后俄国某些城市学校信息非常有趣。19 世纪上半叶萨马拉省只有县城和教会学校。60 年代，这里有 1 所男子学校、2 所女子学校、教会学校和 5 所教区学校。1890 年萨马拉只有 3 所中学（2 所男子学校，1 所女子学校），还产生了应用型、教区和城市学校；教会学校达 15 所。19 世纪初下诺夫哥罗德只有 2 所学校，即教会学校和民族学校（后来该学校用于中学教育）；1810 年产生了初级学校，由附近教会神父担任教师。19 世纪末下诺夫哥罗德共有 70 所教学机构，如中等师范学校、亚历山大洛夫斯克贵族学校、阿拉克切耶夫军官学校、男子中学、应用学校、女子学校、马林斯基妇女学校、教区学校等。学生总数为 10000 人，初级学校学生数量超过 6000 人。

改革前，察里津是俄国荒凉地区。19 世纪 30 年代之前城市没有学校，教育只采用家庭教育方式，1838 年该地才开设学校。1880 年察里津市只有 2 所中学、1 所城市技校、5 所教会学校。此时省内识字比例约为 30%。

---

① *РГИА. Библиотека. № 18. Отчет о состоянии Саратовской губернии. С. 8.*

② *РГИА. Библиотека. № 18. Отчет о состоянии Калужской губернии. С. 55.*

1913 年雅罗斯拉夫省有 44 所初级学校，旧式教会学校只有 1 所。主要教区学校都于 19 世纪 90 年代建立。[1]

最初衡量教育质量的指标是学校教学时间。Ф. Ф. 奥里杰尼布克指出，"初级学校毕业标准是学生掌握多少技能，学生至少能轻松阅读一些平常的报纸和书籍，能写报告和书信"。[2]

在学校内可获得多少知识呢？1899 年《教育公报》中刊登了一篇文章，其中的一些内容可以回答该问题。对 1500 位已毕业 10 年学生的调查表明："尽管从学校毕业后生活得不是很好，但是他们没有一个人犯罪……初级学校尽量让自己的毕业生可自学知识，这样能带给他们更多益处。"[3]

1897 年人口普查数据中含有居民受教育人数数据。下表数据反映出 19 世纪末俄国各地区（见表 1 - 10）、各省市（见表 1 - 11）、各阶层（见表 1 - 12）的文化教育水平。[4]

表 1 - 10　19 世纪末俄国居民的文化教育水平

单位：%

地区	识字率		
俄国	29. 3	13. 1	21. 1
欧俄地区	32. 6	13. 7	22. 9
西伯利亚地区	19. 2	5. 1	12. 6
俄国城市	54. 0	35. 6	45. 3
欧俄城市	58. 5	38. 3	48. 4
西伯利亚城市	48. 0	28. 3	38. 6
喀山	42. 4	22. 3	32. 4

---

① Наякшин К. *Очерки истории Куйбышевской области.* Куйбышев，1962. С. 76，184；Смирнов С. Д. *Картинки нижегородского быта XIX в.* Горький，1948. С. 22；*Вся Россия. Особое приложение газеты 《 Россия 》.* № 8. СПб.，1905. С. 176；Водолачин М. А. *Очерки истории Волгограда.* М.，1969. С. 55，115；*Ярославль в его прошлом и настоящем. Исторический очерк-путеводитель.* Ярославль，1913. С. 196.

② Ольденбург Ф. Ф. *Народные школы Европейской России в 1892 - 1893 годах.* С. 27，84.

③ *Вестник воспитания.* 1899. №1. С. 84.

④ *Общий свод . .* Т. 1. С. XVI—XVII，XIX；Табл. 19 - 20. С. 38 - 40；*Русская мысль* 1904. № 12. С. 4.

表 1-11 19 世纪俄国居民的文化教育水平

单位：%

省城	占城市居民的比例	识字率	
		省内	城市内
欧俄地区	12.9	22.9	48.4
阿尔汉格棱斯克	9.2	23.3	52.1
弗拉基米尔	12.6	27.0	48.0
沃罗涅日	4.7	16.3	44.4
喀山	8.5	17.9	48.1
卡卢加	8.4	19.4	52.0
科斯特罗马	6.8	24.0	51.8
库尔斯克	9.3	16.3	39.4
莫斯科省	46.7	40.2	55.7
莫斯科	—	—	56.3
下诺夫哥罗德	9.0	22.0	50.3
奥廖尔	12.0	17.6	45.3
奔萨	9.5	14.7	36.4
比尔姆	6.0	19.2	48.7
梁赞	9.4	20.3	42.8
圣彼得堡省	67.3	55.1	62.8
圣彼得堡市	—	—	62.6
萨马拉	5.7	22.1	41.4
萨拉托夫	12.8	23.8	42.6
辛比尔斯克	7.0	15.6	41.8
斯摩棱斯克	7.4	17.3	51.4
雅罗斯拉夫	13.7	36.5	54.3

表 1-12 各阶层群体识字率

单位：%

阶层	识字率		
	男子	女子	平均指标
贵　　族	73.2	69.2	71.2
僧　　侣	77.9	66.2	72.2
城市阶层	50.1	31.1	40.6
乡村阶层	27.4	9.7	18.5

很显然，19 世纪末城市识字率非常高。俄国中部经济发达各省，伏尔加河流域识字率高于欧俄中部地区。农业省份识字水平明显落后。

除贵族和僧侣之外，城市其他阶层也可获得受教育机会，其中市民占主要优势，和农民相比他们的识字率较高。

大改革后中等和高等学校教育发生变化。马林斯基教育部门中出现了女子中学（1858 年学生主要是姑娘，1862 年后发展为中学），除男子中学外还开设应用技校，设立中级和高级教育机构。[1]

19 世纪末公共教育形式仍以初级教育为主，通常是三年制学校。90%以上教育机构都采用该体制。[2] 居民中受过中高级教育男子的比例为1.36%，女子为 0.85%。此时中等教育也逐渐开始普及。[3] 俄国各类教育机构的占比情况见表 1–13。

表 1–13　俄国各类教育机构占比情况

单位：%

高等教育机构	大学	0.2
	技术学校	0.05
	总计	0.25
中等教育机构	普通中等学校	0.9
	专业中等学校	0.1
	军事学校	0.1
	总计	1.1

综上所述，俄国高等教育机构占比为 0.25%，中等教育机构占比为1.1%。[4] Н. И. 鲁巴金指出 19 世纪最后 10 年"城市居民受教育程度较高"。同时，其他资料也可证明该观点，受过初等教育市民人数众多。[5]

---

[1]　Иванов А. Е. *Высшая школа в России в конце XIX—начале XX века* M.，1991. Приложения. C. 354 – 368.

[2]　*Отчет о положении и исследовании народного образования в России.* СПб.，1899. C. 38.

[3]　*Общий свод* . . T. 1. C. 3.

[4]　*Общий свод* . . T. 1. C. XVII.

[5]　Рубакин Н. А. *Этюды о русской читающей публике.* СПб.，1895. C. 105.

改革后居民识字率提高。1897 年人口普查资料中含有 60 ~ 90 年代居民教育普及情况数据（30 年）。1877 ~ 1887 年间，城市识字居民增加约 11%，其中，男性居民增长 10%，女性居民增长 12%。值得一提的是，改革后妇女受教育比例和受中等教育人数虽不是很高，但是增长幅度却超过男性居民。19 世纪末城市中等教育机构中女性居民数量增幅超过男子（相应数值分别为 3.7% 和 3.8%），城市居民总体教育水平的提高一定程度上受俄国女子学校的影响。此时 287 个城市中有男子中学，358 个城市中有女子中学。20 世纪初某出版物中指出，"政府允许女子公民接受中等教育，并为她们创造更好的教育环境。"①

1897 年人口普查数据表明，与整个国家的平均指标相比，俄罗斯族居民平均识字率仍然很低（俄罗斯族为 19.8%，整个国家为 21.1%）。虽然俄罗斯族的识字率相对较低，但高等教育机构中俄罗斯族人的比例较高。② 这些可以反映出政府政策，受过高等教育的居民以俄罗斯人最多。

图书馆是衡量文化水平的另外一个指标。19 世纪，俄国图书馆具有特殊地位，一百年中图书馆对城市文化产生了重大影响，图书馆维护系统得以生成。19 世纪最后几十年中，城市自治机构、文化机构特别关注图书馆，甚至乡村中也产生了图书馆。

19 世纪开始形成庞大的民族书库，1814 年沙皇图书馆对外开放（也可以称其为俄罗斯民族图书馆），莫斯科鲁玛尼次夫斯克图书馆于 1862 年对外开放（也可以称其为俄罗斯国家图书馆）。

当时的公共图书馆并非现代意义上的图书馆，其首先具有收藏功能。读者进入图书馆也受到诸多限制，每周仅开放 2 ~ 3 天，衣冠不整的读者是被禁止进入的。鲁缅尼采夫图书馆开放第一年中，阅览室内工作人员数量不超过 20 人。公众图书馆产生时也是书籍新社会功能崛起之时。

首都、某些省城中成立了商业性图书馆，书店中也有供读者阅读的阅览

---

① *Города России в 1904 году.* С. 462；Иванова Н. А., Желтова Н. П. *Сословно-классовая структура России в конце XIX в-начале XX века.* С. 248 – 249. Таблица.

② *Общий свод . .* Т. 2. С. 36, 37.

室（例如，圣彼得堡的斯米尔吉尼、加拉祖诺夫书店，卡卢加省的戈鲁达科夫和阿尼吉宾商人书店）。很多教育机构，如大学、技术大学、中学中都已配备了图书馆。

公共图书馆的产生对城市公共文化发展具有重要意义。18 世纪70～80 年代，个别地区就开立了公共图书馆（如图拉、卡鲁克、伊尔库茨克省）。但是它们存在的时间较短。1830 年俄国只有一个省成立了公共图书馆，即敖德萨。[①]

自由经济协会主席 H. C. 莫尔德维诺夫对图书馆十分关注，1830 年他就建议政府在俄国境内开立公共图书馆。他指出公共图书馆不仅能促进教育事业的发展，还能促进经济繁荣。H. C. 莫尔德维诺夫写道："国民教育要和国民联系在一起，俄国工农业发展十分缓慢，只有和教育联系在一起，才能改善社会经济状况，增加国民财富。俄国社会经济落后的原因之一就是各省份教育滞后，各城市缺乏获得科学知识的途径。公共图书馆作为一个大众机构，居民可以在其中阅读俄语书籍……在城市中恢复我们的集体精神……使科学和工业紧密联系在一起，在图书馆中，我们可以公布学者的各类研究或设计方案，由设计者、机器制造者就工业改良方式与企业家进行讨论。"[②]

因对国家经济发展有利，莫尔德维诺夫的方案被政府采纳。A. A. 扎克列夫在内务部通告中指出，"省内成立公共图书馆好处较多……一方面可普及知识，使人们了解科学和技术，另一方面也可为农业、工场手工业和贸易工业提供有益信息。"[③] 至 1835 年，已开立 20 所公共图书馆，这些图书馆位于阿尔汉格尔斯克、弗拉基米尔、伏尔加、卡卢加、彼尔姆、普斯克夫、萨拉托夫、斯摩棱斯克、唐波夫等省城，一些县城中也开立了公共图书馆，如阿斯塔什卡夫（特维尔省）和萨拉布尔（维亚特卡省）。至 19 世纪 40 年代末，各城市共有 39 所公共图书馆。[④]

---

① Де Рибас М. Ф. *Краткий исторический очерк деятельности Одесской городской публичной библиотеки.* Одесса, 1880.

② *Сборник Русского исторического общества.* Т. 2. С. 413.

③ *Журнал Министерства внутренних дел.* 1831. Кн. 1. С. 28.

④ *Общий отчет Министерства народного просвещения за 1835 год.* СПб., 1836. С. 117; *Абрамов К. И. История библиотечного дела в СССР.* М., 1980. С. 52.

图书馆建造得到当地社会、俄罗斯文化活动家的物质和非物质支持。图书馆在教育普及中的作用显而易见，它能促进教育事业发展。1848 年在辛比尔斯克开成立卡拉姆吉斯克图书馆，С. Т. 阿克萨卡夫、К. С. 卡尼洽洛夫都捐赠书籍。Н. М. 亚扎卡夫所有的书籍，约有 2500 册，在他去世后都由其亲属捐赠给公共图书馆。作家 Д. В. 戈里卡洛维奇参加图拉省图书馆的组织工作。① 奥斯塔什卡夫图书馆是在当地文学爱好者协会倡导下建立的。在给城市杜马的申请中天文爱好者表达了开立图书馆的愿望，他们指出："书籍是人类精神和心灵的养料。它可以弥补人类的不足……构建人民的思想，扩宽人们的思路……改善并约束人们的行为，使人们服从法律和道德。"②

А. И. 戈尔采尼在维亚特卡公共图书馆开幕时指出："公共工具"可以推动国民教育发展。他强调，图书馆就像思想的饭桌，每个人都可以从中找到食物，放飞自己的思想，找到与自己志同道合的人。③

但理想与现实差距较大。某些省图书馆成为报告厅，不具备专门的图书设施，个别图书馆甚至分布于公共和政府机关大楼内。1855 年图拉省省长在给贵族领导的信件中指出："举行代表大会的图书馆设施非常不好，最近几年内读者将不会愿意到此处读书。"④

下诺夫哥罗德贵族认为必须延期讨论公共图书馆的设置问题，虽然在给国民教育部提交的报告中指出下诺夫哥罗德已建立了公共图书馆，但贵族命令把第一次收集到的书籍放置在彼拉卡洛寄宿学校内。1846 年省长反映该图书馆状况时指出图书馆处于停滞状态，8 年来规模依然那么小，并且条件没有改善。⑤

1841 年波卡基尼在拜访下诺夫哥罗德图书馆时也描述了类似情况。图书馆

---

① *50-летнее существование Симбирской Карамзинской общественной библиотеки.* Симбирск. 1898. С. 10；Кашман М. *Тульская губернская публичная библиотека//Русская школа.* 1909. № 11. С. 230.

② Канатчиков Н. *75 лет существования библиотеки в Осташкове//Журнал для народного учителя.* 1909. № 18. С. 18.

③ Герцен А. И. *Собр. соч.：В 30-ти.* Т. 1. С. 366.

④ Кашман М. *Тульская губернская публичная библиотека//Русская школа.* 1909. № 11. С. 227.

⑤ Рубакин Н. А. *Этюды о русской чатающей публике.* СПб. , 1895. С. 42.

工作人员解释说，为保存书籍而没有对学生开放。对于该问题，历史学家指出："保存书籍是否正确呢？如果图书馆出于该目的建立，那么它就无法发挥相应的作用，只有让读者阅读图书馆内的书籍，图书馆才能发挥其应有的作用。"[1]

俄罗斯统计和地理材料中含有大改革前后某些城市中图书馆的信息。

1834年卡卢加省图书馆还位于中学内。一些书籍由居民捐赠，但每年每人要支付25卢布阅读费用。19世纪50年代末，图书馆衰退，从中学转移到贵族会议室中，图书馆在此处形同虚设。但40年代末，在城市商人书铺中产生了私人图书馆。

50年代末，喀山省有38家图书馆，其中14家位于喀山市，包括一家公共图书馆。这主要归功于商人夫托洛夫，他捐赠了2000本书籍，主要为俄文书籍。图书馆内有很多历史书籍，但现代文学书籍数量较少。

彼尔姆省几乎所有县城技校和中学都有图书馆。公共图书馆位于彼尔姆和库尼卡尔市；叶卡捷琳堡市有国立乌拉尔图书馆；在上图拉、达尔玛托夫、叶卡捷琳堡还有修道院图书馆，在个别工厂，如下塔吉尔、尤加夫、库夫希斯工厂中也有图书馆。虽然省内设立了足够的图书馆，但彼尔姆省的公共图书馆实际上并未开放，1860年其书籍总数不超过300册。以此类推，其他图书馆书籍数量也有限。只有327人订购《省消息报》。[2]

大改革后图书馆开始活跃起来。城市中公共图书馆和读者数量不断增加。如1892年沃罗涅日省公共图书馆读者数量为972人。[3] 按照印刷管理总局消息，3年内（1884~1887年）俄罗斯图书馆数量增加100家，而仅1887年就增加了约600家。大部分图书馆位于首都，如莫斯科和圣彼得堡的图书馆数量分别为49家和59家。此外，省城中图书馆数量大大超过县城内图书馆数量。除首都外，各省图书馆数量差别不大，平均每省图书馆数量为10~18家。[4]

① *Москвитянин.* 1841. № 9. С. 299.
② *Материалы для географии и статистики..* Т. 9. Ч. II. С. 73；Т. 8. С. 526，527；Т. 18. Ч. II. С. 492，501，502.
③ Рубакин Н. А. *Этюды о русской чатающей публике.* С. 108.
④ Рубакин Н. А. *Этюды о русской чатающей публике.* С. 36 – 37.

20 世纪初，图书馆 65% 的读者是城市和村镇居民，所有省城都已拥有公共图书馆。[①]

19 世纪 80 年代产生了室外图书馆。这类图书馆一般由神甫建立，位于教会附近。如萨拉托夫有 13 家此类图书馆，图书馆非常简陋，只在硬纸板上放上书，用金属丝把书挂在墙上或围墙上供读者借阅。[②] 此类图书馆被称为国民阅览室，是一种新型的图书馆。1883 年莫斯科著名慈善家 B. A. 莫洛佐夫出资建立图尔卡涅夫阅览室。莫斯科底层百姓以及无钱进入图书馆的城市阶层也可以在该阅览室内读书。1887 年圣彼得堡成立普希金国际阅览室（此年度为普希金逝世 50 周年）。1895 年省长报告中指出，圣彼得堡已有 4 个国民阅览室，在城市教育机构中它们属于免费城市阅览室，有利于促进贫困阶层教育发展，使他们通过阅读书籍充实精神生活。[③] 19 世纪末每个省都有国民阅览室。1898 年，切姆巴尔县城开设了 B. Г. 别理尼斯基图书阅览室。[④]

只有得到省长许可方可在城市中开立国民图书馆和阅览室，且要在政府严格监控下运行。1890 年出台了有关该类机构活动的专门法规。

教育委员会在普及教育时做了大量工作，特别是针对农民。1845 年莫斯科农业协会成立，1861 年圣彼得堡成立自由经济协会。19 世纪 80 年代类似社会组织在诸多省城内产生，如下诺夫哥罗德、阿斯特拉罕、哈里科夫等省份。其成员包括著名学者，如 B. И. 维尔纳德斯基、Ф. Ф. 奥里杰布尔克、B. И. 恰尔诺鲁斯基等人。

教育委员会成立的主要目的之一是发展国民教育，为国民开立新学校。[⑤] 在为国民提供书籍、文学作品和服务教师的同时，教育委员会还制定

---

① *Города России в 1904 году.* С. 405.

② *Саратовский край. Исторический очерк.* Вып. 1. Саратов，1893. С. 351.

③ *РГИА. Библиотека.* № 68. Отчет о состоянии Петербургской губернии. С. 16.

④ Пругавин А. С. *Запросы народа и обязанности интеллигенции в области умственного развития и просвещения.* С. 105 – 106；*Городские учреждения Москвы, основанные на пожертвования и капиталы московскому городскому общественному управлению.* М.，1906. С. 97；*РГИА. Библиотека.* № 64. Отчет о состоянии Пензенской губернии. С. 43.

⑤ Пругавин А. С. *Запросы народа и обязанности интеллигенции в области умственного развития и просвещения.* С. 236.

图书馆书籍目录，并且建议订购的图书要带有一些图画,① 以便满足户外图书馆和国民阅读需要。

图 1 - 20　1870 年圣彼得堡街道的国民阅览室

---

① *ЦИАМ.* Ф. 419. Оп. 1. Д. Л. 1 - 4；Оп. 3. Д. 26. Л. 3 - 3об；Веселовский Б. Б. *История земства.* Т. 3. СПб.， 1911. C. 385 - 388；*История С. -Петербургского комитета грамотности 1861 - 1895.* СПб.， 1898；*Обзор деятельности Комитета грамотности, состоящего при имп. Московском обществе сельского хозяйства.* Сахаров. М.， 1894.

　　书籍的主要功能就是供人们阅读，推广知识。1871 年 12 月开始有组织地在圣彼得堡博物馆进行群众教育。次年，每个周日人们可以免费在莫斯科工学博物馆大厅中阅读书籍（该博物馆最初名称为应用知识博物馆）。1872 年，莫斯科、沃罗涅日、阿斯特拉罕、哈里科夫、奥杰斯和其他城市中都设立了国家阅读委员会。阅读活动要在政府的严格监督下进行，阅读内容要得到国民教育部许可；通常，教师或神甫到公共图书馆读书要得到省长或者国民学校的许可。

　　在国民阅读发展的最初 20 年，县城内禁止进行此类活动。从 19 世纪 90 年代中期开始，56 个城市普及了公共图书馆和阅览室，其中包括 18 个县城。国民阅读书籍中通常会有一些黑白图画，读者可以根据自己的兴趣进行讨论。有时读者数量能达到 100 人，正常情况下图书馆平均阅读人数不超过 150 人。①

图 1 - 21　19 世纪末街道书贩

---

　　① *Очерки русской культуры XIX века. Т. 3. Культурный поотенциал общества*. М. ，2004. С. 540 – 541；*Народные чтения // народная энциклопедия*. Т. X. М. ，1912. С. 185.

某些城市中产生了国民阅读组织协会。唐波夫市阅读协会在民众中进行了大量宣传工作。其最初每周日在学校内组织读者阅读，学校大厅一般可以容纳 300～400 人，读者主要是学生。1892 年由于居民阅读兴趣增长，其建造了两层建筑物，专门用于群众阅读，建筑资金主要源自城市杜马和 Е. Д. 纳累什克尼资助。建筑物中设置有图书馆，图书馆中还有一些监察机构不允许公众阅读的书籍，这类书籍只向特殊人群开放。[1]

书籍贸易也是当时流行的普及阅读方式之一。Н. И. 诺维卡夫认为书籍是人们文化生活的重要组成部分。18 世纪末他通过书籍贸易建立了读者委员会。19 世纪初他在 17 个城市中拥有书店，在首都约有 40 家书店。19 世纪上半叶书籍推广是与书籍销售者和出版人密切相关的，如 С. И. 谢里瓦诺夫斯基、А. Ф. 斯米尔吉尼、戈拉兹诺夫兄弟等。谢里瓦诺夫斯基著作《俄罗斯国家历史》中印有 Н. М. 卡拉姆吉尼名字。斯米尔吉尼简化交易模式，增加出版数量，降低销售价格，使穷人也可以读书。19 世纪 40 年代他出版了 70 多位俄国作家的作品集，其中包括普希金、果戈理、莱蒙托夫等人。斯米尔吉尼和谢里瓦诺夫斯基第一次在俄国进行书籍贸易。[2] 首都的书店中还有商业阅览室、读者书屋。60 年代莫斯科的 18 家书店中有 6 家有此类阅览室。彼克萨诺夫认为，书店、书籍贸易都是与教育密切相关的。[3]

有时街道小摊也出售书籍。大改革时期莫斯科街道的一些拱形门附近就进行书籍、印刷品、树皮画贸易……这已成为户外的风景线之一。[4]

И. А. 别洛乌索夫在回忆录中写道："夏天很多工匠带着树皮画来到这里……19 世纪 70～80 年代树皮画和书籍货郎沿街叫卖，现在他们主要的市场还是在尼科尔斯克街道。这些图画多为宗教画，也有一些描述现代生活的图画；许多树皮画都是描述 1877～1878 年俄土战争的。"[5]

---

① *Вся Россия. Особое приложение газеты《Россия》. № 8. СПб. ，1905. С. 521－522.*
② *История русской культуры IX—XX века. Т. 3. С. 525－526.*
③ Пиксанов Н. К. *Областные культурные гнезда. С. 64.*
④ Щукин П. И. *Воспоминания. Из истории меценатства в России.* М. ，1997. С. 10.
⑤ Белоусов И. А. *Ушедшая Москва. С.* 74，76.

改革前俄国书籍贸易只对首都的社会生活有些影响。其至到 19 世纪中期，省城内都很少有书籍出售，只在个别城市中能遇到。50 年代末，沃罗涅日、卡卢加有书店设立，但其他省份还没有。[①]

改革后书籍贸易开始在省城内推广，19 世纪末书籍贸易十分繁荣。毫无疑问，这与读者数量增加密切相关。90 年代，H. A. 鲁巴金写道，作者数量不断增加，这实质上源于亚历山大二世的改革，俄国生活中产生了新元素……农奴改革使得学校数量增加，识字率提高……居民的书籍需求量迅速增加，人们在书中可以找到自己所需的知识。他指出与图书馆相比，书籍贸易在书籍推广中的作用也不容忽视。[②]

省城中在书籍贸易推广中发挥重要作用的是地方书籍出版中心，首都出版商和书籍销售商也具有重要作用。A. A. 巴赫鲁什尼在历史文献资料中发现诸多有益材料，并且确认该状况。伊万和康斯坦丁·戈拉兹诺夫的来往书信中也提到该情况，他们是当时著名的出版商和书籍销售商，也是改革前莫斯科和圣彼得堡书店的所有人。

图 1 - 22 19 世纪末明信片——伊万诺沃—沃兹涅谢尼斯克书店

---

① *Материалы для географии и статистики* . . T. 4. C. 299；T. 9. Ч. II. C. 73；T. 17. Ч. II. C. 174；Говров А. А. *История книжной торговли в России*. M. ，1976. C. 145.

② Рубакин Н. А. *Этюды о русской чатающей публике*. C. 36，141.

笔者研究依据的主要档案资料是 1870～1890 年戈拉兹诺夫和书店所有者、图书馆、欧俄地区、中部南部/西部各省以及西伯利亚地区朋友间的私人信件。30 年间莫斯科戈拉兹诺夫书店的销售区域不断扩大。① 很多省城书店都与首都书店保持着长期合作关系。其中主要城市有雅罗斯拉夫、唐波夫、彼尔姆、萨拉托夫、叶卡捷琳斯拉夫、基辅、赫尔索夫等。

书籍贸易区域非常广阔，实际上已包括所有大城市，如弗拉基米尔、沃罗涅日、科斯特罗马、喀山、库尔斯克、下诺夫哥罗德、奥廖尔、彼尔姆、奔萨、梁赞、斯摩棱斯克、萨拉托夫、萨马拉、唐波夫、雅罗斯拉夫等；也包括某些县城，如奥廖尔省的里维尼、叶里茨，莫斯科省的谢尔盖市，唐波夫省的莫尔沙尼斯克，萨拉托夫省的萨里次尼，卡卢加省的梅索夫斯克等。

以上资料可以说明城市间书籍贸易非常发达，它加强了首都和各省份的文化联系。

图书贸易的书目主要从城市中获取，其内容丰富多彩，但主要是满足教学书籍需求，学校对图书的需求量特别大（15 本、35 本、100 本，正常情况下一类书籍不超过 2～3 本）。其中，教学书籍主要有《代数汇编》《中学几何》《几何课程》《俄罗斯历史》《字母表》《俄语》《天文体系》《有机化学手册》《生理学、解剖学、卫生研究手册》等。② 哲学、罗马历史类书籍也特别畅销，如科斯特罗马书店所有人开出的书单为《哲学理论简述》《西方哲学危机》《哲学理论简析》《希腊罗马史》。③ 其中还出现过对农业书籍的需求，90 年代材料中第一次出现相关书目，如订购《俄罗斯农业日历》《犁，其设置和使用》等。虽然信件中没有指明索要书籍的地址，只是说明了需求，但从中可以看出书籍需求量快速增加。④

---

① *ГИМ ОПИ*. Ф. 1. Д. 150.

② *ГИМ ОПИ*. Ф. 1. Д. 150. Л. 2, 21, 25, 26, 30, 44, 122 об.

③ *ГИМ ОПИ*. Ф. 1. Д. 150. Л. 61 – 62；Рубакин Н. А. Этюды о русской чатающей публике. С. 111 – 113.

④ *ГИМ ОПИ*. Ф. 1. Д. 150. Л. 237.

图 1-23　И. И. 戈拉兹诺夫

　　莫斯科城郊神学院图书馆还有戈拉兹诺夫寄来的图书订购目录。他需要的图书很多，如《资本论》《资本主义产生之前欧洲经济增长》《亚历山大一世时期的社会运动》《果戈理后的俄罗斯文学》《斯拉夫文学史》《老剧院》等。1858 年有人订购《教育思想》一书，询问哪家商店有这本书。[1]这能证明，俄国城市居民开始关注思想问题。从 19 世纪 90 年代末马克思的相关书籍订阅数量可以看出，马克思主义在俄国境内已开始推广。

　　书店也邮购一些艺术文学作品，主要是莱蒙托夫、果戈理、杜勃罗留波夫、屠格涅夫、陀思妥耶夫斯基的作品，也有波米亚洛夫斯基小说、涅克拉索夫诗集、阿法纳西耶夫的俄语语言、宗塔格的儿童神话等。但很少有人订购普希金的书籍。[2]在一份"古典图书馆"的需求目录中，采购者提出了对

---

① *ГИМ ОПИ.* Ф. 1. Д. 150. Л. 75，227.

② *ГИМ ОПИ.* Ф. 1. Д. 150. Л. 79，112，185.

莱蒙托夫、茹科夫斯基、果戈理、屠格涅夫作品集中提到鲍里斯拉夫、莫扎特和萨利里书籍的需求。[1]

图 1 - 24 И. И. 戈拉兹诺夫书店收到的书单

19 世纪末鲁巴克尼在自己的书中对俄国读者进行描述，指出读者可以从公众图书馆中获得自己感兴趣的知识。[2]

表 1 - 14 19 世纪末欧俄城市居民书刊订购情况

单位：%

读者的需求	沃罗涅日	下诺夫哥罗德	萨马拉	萨拉托夫
报纸和杂志	55. 1	34. 0	35. 5	—
小说	35. 6	47. 2	48. 2	35. 9
文学作品	2. 3	11. 2	11. 3	8. 5

---

① *ГИМ ОПИ. Ф. 1. Д. 150. Л. 236.*

② Рубакин Н. А. *Этюды о русской чатающей публике. С.* 107.

很显然，读者主要感兴趣的是报刊和小说。省外书店对一些作家作品的需求量很大，如托尔斯泰、屠格涅夫、皮谢姆斯基、陀思妥耶夫斯基、奥斯特洛夫斯基、格里戈罗维奇、列斯科夫等人的作品。别林斯基的作品很流行，卡拉姆辛、索罗维约夫、米哈伊洛夫斯基的著作也受很多读者青睐，省城中最著名的作家是达尔文。伊万诺夫－沃兹涅谢斯克居民对神学书籍十分青睐。19 世纪末公共图书馆读者数量虽然不多，但有 5 个民族的读者在此阅读书籍。一般来说，每天有 10～20 人，节日时有 2～3 名工人在此处阅览法律杂志。城市图书馆中需求量最大的是小说，托尔斯泰、索罗维约夫、屠格涅夫、果戈理、涅克拉索夫书籍的读者最多，也有一些人询问电力方面的书籍。[①] 值得注意的是，最流行书籍中并没有普希金的作品。19 世纪 90 年代萨拉托夫、阿斯特拉罕购买奥斯特洛夫斯基和陀思妥耶夫斯基的作品时，有人曾对普希金作品提出需求。鲁巴金认为，俄国古典著作需求量减少的直接原因是他们的著作在居民中已经比较普及，很多居民手中持有古典作家著作。普希金、列尔莫托夫作品集出版后，需求量不高。[②] 应该说，该情况的出现主要取决于当时的潮流和公共购买倾向，当然，该论断还有待商榷，因为只有个别原始资料曾提到诗人普希金。一些学者曾对 19 世纪末社会上对普希金著作的需求量进行研究。他们指出，社会压力致使他们不能理解诗人及其思想，白银时代作家在其著作中展现社会现实，作品内多含隐喻，并且有所指。

19 世纪已产生了展览会等交易形式，这是城市社会文化环境的补充部分。

展览会的举办与 18 世纪下半叶科学院艺术家活动密切相连。1769 年圣彼得堡举办了第一次艺术展览会，但具有报告性特征。此后此类展览会就定期举办了。

19 世纪上半叶，艺术家、绘画学校经常组织参加展览会。圣彼得堡艺

---

① Рубакин Н. А. Этюды о русской чатающей публике. С. 113，116；*Русский Манчестер* (*письма об Иваново- Вознесенске*) //Русское богатство. 1900. №12. С. 50，52，53.

② Рубакин Н. А. Этюды о русской чатающей публике. С. 131，132.

术家协会成立于 1821 年，在俄国成立了可销售展品的展览厅。他们长期开展活动，1870 年的资料中还提到他们。为销售艺术展品，19 世纪 30 年代创办了莫斯科绘画和雕刻学校。在圣彼得堡也举办了此类展览会，展览伊万诺夫作品《基督教的影响》（1856 年）和 H. H. 格里的作品《秘密晚餐》（1863 年）。除艺术品展览外，改革前一些城市就已开始举办工业展览会，但都由政府发起。俄国第一次手工磨坊商品展览会于 1829 年在圣彼得堡举办；1905 年之前首都和华沙共举办过 12 次工业展览会。

改革后展览会增添了很多新事物，标志着一个新时期的来临。社会和工商业活跃刺激展览会的组织和进行。许多展览会不但具有广告应用特征，而且具有科学和文化教育目的。例如，自然爱好者协会、莫斯科大学人类学和民族学协会组织展览会的材料就成为某些博物馆展品。莫斯科民族展览会（1867 年）举办后成立了鲁米尼索夫博物馆，工学展览会（1872 年）举办后成立了工学博物馆，人类学展览会（1879 年）举办后成立了莫斯科大学人类学博物馆。

工业展览会的特点也随之发生变化，其组织程序与地理位置密切相关。他们不只在首都举办，也到各省城布展；陈列品包括食品、手工业产品、卫生用品和学校必需品。1870 年圣彼得堡展览会上第一次展出儿童玩具。1890 年举办全俄玩具、游戏展览会。

工业艺术展览会也出现新形式。1882 年首先在莫斯科赫德尼斯克区成立了专门的陈列馆举办工业艺术展览会。展览会艺术部展出了一些近年来问世的彩色画、雕塑作品、素描作品；在俄国第一次出版了带插图的艺术展览会作品目录，目录中含有 250 个作品。

1896 年在下诺夫哥罗德举办了全俄最著名的工业艺术博览会，举办期限为 10 个月（从 3 月到 12 月），而一般博览会展出时间仅为 2~3 个月。而改革前工业展览会只持续 2~3 周。

俄国展览会不但对工业具有重大影响，也影响着人们的文化生活。除观赏展品外，这里还经常举办音乐会、歌剧和芭蕾舞剧。莫斯科工业技术展览会上柴可夫斯基谱曲和演奏作品，瓦尔瓦斯基广场上戏剧《稽查员》

开创民族戏剧的先河，有轨马车开始工作。1882 年在莫斯科艺术工业展览会上举办鲁彼尼什杰尼音乐会。下诺夫哥罗德举行展览会时玛维尼托夫举办私人巡演，沙良宾尼也登台演出。此外，还邀请意大利芭蕾舞团和托尔纳克演出。下诺夫哥罗德展览会上夫鲁彼里专门谱写了著名乐曲《理想王子》。

展览会来访人数反映了首都文化生活强度。1829 年圣彼得堡第一届工业展览会开放时参观人数达 107000 人，19 世纪 40 年代末圣彼得堡展览会参观人数约 200000 人。1870 年圣彼得堡展览会参观人数达 320000 人，1872 年莫斯科工业技术展览会参观人数为 750000 人。[①]

19 世纪 60 年代艺术运动与官方学院派间的矛盾促进了艺术展览会发展，同时也为 1870 年巡回展览会协会建立提供了条件，展览会章程中第一次清晰地提出了宣传艺术思想，而且提出应该与社会需求相联系。在城市中举办巡回展览会的目的是"使省城内居民更好地了解俄国艺术和艺术成就"。第一届展览会于 1871 年在圣彼得堡艺术科学院大厅中举办，然后在莫斯科、基辅和哈里科夫巡回展出。19 世纪 80 年代中期，这些艺术品在俄国的 14 个城市中巡回展览。截至 1920 年上半年，共举办了 48 次展览会。

巡回展览是俄罗斯思想艺术生活的重要组成部分。1871 年萨尔特卡夫—谢德林第一次观看展览会后在《国家札记》杂志中写道："从今以后，俄国的艺术作品不只在圣彼得堡展出，或只挂在艺术科学院墙上或在私人博物馆和画廊中展览，也开始向俄国所有居民开放。艺术将公开对所有人开放……所有人都具有知情权，且有权评判它的功过。"[②] 巡回艺术展览会需要付费，展出品可以出售。此类展览会可以促进收藏学的发展，且能为

---

① Кошман Л. В. Промышленные выставки, художественные выставки, Политехническая выставка, художественно-промышленные выставки//Российская музейная энциклопедия в 2-х т. М., 2001; Киняпина Н. С. Политика русского самодержавия в области промышленности. Гл. V; Лачаева М. Ю. Приглашается вся Россия... Всероссийские промышленные выставки (XIX—начало XXв.): Петербург, Москва, провинция. М., 1997.

② Отечественные записки. 1871. Декабрь. С. 124.

艺术博物馆的建立筹备基金。1886年起巡回展览会由艺术科学院举办。

1886年下诺夫哥罗德艺术家和摄影师卡列里尼组织了俄国第一届省城艺术展览会，展览会上展出了地方艺术家作品。20世纪初，社会上开始广泛讨论艺术家作品巡回展。此类展览会不但在省城举行，也在县城和乡镇举办，但此类活动的影响力有限。

博物馆是城市文化生活中的独立部门，其发展与民族文化遗产研究和保护紧密相连。在此过程中，特别是在改革后，它并非属于新事物。

19世纪上半叶，俄国产生了民族博物馆创建方案，方案提出者是阿杰鲁尼克和维赫玛尼，他们是鲁缅采夫组织成员。[1] 这促进了莫斯科历史博物馆的建立。沙皇尼古拉一世在某些法律方案中提出了"保护和维修老建筑"的任务。[2]

19世纪已具有了大型博物馆，如古兵器展馆、特列季雅科夫画廊、历史博物馆和工业技术博物馆；每一个博物馆都能展现俄国的社会文化生活。从50年代开始，兵器协会、爱尔米达日博物馆有很多参观者，但规模不是很大，主要的参观者是学者、艺术家和学生。1861年俄国成立了第一家社会博物馆，即莫斯科鲁缅采夫博物馆，此时博物馆已成为首都文化生活的重要组成部分。一些省城内也建立了第一批博物馆，如在乌拉尔的一些工厂建立了工业博物馆，在维亚特省成立了地方志博物馆。

大改革后博物馆是城市社会文化生活的有机组成部分，许多城市都相继设立了博物馆。19世纪60～80年代地方博物馆成立过程中省城统计委员会作用突出。在统计委员会的帮助下，特维尔、科斯特罗马、弗拉基米尔、唐波夫、沃罗涅日、下诺夫哥罗德都建立了博物馆，他们与当地的考古组织、档案委员会、文物爱好者和收藏家共同合作。

19世纪70年代初期，学界开始讨论俄国中央工业博物馆成立的问题。1870年按政府命令在圣彼得堡和莫斯科建立了自然博物馆。1872年在莫斯

① Сын Отечества. 1817. № 14. С. 54 – 72；1821. № 33. С. 289 – 310.

② Иконников В. С. Опыт русской историографии. Т. 1. Кн. 2. Киев，1892. С. 1355.

科成立了工程技术学博物馆，科学技术知识宣传成为该博物馆工作的重心。19 世纪 80～90 年代，在省城建立了工业博物馆，其中以萨拉托夫工业艺术博物馆、彼尔姆和喀山的科学工业博物馆最为著名。这些博物馆在社会教育协会的倡导下建立，吸引了许多地方科学爱好者。许多地区把这项工作作为科学教育的任务之一，如彼尔姆图书馆除作图书馆之用，还成为教学博物馆。1915 年象征主义诗人巴里莫尼特在此讲授公开课。①

　　19 世纪末俄国 100 多个城市中都建立了博物馆，包括所有省城和许多县城。1887 年著名历史学家和地方志学家，萨马拉省和维亚特省博物馆的创始人阿拉比尼写道："一个城市若没有公众博物馆，就不算设施完善的城市。"②

　　19 世纪下半叶，博物馆发展首先与社会和个人倡导、科学团体合作紧密相连。政府倡导虽然也具有一定的影响，但并不是重点。城市和地方知识界都确信："博物馆发展和繁荣取决于教育民主化……在城市和城市生活快速发展过程中博物馆是知识的普及者，……在社会大环境中唤醒人们的社会意识，培养人们对家庭、对城市和对国家的爱。"③ 例如，1879 年唐波夫建立博物馆的目的为纪念省城建立 100 周年，是在地方老人倡导下建立的；自 1895 年开始，博物馆每周对公众开放两次，至 1903 年 1 月博物馆参展人数已超过 17000 人。④

　　与纪念历史事件、君主和国家活动的纪念碑一样，博物馆也是城市文化空间的重要组成部分。19 世纪初产生了纪念博物馆。1825 年亚历山大一世在塔甘罗格建立博物馆。19 世纪末博物馆得到广泛普及，其主要目的是纪念俄国文化活动。⑤

---

① *Пермский научно-промышленный музей. Краткая летопись* Пермь，1916. С. 15；Равикович Д. А. *Музеи местного края во второй половине XIX—начале XXв. //Очерки истории музейногого дела в России* Вып. 2. М.，1960. С. 175–223.

② Сундиева . А. А. *Музеи//Очерки русской культуры XIX века.* Т. 3. С. 615；*Города России в 1904 году.* С. 461.

③ Могилянский Н. М. *Областной или местный музей как тип культурного учреждения.* Пг.，1917. С. 304–305，310.

④ *Вся Россия.* . С. 526.

⑤ *Очерки русской культуры XIX века.* Т. 3. С. 578，620.

可根据拜访者人数、科学教育活动类型来确定图书馆在文化生活中的作用。19世纪末某些博物馆信息足以证明该观点。1861年，鲁缅采夫博物馆从莫斯科迁到圣彼得堡，当年参观人数为35000～40000人。1872年工学博物馆参观人数约为2000人，1877年参观人数达100000人，1903年超过130000人。1912～1914年彼尔姆博物馆每年参观人数为30000～40000人，包括许多外来访问者。①

以前只有首都有艺术协会、画廊等，19世纪下半期省城也开始出现此类机构。1880年在费奥达西的阿伊瓦夫斯克建立了新画廊，这是俄国省城中建立的第一家公共艺术博物馆。1882年萨拉托夫建立了工业艺术博物馆，由于是在著名画家巴卡留波夫后人拉吉什夫帮助下建立的，所以博物馆又称拉吉什夫博物馆，这里有很多风景画和艺术作品，多数是巴卡留波夫私人收藏品。1898年在艺术学校成立了画廊，艺术巡回协会成员萨维斯基为第一任馆长。该博物馆最初的展品也包括省长谢里维尔斯托夫的私人藏品。城市画廊对公众开放始于1892年。19世纪下半叶省城中共有16个艺术协会，20世纪初其数量已达28个。② 19世纪末至20世纪初喀山（1895年）、下诺夫哥罗德（1896年）、萨马拉（1897年）、塔甘罗格（1898年）、彼尔姆（1910年）、图拉（1914年）、梁赞（1915年）都陆续成立了艺术博物馆。③

戏剧使城市具有了独特的文化氛围。城市戏剧始于18世纪中期。沙皇伊丽萨维塔颁布命令在圣彼得堡创立剧院，雅罗斯拉夫剧院演员沃尔卡夫担任团长。该时期为俄国戏剧的诞生期。19世纪初奔萨、奥廖尔、库尔斯克省诸多城市中都出现了农奴剧院。此时戏剧只供贵族观赏，为著名演员提供

---

① *Очерки русской культуры XIX века.* Т. 3. С. 588；Поздняков Н. Н. *Политехнический музей и его научно- просветительская деятельность 1872 – 1917//История музейного дела в СССР.* М. , 1957. С. 133；*Пермский областной краеведческий музей.* Пермь, 1979. С. 24.

② *Золотой век. Художественные объединения в России и СССР. 1820 – 1932. Справочник.* СПб. , 1992.

③ Равикович Д. А. *Местные художественные музеи второй половины XIX—начале XXв. //Труды НИИ музееведения.* М. , 1962. С. 63 – 117.

舞台。1805 年库尔斯克省巴尔索夫兄弟剧院中谢彼克尼初次登台，当时他还是农奴，1822 年才获得自由。[①]

18 世纪末某些城市中出现了公共剧院。按照叶卡捷琳娜二世命令，1776 年在喀山、雅罗斯拉夫、特维尔、卡卢加成立公共剧院，当时卡卢加市为这些省份的中心。唐波夫公共剧院由当地地主于 1815 年建立。19 世纪初下诺夫哥罗德世袭贵族沙哈夫斯基在阿尔达特斯克县建立剧院，1811 年开始每周上演两次戏剧。1844 年下诺夫哥罗德上演了苏马罗珂夫、奥泽罗夫、奥斯特洛夫斯基、卡尔德隆和席勒的剧本，当时戏剧并没有得到社会认同，演出场所也十分简陋。萨马里尼参加了戏剧《商店主》的演出活动，这次演出非常成功（这出戏剧于 1843~1844 年在亚历山大剧院上演）。奥斯特洛夫斯基对热沃克尼在戏剧《好与坏，糊涂和聪明》中的卓越演出非常推崇。首都演员也参加省外演出，在下诺夫哥罗德就有小剧院巡回演出。戏剧的票价为 1~4 卢布（当时每磅鲟鱼价格为 13 戈比，每磅鱼子酱价格为 15 戈比）。[②]

1852 年《莫斯科人杂志》中指出雅罗斯拉夫省累比尼斯克县已有 2 座剧院。其中一位老板在雅罗斯拉夫和科斯特罗马都有剧院。但杂志文章的作者对剧院上演戏剧内容十分不屑。他指出："剧本和演出形式已经过时（《死亡和荣誉》和《生活游戏等》等），白天演出虽然能刺激观众神经……但这里已经没有真正的戏剧；卡姆列特的这些剧本已经过时，但在此处仍然上演。"一些剧院只演出半年，一票难求状况时常发生。剧团大部分成员都是年轻演员，他们主要在莫斯科和圣彼得堡等地演出。"[③]

19 世纪中期在戏剧文化中剧院只起到次要作用。省城舞台上已产生了

① Дынник Т. А. *Крепостной театр.* М.；Л.，1933；Курмачева М. Д. *Креспостная интеллигенция в России. Вторая половина XVIII—начало XIXв.* М.，1983.

② Смирнов Д. С. *Картинки Нижегородского быта XIX века.* Горький，1948. С. 44 – 46；Островский А. Н. *Дневники и письма.* С. 9；Дубасов И. И. *Очерк из истории Тамбовского края.* Вып. 1. М.，1883. С. 30 – 31.

③ *Из Рыбинска//Москвитянии.* 1852. №16. Отд. 《Современные внутренние известия》. С. 147 – 149.

新思潮和新力量，他们有时去首都剧院巡回演出，首都演员队伍得以补充。

大改革后剧院在群众中已具有一定的社会文化影响。19世纪末，在88个省城和一些县城内已有固定和临时剧团。奥廖尔、梁赞、科斯特罗马、奔萨、斯摩棱斯克、萨拉托夫、萨马拉、卡卢加、塔甘罗格、奥杰斯都已有剧院。[①] 某些城市的剧院具有社会俱乐部功能，65个城市存在该状况，其中包括17个省会城市。19世纪末50年代马戏团也是群众戏剧文化的重要元素。[②]

通常剧院距离市民游玩场地不远，多分布于公园或城市花园内。19世纪70年代萨拉托夫已具有市民娱乐场所，位于伏尔加河岸的斯特鲁卡夫公园内，此处是省城花园，有小卖部，冬天广场上剧院十分火爆。此时剧院舞台上上演着果戈理的戏剧《稽查员》，奥斯特洛夫斯基的剧本《火热的心》。城市内一些知识分子还组成了戏剧爱好者协会，协会成员包括律师、警察和教师。[③]

同时应该指出，大多数市民，特别是省城中居民拜访剧院次数有限，每年去剧院1~2次。这一特点在商人十分突出，如雅罗斯拉夫省著名商人奥克尼诺夫家族，老主人和男主人没有去过剧院；年轻人去剧院次数很少，每年为1~2次（19世纪80年代谈话中提及）……他们认为去剧院听戏和看戏的人是疯子和傻子。[④]

该观点可能代表多数商人的意见。学者彼洛哈洛夫在给记者的信中指出："莫斯科晚上上演很多剧目，每周日清晨上演戏剧，虽然场面十分热烈，但却阻碍居民的思考和阅读。"他在另一封信中写道，"此时私人剧院数量增加，以前没有到过剧院的居民现在经常光顾"。彼洛哈洛夫指出，剧院舞台逐渐普及，人们逐渐接受它。[⑤] 但也有特殊情况，如莫斯科著名的裁

---

① *Города в России в 1904 году.* С. 406.

② *Города в России в 1904 году.* С. 461.

③ Пальм Г. А. *Театр в провинции//Исторический вестник.* 1912. №11. С. 728.

④ Анохина Л. А., Шмелева М. Н. *Быт городскаого населения средней полосы РСФСР в прошлом и настоящем.* С. 280；Дмитриев С. В. *Воспоминания.* С. 150.

⑤ *ГИМ ОПИ.* Ф. 146. Д. 6. Л. 53；Д. 10. Л. 87.

缝亚历山大，他在日记中记录着他经常光顾大剧院。[①]

19 世纪末剧院对社会文化生活产生了积极影响，别理尼斯克认为，"它们是当时社会教育的教材和人们的精神食粮"（1834 年在《文学幻想中》表达了该观点）。《莫斯科电报》编辑尼古拉巴列夫在 1825 年曾指出："毫无疑问，剧院的教育意义不可磨灭。"当时剧院成为有很多人光顾的场所，这说明国家的文明程度明显提高了。[②]

莫斯科科洛姆纳区市民斯洛诺夫在自己的回忆录中写道："（19 世纪）70 年代莫斯科没有私人剧院和俱乐部。只有托人才能弄到大剧院和沙皇小剧院门票，或在票贩手中购票。当时意大利巴特音乐会普通票价为 100～200 卢布、二楼厢房票价为 500～600 卢布（此时一磅黑面包价格为 1 戈比，一磅白面包价格为 5 戈比，一磅肉价格为 5 戈比，10 个鸡蛋价格为 8 戈比，一磅鲟鱼价格为 15 戈比，一磅鱼子酱价格为 1 卢布 20 戈比）……70 年代俄国歌剧分区演出。大多数人都光临小剧院……奥斯特洛夫斯基的作品产生了巨大反响。其剧本在小剧院上演引起强烈反响。"[③]

19 世纪最后 10 年城市剧院非常活跃。有许多通知开设新剧院和通知演员何时会巡回演出的海报。1893 年在弗拉基米尔城市剧院上演了奥斯特洛夫斯基的喜剧《狼与羊》，在喀山上演了什巴热尼斯基的剧本《老年代》。喀山民主派演员建议节日时降低票价，早晨的演出主要针对青年学生，星期一的演出针对民众。1893 年尼克吉兄弟杂技团在喀山进行巡回演出，演出开始之前海报中预告将上演民族歌曲《上帝和沙皇》。许多海报中都会说明在剧院和音乐会正式演出开始前需唱赞美诗。毫无疑问，这具有一定的教育意义，特别是针对社会上民主阶层，倡导人民对国家的尊敬。某些海报中也会预告一些特别演出和事件。1893 年 9 月 5 日下诺夫哥罗德展销会期间埃杰尼剧院演出持续了较长时间；1894 年从 5 月 1 日开始梁赞市上演世界上最高女人（身高 3 俄尺 2 俄寸）叶里扎维特的作品，她的演出在俄国所有

① *ОР РГБ. Ф. 178. №5488. 3. Л. 16 об.；№5488. 2. Л. 3. об.，5.*

② *Московский телеграф. Прибавления. 1825. Февраль. №3. С. 45.*

③ *Слонов И. А. Из истории торговой Москвы. С. 211，212，216.*

城市和国外都得到广泛好评。萨拉托夫居民购票价格为 20 戈比，孩子和军人票价为 10 戈比。大街上开始出现博物馆，但只对成年人开放，女士只有周五才可观看演出。[1]

19 世纪 90 年代末，俄国许多城市都设立了民族剧院。此时一个评论员写道："在国内民族剧院还是新事物，在舞台上进行各种滑稽演出，这能很快地影响人们的风俗。"[2] 剧院能影响人们的社会意识，增长人们的见识。奔萨剧院就具有代表性，90 年代梅耶霍德就曾在该剧院工作。

为使工人在闲暇时间走出酒馆，某些工业企业主开始合理安排工人的闲暇时间。1900 年 5 月，为庆祝企业建立 150 周年，雅罗斯拉夫手工场主邀请沃尔卡夫剧团演出，在这里上演果戈理的喜剧《结婚》。

雅罗斯拉夫的工人们可以观看格林基的《沙皇的生活》、鲁宾斯坦的《恶魔》、达尔戈梅斯基的《美人鱼》等作品。小剧院演员还表演奥斯特洛夫斯基的作品《狼与羊》。奥斯特洛夫斯基的喜剧最为流行，剧院大厅可以容纳 1500 人，观众席经常全部爆满，票价十分低廉，每张仅 4 戈比。[3]

在莫斯科艺术通俗剧院成立时，其吸引观众眼球的主要剧目为《合理的娱乐》。不少观众为学生，他们单独购买剧票。相关材料中指出，剧院中有许多学生。1898 年在戏剧《沙皇费多尔·伊阿诺维奇》上演时，观众中就有卡米萨洛夫斯基学生（40 名）、市民（38 名）、普列奇斯托耶工人（50 名）、商业大学研究生（30 名）。观众中还有莫斯科大学、莫斯科技术学院、教会进修班的学生。[4]

现实生活中市民爱好传统娱乐方式胜过对戏剧的喜爱。19 世纪 90 年代伊万诺夫 - 沃兹涅谢斯克在一份报纸中指出："我们拥有民族戏剧，能引发强烈反响，但其观众中看不见工人，有时只有十多名观众……剧院附近 20 家工厂的男工人都去跳圆圈舞……他们更喜欢乡村的传统娱乐方式，和戏剧

---

[1] *ГИМ. ОПИ.* Ф. 1. Д. 209. Л. 1，12，13，34，66，70.

[2] Иванюков И. *Очерки провинциаьной жизни//*Русская мысль. 1897. № 11. С. 130，132.

[3] *ГИМ. ОПИ.* Ф. 1. Д. 202. Л. 134 – 136.

[4] *Художественно-общедоступный театр. Отчет о деятельности за 1 год.* С. 96 – 100.

相比，这些娱乐方式是免费的。"①

19 世纪俄国很多城市的文化环境都已与首都偏离。古建筑数量不多，街道和广场外观都发生了变化。城市生活的社会心理层面发生变化，人们接受不同的文化模式，文化多元性影响增强。

但文化历史首先是日常生活历史，19 世纪城市社会文化面貌具有特殊意义。许多研究者通过文学作品、艺术品、旅行札记进行研究，在他们的作品中能看出城市状况，有时描述得十分准确，能帮助我们确定其文化空间。普希金小说《叶甫盖尼·奥涅金》向读者展现了 19 世纪 20～30 年代特维尔的城市面貌（第 7 章）。

> 哨卡的柱子非常白，整个特维尔都是如此，
> 雪橇经过哨卡间的坑洼。
> 哨卡旁的孩子、妇女玩耍，店铺灯笼闪烁，
> 院落、花园、修道院十分宏伟。

商人、破旧房屋、庄稼汉、林荫路、塔楼、哥萨克、药店、商店等足以体现城市面貌。

从莱蒙托夫小说中也可以看出当时唐波夫市的状况。

> 街道非常笔直，马路上悬挂着灯笼，这里具有两家小酒馆，一家叫作莫斯科人，另一家叫作别林。还有四个岗亭，岗亭附近还有两个小亭，其样式非常华丽。

1848 年奥斯特洛夫斯基在到达下诺夫哥罗德时对市中心进行描述，他指出，"广场上有教堂（2 座）、饭店、商店、邮政总局和 5 条街道：左侧街道通向河岸，街道右侧是师范学院；吉赫诺夫街道通向喀山哨卡（城市的

---

① *Русский Манчестер.* С. 54.

图 1 - 25　1872 年 A. K. 萨夫拉索夫作品——莫斯科苏哈列夫塔楼

入口），此处还有县技校、宽敞的高级僧侣住宅；第三条街道通向居民点，这里有最好的建筑，即大学；第四条街道上矗立着大饭店；第五条街道是彼克洛夫大街，它比其他大街都宽广、都长，有糖果加工厂、图书馆和贵族会议机构"。①

П. И. 书金在回忆录中曾描写 19 世纪 80 年代下诺夫哥罗德集市状况，他写道："集市十分繁忙……但每天生活一成不变，理发匠乘着自己的马车来到街道上，鞋匠修理来往行人的靴子，妇女和男孩捡起刨花和小木板，农夫带着樱桃，货郎带着咸鱼、火腿、虾和其他商品，鞑靼人带着羊皮，波斯

---

① Островский А. Н. Дневники и письма. С. 118；Вся Россия... С. 173 - 174.

人带着地毯、核桃和其他水果、面包商人手里拿着各种白面包，而农妇扁担中的瓷罐里有可口的饭菜、铁桶中有咸黄瓜。"①

　　大部分俄国城市街道上都能看见货郎。货郎在普希金时期的圣彼得堡就已出现。

　　　　货郎被称为行走的商人；
　　　　马车夫在交易所间行走。
　　　　　　——普希金《叶甫盖尼·奥涅金》第一章

图 1-26　1900 年照片——出售鞋子和手套的商贩

---

① Щукин П. И. *Воспоминания*. С. 114.

19世纪80年代初，П. И. 书金写道，"在下诺夫哥罗德酒店，早上能听见市场上烤土豆货郎的叫卖声：土——豆，这声音我已听了33年"。[1] 书金在回忆录中还描写了莫斯科春季阿尔巴特集市的场面："有轨马车很忙碌，人们都着急来到此处，挑扁担的小贩叫卖声很大。"[2]

文学作品中也富有诗意地对小县城进行描述。И. А. 布宁的作品中就有相关描述，他指出，"山的坡度很缓，能看见几个稀疏的灯笼，路上尘土飞扬……市中心广场上有消防台、饭店、集市，焦油散发着浓香，这就是俄国县城的味道"（小说《太阳的冲击》）。

图 1－27　1900 年照片——卖热蜜水的小贩

---

①　Щукин П. И. *Воспоминания*. С. 113.

②　Бунин И. А. *Далекое*. Собр. соч. : В 6-ти т. Т. 5. М. , 1966. С. 82.

县城集市广场还是信息交流的场所，贸易时节人们外出游玩，下诺夫哥罗德市场上聚集着很多商人。莫卡沙尼县城有许多奔萨商人，"城市居民每晚聚集在一起，进行苹果、梨和各种糖果的交易。车站中一些乘客已和当地居民熟识，客人们带来新消息，当时信息十分闭塞，居民很少外出，交易规模有限"。莫斯科省莫热伊斯克县城的市场很大，这里尘土飞扬，进行马匹和其他牲畜的贸易。①

记录城市面貌和城市生活场景的资料已不多，街道上马车、有轨马车、商店招牌和橱窗、居住者类型、建筑纪念碑等相关资料都已经遗失，不能完全揭露城市面貌。一些明信片上有城市中心街道、广场、堡垒、修道院和教堂建筑，以及记录重要人或事的纪念碑、剧院建筑、学校、火车站、城市工程设施（桥、水塔等）。从明信片上可以看出19世纪末20世纪初俄国城市的文化空间因素。②

19世纪最后几十年，因摄影艺术发展而产生了新式明信片。一般认为1839年在法国最先出现了摄影。达克尔发明了照相技术，所以该照相机被称作达克尔。俄国引入照相技术是在1840年，由莫斯科大学印刷厂工作人员戈列卡夫引进，他第一次把照相用于书籍印刷之中。

19世纪下半叶照片在俄国境内开始普及。照片内容最初是肖像和风景，其中包括城市景象，后来有了日常风俗照片。照片逐渐演变成反映现实生活的原始资料，对后代具有重大影响。

如果也将照片纳入历史文献材料，毫无疑问，它将能提供给我们很多有价值的资料。照片记录下家庭日常生活场景，节日、街道和广场景象，有轨马车、电车、马车夫、乘客，以及独特类型市民，如街头销售人员、商贩、小酒馆的老板、邮递员、消防人员等。

19世纪多数照片还是生活的艺术反映。这导致日常风俗画诞生。卡列林和学生德米特里耶夫在自己的创作中提出该观点，他们保留19世纪末20

---

① Быстрин А. П. Уходящее//Голос минувшего. 1922 №1. С. 38；Уварова П. С. *Былое. Давно прошедшие счастливые дни.* М.，2005. С. 96.

② *Русский город на почтовой открытке конца XIX—начала XX века.* М.，1997.

图 1 - 28　19 世纪末明信片——巧克力广告

世纪初下诺夫哥罗德市许多珍贵画面。[①]

　　此时出现了摄影爱好者，他们学习摄影完全出于个人爱好。感谢他们保留了许多有关俄国城市、工业和乡镇的有价值图片（1997 年出版的《19 世纪末至 20 世纪初邮政明信片上的俄国城市》是对这些成果的肯定）。[②]

　　通常每个省都有照相馆。但此时照相还没有在公共日常生活中广泛普及。法律文件、护照和用于个人鉴定的居民证件还是使用老方式：指出其头发和眼睛的颜色，以及体貌特征等（见本著作第二章）。此时的照明具有明显的广告作用。

　　大改革时期首都和省城成为经济和文化生活的中心。外省人到达城市首

①　Морозов С. А. *Русская художественная фотография. Очерки по истории фотографии. 1839 – 1917.* М. , 1961；Он же. *Творческая фотография. Изд. 3-е.* М. , 1989；Он же. *Фотограф-художник Дмитриев.* М. , 1960；*Андрей Осипович Карелин. Творческое наследие нижегородского художника и фотографа.* Н. Новогород, 1994.

②　*Губернский город глазами костромских фотографов. Фотоальбом.* Кострома, 1991.

先要去火车站，因为这里汇集了各种元素，它们成为城市的标志。19 世纪末，莫斯科"汇集着中部各省的数千个农村的居民……各等级商人，他们都留有大胡子，有些还穿着长袍和长筒靴"。所有这些人都热衷于城市生活，不能和城市分离。[1] 他们不但参加经济生活，而且还想成为市民，并幻想拥有一些特权，在城市生活一段时间后许多人都会放弃农村生活。初次从县城到省城的人，对街道上的人群、晚间照明设备和商店橱窗感到无比震惊。[2]

19 世纪 70 年代圣彼得堡的面貌让人想起圣彼得堡技术工业学院学生卡洛列尼卡的描述，他指出："……星光闪耀的天空下灯火辉煌，街上十分热闹，有轨马车叮当声十分有特色。"（和布宁描述的 19 世纪 90 年代的莫斯科类似）[3]

图 1 - 29　19 世纪末莫斯科康基洁尔工厂

特瓦尔多夫斯基在长诗《远方》中描写城市生活，描述父亲从城市返回斯摩棱斯克农村的状况（写的是 20 世纪头 10 年的情况）。

外地人非常稀少，但他们经常去省城进货，

节日期间十分热闹、人们兴高采烈，

---

[1]　Крушеван А. П. *Что такое Россия. Путевые заметки.* С. 72，75.

[2]　Быстрин В. П. *Уходящее*//Голос минувшего. . №. С. 190.

[3]　Короленко В. Г. *История моего современника.* Т. 1 - 2. Л.，1976. С. 308.

乡村生活中含有其他气息，这些气息与旧式生活习惯格格不入。

当时诗人认为"读与写""第一本书气味和铅笔的味道"就是"城市氛围"。

改革后城市社会文化生活的许多方面都发生变化。这主要是受经济因素、文化教育的影响，其中经济因素具有首要作用。19世纪50年代末，一些学者认为"如果出于工业和贸易关系乡镇变成小城市，那么毫无疑问教育也会获得发展……教育发展的主要原因是政府扶持，但社会各界捐助也十分重要，城市教区学校主要依靠城市杜马拨款维持"。[1]

19世纪下半叶，特别是19世纪末，省城内增加了许多教育和文化机构，书和期刊以及信息系统发展加强了各地区间联系：一方面，丰富了居民在城市中的精神和智力生活；另一方面，使居民的生活逐渐向首都文化生活靠拢。同时，社会文化运动中省城的吸引力为文化自给自足创造了条件，人们思想上的沉睡状态已经一去不返。[2]

图1-30　19世纪末莫斯科的莫霍夫大街

①　Материалы для географии и статистики.. Т. 20. Ч. II. Симбирская губерния. С. 697，698.
②　Ласунский О. Г. Литературно-общественное движение в русской провинции. Воронеж，1985. С. 13；Козляков В. Н.，Севостьянова А. А. Культурная среда провинциального города//Очерки русской культуры XIX века. Т. 1. С. 123－202.

现代研究者的意见已基本统一，改革后新文化已经有所发展。"经过一段时间，有机的社会文化系统（学校、图书馆、博物馆等）已经形成。"①在此过程中，省城发挥着重要作用。

19 世纪末 20 世纪初，许多省城是文化发展的中心。除学校、图书馆、博物馆和剧院外，城市的精神和智力生活还集中在大多数社会组织和科学协会。这些协会和组织主要指慈善和保护协会、阶层和职业组织、娱乐俱乐部，以及文学和艺术爱好者协会、科教中心等。

雅罗斯拉夫创立了科学委员会，以及 4 个博物馆和 9 个协会，其中包括法律和科学教育协会、雅罗斯拉夫自然历史研究协会、医生协会、农业协会、戒酒和自然保护协会等。下诺夫哥罗德的科学和教育机构工作者指出，城内已成立了科学档案和教会档案委员会、物理和天文爱好者俱乐部、俄国音乐协会分会。

萨马拉普及戏剧时就已成立了教育协会和音乐小组，特维尔有几个慈善和运动协会。虽然城市中的社会和精神生活所受到的外部影响不容忽视，但其内部因素也至关重要。辛比尔斯克也出现了音乐、思想、医生、农业协会和档案委员会等组织。②

相比其他省城，城市社会生活节奏较快的是萨拉托夫，这座城市被称为伏尔加河流域精神文化生活中心。从中世纪开始该城市就快速发展，伏尔加步入"正确航行轨道"。19 世纪 90 年代初的一本杂志中指出，萨拉托夫颇具代表性。这里有大剧院、拉吉舍夫博物馆、藏书丰富的图书馆和正规的饭店……萨拉托夫俱乐部里有大规模的阅览室和丰富的藏书……萨拉托夫的所有道路都已重新铺设，还建成了城市自来水供水系统。城市协会包括物理协会、萨拉托夫医生协会、俄国技术和俄国音乐协会分会、体育俱乐部等。在博戈柳博夫的倡导下建立了艺术工业博物馆，位于博戈柳博夫绘画专科学校内。③

① Сущий С. Я., Дружинин А. Г. Очерки географии русской культуры. С. 186，191，192.

② Вся Россия. . С. 82，177，257，309，389 – 390.

③ Вся Россия. . С. 398 – 410；Рагозин Е. Путешествие по русским городам//Русское обозрение. С. 237；Анохина Л. А.，Шмелева М. Н. Быт городскаого населения средней полосы РСФСР в прошлом и настоящем；Иванов Ю. А. Уездная Россия：местные власти，церковь и общество во второй половине XIX—начале XX в. Иваново，2003.

图 1–31　19 世纪末照片——科斯特罗马城市街道

19 世纪 80 年代，城市中有 51 所专科学校，教育对象为 14 岁以上男孩和 16 岁以上女孩。一个出版物中指出，"在俄国城市中，萨拉托夫的教育水平首屈一指"。① 19 世纪末该城市有两所男子中学、一所女子中学，还有应用专科学校、亚历山大贵族学校、贵族女子学校、手工技校和 30 多家初级学校。1899 年，由地方商人和市民出资建立了俄国第一个妇女商业培训班，培训班主要招收中学毕业生。学生不但包括萨拉托夫附近县城的居民，还包括其他城市的学生。②

从学校的数量和类型可以看出城市对商业教育的需求，妇女教育也被提上日程，作为文化中心的萨拉托夫在这一点上比较有代表性。从学校设置形式中可以看出，学校中仍留有阶层色彩，但教育体系开始接纳新事物。

教堂在市民日常生活中具有重要地位。人们在周末和节日拜访教堂不只是出于宗教目的，人们也在这里交流、相会和相识。在有关生活场景的原始资料中经常能看到具有教育意义的教堂，这里经常聚集很多听众，小县城内尤甚。

当然这也有一定的前提条件，即省城居民的公共生活不够丰富，且总体

① Приклонский С. А. Очерки самоуправления земского, городского, сельского. С. 300.
② РГИА. Библиотека. № 81. Отчет о состоянии Саратовской губернии. С. 7, 8.

上都是在一定阶层框架内实现的（具有封闭的性质）。如 20 世纪初雅罗斯拉夫城市生活的等级性很强，各阶层居民间都存在差异……外来居民保留着守旧的生活方式，没有首都那样忙碌和热闹。虽然城市中有剧院、图书馆和公共博物馆等，但萨马拉的精神生活没有发生明显改变。20 世纪初记者在描述该省状况时指出，贵族开始变得贫困，而百万富翁们开始购买贵族的土地，并且继续保持守旧状态，大多数人对任何文化创举都漠不关心。①

在社会倡导下成立了为各类组织开展活动的市民协会。在此过程中城市具有重要作用。1870 年关于城市改革的文章指出："城市的社会构造与农村差异较大，形式比较复杂……在建立城市的机构组织时必须让城市具有更广泛的经济生活，外部设施应更加多样化。"②

由于城市政权高度集中，实践中许多社会活动不能自由和独立实现，地方自治组织处于从属地位。"在严格集权化管理时期城市生活十分单一，辛比尔斯克省像其他城市一样，城市生活按照国家规定进行，严格遵守国家法律。"③

谢尔库诺夫在《俄罗斯生活轮廓》中指出城市中"社会意识"发展不足，但在城市非物质文化生活方面取得巨大成绩，剧院和音乐是优雅艺术。由于鲁宾斯坦的魅力，艺术在社会上得到认可和支持，音乐取得非凡成就，从莫斯科和圣彼得堡音乐学院普及到整个俄国……城市中产生了音乐协会、音乐俱乐部，成立了形形色色的音乐机构……所有南部省城都有设施齐全的大剧院。他继续写道，如果对意大利歌剧进行评价，那么知识分子的评价更具说服力；但当遇见城市社会生活重大事件时，他们的评论往往十分肤浅（如有关城市卫生状态、市民健康情况、城市劳动居民财富和子女教育等的评论）。俄国城市等级界限分明，他们只能谈论艺术、戏剧，不能涉及城市管理事务。④

---

① *Вся Россия.* . С. 82, 257, 258.

② *Материалы, относящиеся до нового общественного устройства.* . Т. 1. С. 186, 187.

③ *Материалы для географии и статистики.* . Т. 20. Ч. II. С. 446.

④ Шелгунов Н. В. *Очерки русской жизни.* Стб. 91, 92.

图1-32 19世纪末照片——城市读者

谢尔鲁诺夫认为群众意识是社会的重要因素，该意识首先形成于艺术领域，最初很少涉及社会问题。

第四节　19世纪末俄国是否实现了都市化

俄国城市发展过程中形成的社会文化、人口和经济因素决定了19世纪末俄国都市化的进程。都市化是俄国城市发展的重要指标之一。地理学家首先关注城市问题，但其研究仅限于地理概念，揭示城市的规模和组成要素。"在社会发展进程中，都市化是城市作用提升的历史进程，这其中包括居民社会职业和人口结构、城市生活方式、生产区域设置和一些其他相关问题。"①都市化改变居民的职业结构，提高社会流动性，形成特有的城市生活方式。

现代研究者根据物质生产结构和水平评价城市化发展进程，不但涉及工业，也包括农业、信息—交通渗透性、交通线路发展程度、交通工具类型，它们都

① Озерова Г.Н., Покшишевский В.В. *География мирового процесса урбанизации.* М., 1981. С.6.

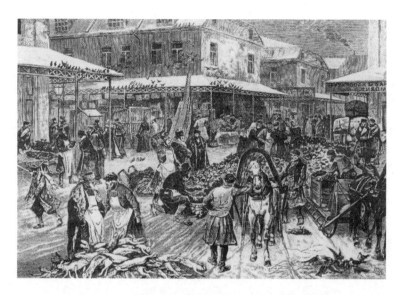

图 1 – 33 1890 年圣彼得堡书金教堂附近的冬季贸易

是城市生活方式的调控器。① 也有人认为该观点并不一定正确，指出"都市化过程包括的不只是城市作用提升，也包括城市内文化普及程度和乡村中城市因素提升"。② 都市化发展决定城市文化生活饱和度，这首先体现在精神和智力生活中，物质生产领域是都市化过程的基础，它是文化和精神生活联系的桥梁。

从历史学角度研究都市化问题一直都很薄弱。甚至很多学者都没有注意到该问题，它能体现俄国城市生活的状态，同样能揭示城市拉动周围乡村向城市转变过程中对城市文化和经济生活的影响程度。最近几年，的确有学者从历史学角度进行了一系列研究，该问题成为一些学者的研究对象，通过这样的研究对 19 世纪末俄国都市化水平进行评估。③

---

① Трушков В. *Город и культура*. С. 41；Гольц Г. А. *Урбанизация как феномен культуры: закономерности социально-информационного разнообразия*//*РАН. Известия Академии наук. Серия географическая*. 1994. № 3. С. 25.

② *Отечественная история*. 2000. № 6. С. 78 – 79.

③ Симонова Е. В. *Города Тульской губернии в процессе урбанизации в XIX в. Автореферат диссертации на соискание ученой степени доктора исторических наук*. М. , 2005；*Город и деревня в Европейской России: сто лет перемен*. М. , 2001.

大改革后城市对社会经济和文化生活的影响毋庸置疑，但也促进城市居民数量增加，表1-15中的数据足以证明该状况。[1]

表1-15 19世纪俄国城市居民比例

单位：百万人，%

年份	欧俄居民	城市居民	
		绝对数值	所占比例
1811	41	2.9	7.0
1825	45	3.5	7.0
1856	7	5.7	10.0
1870	85	9.1	10.7
1885	108	14.0	12.8
1897	126	16.3	12.9

А. Г. 拉什尼（俄罗斯著名的人口学者）的著作中含有欧俄城市居民数量指标信息。[2]

通过和西欧国家对比，19世纪末俄国社会结构中市民比例非常低。[3] 俄国大多数省城内城市居民比重不高，1897年的人口普查数据足以说明该状况。[4]

表1-16 19世纪末欧俄城市居民数量及占比

单位：千人，%

省城	各省居民	城市居民	
		绝对数值	所占比例
欧俄地区	126000	16300	12.9
弗拉基米尔	1516	191	12.6
沃罗涅日	2531	170	6.7

---

[1] Вебер А. *Рост городов В XIX столетии*. С. 103.

[2] Рашин А. Г. *Народонаселение России за 100 лет*. С. 98.

[3] Вебер А. *Рост городов В XIX столетии*. С. 47，65，79.

[4] *Первая всеобщая перепись.. Вып. 2. Население городов* СПб.，1897；*Общий свод.. Т. 1.* Табл. 19-20.

省城	各省居民	城市居民	
		绝对数值	所占比例
喀山	2171	186	8.5
卡卢加	1133	95	8.4
科斯特罗马	1387	94	6.8
库尔斯克	2371	222	9.3
莫斯科	2431	1134	46.7
奔萨	1470	140	9.5
彼尔姆	2994	179	6.0
梁赞	1802	170	9.4
萨马拉	2750	159	5.7
圣彼得堡	2112	1422	67.3
萨拉托夫	2406	310	12.8
辛比尔斯克	1528	108	7.0
斯摩棱斯克	1525	121	7.4
雅罗斯拉夫	1071	146	13.7

　　一些工业发达城市的市民占比仍然较低。只有在首都该比例接近 50%（莫斯科为 46.7%），或者略高（圣彼得堡为 67.3%）。以上所列省份的城市居民比例都低于欧俄平均水平（12.9%），只有三个城市比较接近该水平，即弗拉基米尔、萨拉托夫、雅罗斯拉夫。

　　20 世纪最初 10 年，欧俄各省城市居民数量急剧增加。1914 年初，市民占居民总量的 15.3%；只有圣彼得堡达 74%，莫斯科达 53%。大多数省城的市民比例不超过 1/4，俄国中部城市均低于 10%，只有雅罗斯拉夫省高于平均水平，即 16%。[1]

　　19 世纪俄国城市居民数量增加在相关历史文献中可以查到。但值得注意的是，城市居民增长不是自然增长，[2] 而是具有移民特征，农民进入城市务

---

① *Россия. 1913 год.* СПб., 1995. С. 23，18－20.

② *Россия. 1913 год.* СПб., 1995. С. 234，235.

图 1 - 34　1900 年明信片——唐波夫的贵族大街

工，在城市中定居。改革后农民外出打工使城市居民数量增加 1 倍以上。[1]

　　19 世纪末俄国城市移民数量增加在 1897 年人口普查数据中也有所体现，当时研究者也屡次提到该状况。人口普查工作人员在评估移民水平时指出，"各地大量居民到达省城时，正好赶上人口普查"。85.4% 的居民是该县城的居民，5.2% 的居民是该省其他县城的居民，9% 的居民是其他省份居民，0.4% 的居民是其他国家居民。[2]

　　俄国中部地区和伏尔加河流域各省移民信息详见表 1 - 17。[3]

表 1 - 17　俄国中部地区和伏尔加河流域各省移民信息

单位：%

省份	增加或者减少的幅度	省份	增加或者减少的幅度
弗拉基米尔	- 6.8	梁赞	- 16.1
沃罗涅日	- 13.5	萨马拉	- 3.2
喀山	- 5.5	圣彼得堡	- 8.6

---

① Рындзюнский П. Г. *Крестьяне и город в капиталистической России во второй половине XIX века.* С. 212.

② *Общий свод* .. Т. 1. С. 1 - 2.

③ Кадомцев Б. П. *Профессиональнеый и социальный состав населения Европейской России по данным переписи 1897 г.* СПб. , 1909. С. 93 - 94. Таблица.

续表

省份	增加或者减少的幅度	省份	增加或者减少的幅度
卡卢加	-16.8	萨拉托夫	-7.2
科斯特罗马	-6.5	辛比尔斯克	-9.6
库尔斯克	-14.7	萨拉托夫	-13.7
莫斯科	+20.7	唐波夫	-14.4
下诺夫哥罗德	-3.4	特维尔	-8.9
奥廖尔	-19.3	图拉	+0.3
奔萨	-12.6	雅罗斯拉夫	+38.3

城市居民数量与其他省份居民来省内务工密切相关。一些研究者认为，1897 年人口普查时主要居民为本县城和本省居民，首都略有差别。

城市中非本地出生居民的比例略有提高。那些非本县出生但居住在本地区的人可认定为非本地居民。[1]

表 1-18　19 世纪末俄国各省份城市居民信息

单位：%

省份	城市居民中非本地居民比例	省份	城市居民中非本地居民比例
欧俄地区	47.8	奥廖尔	35.3
阿尔汉格尔斯克	36.4	奔萨	29.1
阿斯特拉罕	51.7	彼尔姆	52.4
弗拉基米尔	45.1	普斯科夫	36.4
伏尔加	36.5	梁赞	28.3
沃罗涅日	36.4	萨马拉	45.9
维亚特卡	41.7	圣彼得堡	68.9
喀山	55.5	萨拉托夫	47.8
卡卢加	36.1	辛比尔斯克	43.1
科斯特罗马	37.3	斯摩棱斯克	40.3
库尔斯克	22.2	唐波夫	34.2
莫斯科	71.1	特维尔	34.8
下诺夫哥罗德	48.1	图拉	36.9
诺夫哥罗德	33.2	雅罗斯拉夫	51.9

---

① Рашин А. Г. *Народонаселение России за 100 лет*. C. 133.

19世纪末非本地居民数量低于城市居民的 1/2 （47.8%），通常这些居民都是从周围乡村或者其他城市迁移而来的。首都省份、某些工商业区（喀山、雅罗斯拉夫）、港口城市（阿斯特拉罕）和其他一些城市该比例都超过平均值。

中小城市中外来居民数量不是很多，城市中通常有附近省份的居民。1870年莫斯科居民包括来自莫斯科、卡卢加、图拉、特维尔和其他距离首都较近省份的农民。[①]

19世纪末移民数量开始增加，但总体还不是很多。吸引外来居民的首先是首都，然后是高加索和西伯利亚地区。

都市化首先在大城市中发生。因此，在都市化过程中大城市数量和城市居民比例是主要评价指标。俄国该指标具有增长趋势，但总体水平不是很高。19世纪末俄国17个城市人口超过100000人，1913年人口超过100000人的城市达30个，1/3的市民在这些城市中居住。[②]

都市化不但应考虑城市居民数量增加，还应该考虑城市生活的吸引力，城市行业特征、生活方式、公共和家庭生活方式等。与其他相比，对于俄国的社会经济和文化生活，农村的影响力非常大。在现代著作中还会提到城市居民的"农民土地私有化"概念。它体现出农村传统的经营方式、日常生活方式和家庭生活状况。此时应考虑都市化进程中中小城市市民不具有经济和文化优势，他们与农民联系密切，并且保留了农民阶层的一些特征。

19世纪末，农民在进入城市过程中也会对市民产生不同影响，各城市和各地区都有独特的发展模式。首都中农民数量接近一半（莫斯科为45.7%）或者更高（圣彼得堡为64.1%），中欧和伏尔加河流域各省份居民中农民比例较低，为5%～7%。[③]

都市化进程中形成了专门的城市生活方式，不但改变了居民的职业结

---

① Рашин А. Г. *Народонаселение России за 100 лет.* С. 136.

② *Город и деревня в России：сто лет перемен.* С. 74；*Историческая география СССР.* С. 199.

③ Кадомцев Б. П. *Профессиональнеый и социальный состав населения Европейской России по данным переписи 1897 г.* С. 107 – 108. Таблица.

构，也提高社会流动性。19 世纪末 20 世纪初城市居民流动性较弱，俄国城市化成绩显著。

此外，像早期工业转型城市一样，我们不能以省份或区域为对象研究都市化，而要在整个社会经济发展过程中确定都市化规模。城市经济和文化状态研究为该课题提供了大量材料。

19 世纪末俄国都市化水平较低（但此时已和世界平均水平接近），俄国学者指出，国外同行也关注俄国的城市问题。① 从 20 世纪 30 年代开始，俄国都市化才成为社会经济研究者的关注对象。②

因此，19 世纪俄国城市和西欧城市类似，具有多功能性，但城市具有行政功能优先的特征，该特征长期保留。大多数情况下城市行政职能用于确定公共设施设置的可能性、公共设施的规模、社会文化环境的饱和度。在俄国，城市是文化生活中心，是文化向心和离心过程的纽带。

1861 年改革成为城市经济和文化发展的分水岭。改革后的最初 10 年，城市和农村的联系加强，这成为俄国省城公共文化生活的特征之一。与首都一样，某些省城成为人们精神和智力生活的中心。

改革前，城市除具有财政功能外，还具有一定的独立性，该功能在改革后也被保留下来。19 世纪末，俄国仍是农业国，中央政府政策常凌驾于地方政府政策之上，在此过程中城市不能完全地发挥应有的功能。

---

① Озерова Г. Н., Покшишевский В. В. *География мирового процесса урбанизации.* М.，*1981. C. 38*；*Миронов Б. Н. Социальная история России* Т. 1. C. 317；Божи-Гарнье Ж.，Шабож. *Очерки по географии городов. Перевод с франц.* М.，1967. C. 67 – 68；*Вебер А. Рост городов в XIX столетии.* C. 104；Rowland R. *H. In-Migration in Late Nineteenth Ctntury Russia//* The City in Russian History. University Press of Kentucky. 1976. P. 116，117；Bradley J. *Muzhik anf Musckovite. Urbanization in Late Imperial Russia/*University of California Press. 1985. C. 354.

② Озерова Г. Н.，Покшишевский В. В. *География мирового процесса урбанизации. C. 40*；*Город и деревня в Европейской России*：*сто лет перемен.* C. 13.

第二章
俄国城市被遗忘的阶层——市民阶层

什么是市民？

市民是城市居民的最底层。但城市居民中市民占主体。

Н. П. 德鲁日宁

我们遵循先辈的生活传统，不应质疑他们的生活方式和习惯，我们的积蓄只要满足生活足矣。

И. Ф. 加尔布诺夫

19世纪俄国城市中的社会成分非常复杂。在城市中可以遇见各阶层的代表（按照当时的术语，或称身份）。城市中居住着贵族、牧师、商人、荣誉市民、市民、地主、农民、奴婢、低级官吏、士兵的遗孀和子女等（见表2-1）。整个19世纪，无论是在省城还是在县城内，社会阶层一直保留有不对称性特征。

19世纪俄国各阶层保留着自己特有的社会经济生活方式。50年代末的一个出版资料中指出，西欧大部分国家对"阶层"的理解就是"按照每个阶层确定的权利和义务对居民进行分类"，这个说法很久前就被遗弃了，但在俄国完全有效，其后果是"社会阶层划分仍将存在"。① 从事俄国市民研究

---

① *Статистические таблицы Российской империи. Вып. 2. Наличие населения империи за 1858 г. СПб. , 1863. С. 255 – 256.*

表 2 - 1　俄国城市居民的阶层属性（各阶层占比）①

单位：%

阶层	1811 年	1840 年	1850 年	1897 年
贵族和官吏	4.2	5.0	5.5	6.2
牧师	2.0	1.1	1.4	1.0
荣誉市民	—	0.1	0.2	1.1
商人	7.4	4.5	4.5	1.3
市民	35.1	46.8	49.9	44.3
农民	37.6	42.5	20.2	38.8
军人	6.5	—	14.1	1.0
少数民族	—	—	—	3.7
外国公民	—	—	0.7	1.5

的学者 П. Г. 累尼德秋斯基认为，阶层源于改革后的社会结构，此后其划分更加普遍。② 阶层作为社会结构的组成元素在 1897 年人口普查时仍留有深刻烙印。

所有这些材料是我们研究俄国市民阶层的文献基础，虽然不能确定市民阶层的思维模式，但其作为一个现实的阶层，在整个社会结构中的作用不容忽视。

定居在城市中的农民仍处于自己阶层框架内，他们并没有完全融入城市社会。

欧俄部分省份内市民阶层划分见表 2 - 2。③

---

① Рашин А. Г. *Народонаселение России за 100 лет.* С. 119；*Статистические таблицы о состоянии городов.* СПб. , 1852. Приложения；Шрейдер Г. И. *Город и городовое положение 1870 г.* // История Россия в XIX в. Изд-во бр. Гранат. Т. 4. СПб. , 1908. С. 5；*Общий свод.* Т. 1. СПб. , 1905. С. 160 - 163.

② Рындзюнский П. Г. *Правительственная регламентация городо-образовательных процессов в первые пореформенные десятилетия* // Русский город. Вып. 6. М. , 1883. С. 163.

③ *Экономическое состояние городских поселений.* Т. 1 - 2.

表 2 - 2　欧俄部分省份内市民阶层情况

单位：%

省份	市民占所有居民的比例	各阶层所占比例		市民	
		贵族和官吏	商人	县城内	省城内
弗拉基米尔	5.0	5.0	8.0	50	34.0
沃罗涅日	5.3	7.0	4.5	50	21.5
喀山	7.0	4.0	3.0	33	34.5
卡卢加	8.0	3.0	8.0	71	59.0
科斯特罗马	4.8	3.5	6.0	62	48.0
莫斯科	25.0	6.5	6.5	25	26.0
奥廖尔	9.0	2.7	11.0	66	69.0
奔萨	10.0	5.0	3.0	20	48.0
彼尔姆	4.0	4.0	3.3	50	28.0
萨拉托夫	7.7	2.4	8.0	80	39.0
斯摩棱斯克	4.7	5.0	7.0	66	48.0
唐波夫	6.0	5.5	9.0	50	37.5
雅罗斯拉夫	7.7	3.3	7.7	90	68.0

　　市民在城市中具有数量上的优势，市民阶层还是城市中数量最多的居民。作为城市居民的主体，市民阶层在改革后一直存在，其在俄国城市居民中所占比例最高。从数量上来看，19世纪末市民处于农民阶层之后，位居第二位。①

　　市民多居住在县城中。19世纪50年代末沃罗涅日省中的市民比例只有6%，阿尔汉格尔斯克的比例稍高，超过9%。至60年代初期奔萨省市民数

---

① Дитятин И. И. *Устройство и управление городов в России.* Т. 2. *Городское самоуправление до 1870 года.* С. 326；Приклонский С. А. *Очерки самоуправление земского，городского，сельского.* СПб.，1886. С. 278；Абрамов Я. *Забытое сословие//Наблюдатель.* 1885. №1. С. 273；*Общий свод.*. Т. 1. С. XIII.

量开始减少，他们从一个居住地点迁移到其他地方，或者到农村公社定居。[①] 按照 1897 年人口普查资料，19 世纪末欧俄城市中市民占城市各阶层总人数的 52.6%，县城中市民阶层比例为 47.4%。[②]

俄国市民发展史是历史文献学和历史研究中很少关注的领域。苏联历史文献在研究历史现象时，并没有把这个小资产阶级阶层纳入阶级研究框架内。19 世纪末在俄国大部分知识分子意识中市民阶层只是一个无足轻重的阶层，但也是一个独立的阶层，具有自己独特的世界观。著名作家高尔基明确否定了市民阶层，他指出"这是无产阶级意识形态的毒瘤"。[③] 别尔加耶夫认为，市民阶层属于精神和道德领域，而不属于社会和经济范畴。他们首先否定了市民阶层的突出地位和创造性。[④] 所有反对者都不关注市民阶层的精神世界，认为市民妨碍着以后的社会运动，这在俄国文学著作和政论作品中都有体现。[⑤] 的确，19 世纪末 20 世纪初政论作品中特别注重市民阶层需求的社会性，称市民为"被遗忘的阶层"。这些思想在阿布拉莫夫、德鲁日宁的文章中都有所体现。阿布拉莫夫指出："作为居民中间阶层的市民完全被遗忘。市民阶层是被遗忘的阶层。此外，市民还是对贫困城市居民的称呼，而不是臆造出的……无论是国家还是社会机构都没有公平地对待这一阶层。"[⑥]

此时的一个问题值得关注，即为什么在俄国的社会意识中没有对数量仅次于农民的市民形成阶层的概念，认为它们是一个松散的阶层，对他们的评

---

① *Материалы для географии и статистики.*. Т. 1. С. 130；Т. 4. С. 163；Т. 17. Ч. 2. С. 453 – 454.

② Иванова Н. А. , Желтова Н. П. *Сословно-классовая структура России в конце XIX в-начале XX века.* С. 233.

③ *М. Горький и советские писатель. Неизданная переписка//Литературное наследство.* Т. 70. М. , 1963. С. 393.

④ *О характере русской религиозной мысли//Бердяева Н. А. О русской философии. Свердловски,* 1991. Ч. 1. С. 26 – 27.

⑤ *История России XIX—XX веков. Новые источники понимания.* М. , 2001. С. 190 – 206.

⑥ Абрамов Я. *Забытое сословие//Наблюдатель. 1885. № 1. С. 269 – 303；Дружинин Н. П. Мещане, их положение и нужды.* М. , 1917. С. 7.

价带有强烈的否定意味。此外，批评的原因就是当时把市民列入资产阶级范围（即便他们过着简朴的生活，收入较低）。著名经济学家、社会学家和历史学家桑巴特指出"市民美德"是资本主义精神所必需的。[①] 市民阶层这一概念在奥索夫斯基的著作中也能看到（奥索夫斯基是研究伦理学历史和概念问题的现代波兰学者）。[②]

图 2-1 19 世纪末明信片——阿尔扎马斯的新莫斯科大街

　　和西欧先进国家相比，19 世纪俄国资本主义经济的发展水平还比较低。谈及民族思想，人们就会想起市民，他们并不引人注目，但其思想受资产阶级影响较大，所以认为市民是退化、衰败的阶层。民粹派认为市民阶层是一个不能也不应该拥有未来的阶层。舍尔古诺夫在 1861 年写道，"我们想消除市民阶层的原因是该阶层由叶卡捷琳娜二世创造，是不成功的俄国资产阶级。也可以说他们是第三阶层（tiers ǐtat）！他们是农民但是没有土地，生活在饥寒交迫之中。应该分给他们土地。[③] 该说法指出了市民和农民之间的

①　Зомбарт В. *Буржуазия*：*этюды по истории духовного развития современного экономического человека.* М.，1994. С. 83.

②　Оссовская М. *Рыцарь и буржуа. Исследования по истории морали.* М.，1987.

③　Шелгунов Н. В. *К молодому поколению*//Революционный радикализм в России：век девятнадцатый. М.，1997. С. 104.

联系，农民是补充市民阶层的基本源泉，可以从许多方面确定其社会经济活动和行为方式。

因此，无论是思想政治原因，还是道德—伦理原因，都长期地影响着城市居民结构，无产阶级、农民和资产阶级历史上一直是苏联诸多史学家和社会学家的主要研究内容。[①]

俄国的市民阶层研究始于 1990 年，主要源于现代人文科学加强了对社会史的研究，学者开始详细地、多层面地研究社会生活以及社会的组成部分。市民阶层是城市居民中人数最多的阶层，他们作为俄国中产阶级的原型引起研究者的注意，他们将成为社会核心力量，保持社会的稳定性和社会财富的等级。是否可以说市民建立了城市的经济和社会基础呢？通过对该阶层的研究得出不同的答案，主要源于经济、法律、文化、精神和道德等角度。

对市民阶层进行研究非常困难，主要原因是文献和档案材料匮乏。市民阶层可以被称为寂寞阶层，相关的档案资料记载较少。由于文献材料（如书信、回忆录）匮乏，对市民结构、社会自给自足程度和日常生活问题的研究就很困难，主要的研究资料是各地的档案材料、省内刊物和地方志。

第一节　市民——城市中的中等人

18 世纪俄国就产生了"市民"概念，与"市民（城里人）"一词有所区别。[②] 中世纪城市居民被称为工商业者。工商业者一词一直被保留到 19 世纪下半叶，在当时政府文件中也能看到该术语。

"市民"或者"中等人"的概念在叶卡捷琳娜二世时期法律方案中得以确定，他们是城市阶层的一部分，其法律地位和城市与乡镇的居民相区别，

---

① Рындзюнскй П. Г. *Городское гражданство дореформенной России* М. , *1958*；*Рашин А. Г. Население России за 100 лет.* М. , 1956.

② Фасмер М. *Этимологический словарь русского языка*：*B 4-x т.* Т. 2. М. , 1986.

一定程度而言，市民和农民影响着城市阶层的形成和发展过程。[①] 城市中建立起市民公社，然后确定市民公社的下属机构，按照省长命令，在三年一次的城市居住者会议上选举城市领导人。[②] 同时，19世纪政府法律中对"城市居住者"具有非常清晰的解释，即他们的生活遵循一定规则，具有资产阶级性质，但不属于任何阶层，或具有一定的阶层属性。1785年公文中"城市居住者"泛指在城市中具有……房屋、建筑、自己的住宅、土地，或属于基尔德，或在行会中登记，或者在城市中办公，或有固定工资收入的居民。[③] 此时这些人可能属于各个阶层，同时可以掌握市民的阶层属性。1785年出版了城市居住者手册，该书共分六部分，每部分内容都涉及一定数量的市民。城市高级官吏没有被列入该册子中，他们多属贵族，且不想将私人信息泄露。[④] 18～19世纪法律中缺少对市民和城市居民的准确定义，十月革命前学者和法律学家多次提出该问题。[⑤]

与广义的"城市居住者"概念相比，叶卡捷琳娜时期的法律已确认市民阶层是"中等人"，由市民组成。1767年叶卡捷琳娜二世训令中指出，城市中居住的市民主要指从事手工业、贸易、艺术和科学行业的居民。市民……多是从事艺术、科学、航海、贸易和工商业的居民，他们无法被列入贵族阶层……一般受教育程度较低……且无法融入上流社会。[⑥] 根据该方案，叶卡捷琳娜二世把市民称为新型居民。在训令中确定市民是一个新兴阶层，称其为中等人，且有专门章节阐述："中等城市居住者或市民的权利和

---

① *Наказ имп. Екатерины II, данный Комиссии о сочинении проекта Нового уложения. СПб.,
1907*；ПСЗ I. 21 апреля 1785г. Т. 22. № 16188.

② *ПСЗ I. Т. 22. № 16188. Ст. 29 – 31.*

③ *ПСЗ I. Т. 22. № 16188. Ст. 77.*

④ *ПСЗ I. Т. 22. № 16188. Ст. 62 – 69.*

⑤ *Коркунов Н. М. Русское государственное право. СПб., 1908；Вернадский Г. В. Очерк
истории права Русского государства XVIII—XIXвв. М., 1998；Латкин В. Н. Учебник истории
русского права период империи М., 2004.*

⑥ *Наказ имп. Екатерины II, данный Комиссии о сочинении проекта Нового уложения. СПб.,
1907. Гл. XVI.*

义务。"①

19 世纪"中等人"一词经常出现在与俄国市民和城市有关的法律和政府文献中。斯佩兰斯基认为中间阶层多为商人、市民和手工业者、独院小地主和具有不动产的居民。② 在法律文献中，城市居民和"中间阶层"等同。③

在俄罗斯帝国法典中"中等人"也被作为城市居民看待。城市居住者具有一定的特殊性，在法律上他们属于中等人……在思想上……包括基尔德商人、市民或者工商业者、手工业者或者工人，④ 所有这些社会阶层或多或少都与工商业活动相关。

19 世纪法律文献对"工人"有专门说明。那些可以选择工作种类，生活贫困，无法正常纳税的城市居民都被列入该阶层。他们是居民中最底层和最贫苦的阶层，属于市民中拖欠税款的阶层，城市社会难以容纳他们。受该思想影响，"工人"概念在俄罗斯帝国法典中已确定。⑤ 政府向工人们征收市民税，但他们却不享有市民权利。工人阶层可以不对未执行差役承担相关责任，对因贫穷而拖欠税款的居民实行连环保。

按照社会状态和法律地位，行会、手工业者和市民类似（19 世纪一些法律将他们混淆）。尽管在经济活动上有所区别，但行会和市民仍被同等看待，统称为中间阶层。19 世纪 60 年代辛比尔斯克省的一个出版物中指出："市民和行会、手工业者是城市阶层之一，其法律地位并无区别，唯一不同的只是市民没有在行会中登记，而行会相对独立。行会名称按照习惯确认。"⑥

---

① *ПСЗ* I. T. 22. № 16188. Ст. 80 - 91.

② *Введение к плану государственных преобразований. 1809 г. //*Сперанский М. М. Проекты и записки. М. ; Л. 1961. С. 188.

③ Плошинский Л. О. *Городское или среднее состояние русского народа в его историческом развитии от начала Руси до новейших времен*. СПб. , 1852.

④ *СЗ.* T. 9. СПб. , 1899. Т. 9. Раздел III. Ст. 503.

⑤ *СЗ.* СПб. , 1857. Т. 9. Раздел III. Ст. 431；СЗ. Т. 9. СПб. , 1899. Т. 9. Раздел III. Ст. 503, примечание.

⑥ *Материалы для географии и статистики.* . Т. 20. Ч. 1. СПб. , 1868. С. 262；СЗ. СПб. , 1857. Т. 9. Раздел III. Ст. 429.

图 2 - 2　20 世纪初明信片——小商贩

　　18 世纪社会结构中产生了新城市阶层，此时该阶层已与其他社会阶层相分离。对于城市中等人的身份等级，要按照其阶级属性（商人、市民）对其财产进行评估，所以这也是中等阶层一直混淆不清的原因。1775 年，工商业协会从商人和市民团体中划分出去，究其原因为该阶层人均持有财产都达 500 卢布，更多市民被赋予加入基尔德商人团体的权利。1785 年，市民和第三等级基尔德之间的财产差距为 1000 卢布。①

　　18 世纪形成的市民阶层数百年中一直被保留，大改革前政府将其固化。大改革后国家采取西欧模式进行社会经济改革。因此，在沙皇诏令和法律方案中展现的不只是城市居民的经济状况、法律状态，而且声明城市所有规章和法令都应该体现君主意志。

　　此时的法律规定，市民阶层是小工商业者和企业家的组合体。在社会法

---

①　*ПСЗ* I. Т. 20 № 14275. Манифест 17 марта 1775г. ; Т 22. № 1618. Ст. 114.

律意识中，其逐渐成为一个特殊的城市阶层，在城市中他们靠手工业和其他活计生活。彼良耶夫写道："现在的'市民'概念源于卡特琳娜二世时期德语'bbrger'，按照其观点，第一等级基尔德商人是市民代表，应在商人行会中登记。当时市民被称为自由居民，一些富有和具有特殊身份的市民更名为荣誉市民。"[①] 1857年法律汇编中指出，城市中底层居住者被称为市民。[②]

改革后法律中一直保存着市民的法律和财产地位。政府针对该阶层的政策很长一个时期内都很模糊，甚至到19世纪末，市民和商人的法律地位都不平等，这主要源于市民阶层潜力和商人阶层在社会经济、社会政治和文化生活中的作用。

第二节　社会流动性——充实市民阶层的源泉

众所周知，19世纪俄国城市居民数量迅速增加，该现象在改革后表现最为突出。[③] 城市中市民阶层迅速膨胀，表2-3足以看出该趋势。

表2-3　俄国城市中市民阶层增长状况

单位：%，百分点

时间	城市居民中市民阶层的比重	占比变化
1811年	35.1	—
1840年	46.8	+11.7
1850年	49.9	+3.1
1897年	44.3	-5.6
整个19世纪	—	+9.2

由表2-3可知，19世纪上半叶，市民数量明显增长。改革后俄国欧洲地区城市中的市民数量降低。造成这种状况的原因如下：在俄国封建城市

---

① Пыляев М. И. *Старый Петербург.* М. , 1990. С. 228.

② *ПСЗ* I. Т. 22 № 16188. Ст. 68；*СЗ.* Т. 9；*Горожанин низшего разряда，состоящий в подушном окладе и подлежащий солдатству*//Толковый словарь живого великорусского языка. Т. 2. М. , 2000. С. 373.

③ Рашин А. Г. *Население России за 100 лет.* С. 86, 87.

中，市民阶层在法律上是自由阶层，所以人口数据虚报情况层出不穷，主要是夸大农奴变成自由市民的规模。改革后市民人口数据增长并不明显。很多农民到城市中打工，在城市中他们或者保留原来的阶层属性，或者由于各种原因过渡到市民阶层。整个19世纪俄国城市居民占比提高超过9个百分点。与其他社会阶层相比，市民阶层人口增长最为明显。[1]

图2-3 1900年照片——莫斯科商人

市民阶层数量增加不只是源于人口流动性（19世纪城市居民的自然增长率超过农村居民），其他社会居民逐渐流入该阶层也是重要原因之一，首先是农民大量涌入该阶层。

市民阶层多为同阶层通婚。1880～1990年，喀山切斯托波市1/3市民的婚姻是同阶层婚姻，接近一半是市民和农民通婚，而与其他阶层通婚的比例只为

---

[1] Абрамов Я. *Забытое сословие*//Наблюдатель. 1885. № 1. С. 269.

18%，并且逐年降低。相反，市民间、市民和农民间通婚比例逐年提高。[①]

不像进入基尔德商人协会需要出具资本证明，进入市民阶层非常容易，只需支付少量费用就可以进入市民公社中（改革后为 25 卢布，20 世纪增加到 100 卢布）。

在农民（1861 年农奴制改革后，地主农奴等临时义务农被解放出来）、退伍军官、士兵、小官吏、小商人、获得俄国国籍的外国人不断涌入后，俄国的市民阶层逐渐壮大。他们首先需要在国家相关机构登记，各阶层居民都有自己的称谓，服刑人员期满释放后允许回到省城居住。[②] 因此，莫斯科省巴甫洛夫工业区市民公社同意流放人员巴尼费洛夫·格里高利·阿尔赫波夫加入市民阶层，以前他也是该城市的市民，1888 年他获得许可回到城市。[③]

19 世纪依靠各社会阶层的补充，市民阶层得以保留。可以获得市民称号的居民主要包括各类乡村居住者、贵族子女、非在编官吏、世袭荣誉市民、少数民族和其他有权选择阶层属性的居民。因此，市民阶层的成分比较复杂，就财产而言，市民阶层从商人阶层中分离出来，财产明显逊色于商人阶层；此外，一些私生子，如亚洲人和俄国妇女所生子女、非在编公职人员和医生子女、领取社会救济的居民、具有俄国国籍的外国人，如犹太人，都被纳入该阶层。[④]

图 2-4　20 世纪初明信片
——小贩

① Зорин А. Н. и др. *Очерки городского быта дореволюционного Поволжья.* Ульяновск，2000. С. 105.

② Ган И. А. *О настоящем быте мещан Саратовской губернии.* СПб.，1860. С. 22；СЗ. Т. 9. Разд. Ⅲ. СПб.，1857. Ст. 462 – 463.

③ *ЦИАМ.* Ф. 725. Мещанская управа Павлово-Посада. Оп. 1. Д. 32. Л. 15.

④ *СЗ.* Т. 9. Разд. Ⅲ. СПб.，1899. Ст. 561 – 562.

市民的地位比较特殊，如 1871 年前谢尔布哈夫市拥有来自俄国各省份和从事不同职业的居民，莫斯科国家税务局颁布命令，谢尔布哈夫市民包括工人、手工业者、裁缝、消防员、看管员、铁匠、理发师、面包师、勤务兵、乘务员、退伍军人，退休医生和退伍军官的子女、莫斯科福利院学员、塔拉索夫先生的奴婢（1871 年该概念被保留）、波洛韦次先生和纳索克尼先生的农奴，以及其他可被称为市民的居民。①

虽然市民成分具有多样性，但市民阶层主要居民还是源于农民。莫斯科历史档案馆中保存有 1870 年到 20 世纪初谢尔布哈夫市、巴甫洛夫工业区、季米特里、叶卡里耶夫等地材料，材料中指出，市民的流动性一直是众多学者和社会活动家关注的对象，但进入市民阶层居民的数量总是超过退出该阶层居民的数量。

表 2 - 4　莫斯科市民流动性状况

单位：人

城市	市民协会	
	进入	退出
谢尔布哈夫	524	96
巴甫洛夫工业区	59	16
季米特里	129	10
叶卡里耶夫	13	13
总计	725	135

如上所述，数十年间谢尔布哈夫市有 300 名以上农民、100 名左右学校毕业生、60 名以上退伍士兵和军官、50 名以上其他城市居民、4 名商人、1 名外国人、1 名僧侣加入市民阶层。离开谢尔布哈夫市的市民包括 13 名商人，进入其他城市市民阶层的人数为 40 人，重新转化为农民的居民数量为 34 人。② 很显然，市民阶层内部流动性非常明显（从一个城市过渡到另外一个城市），进

---

① *ЦИАМ. Ф. 1844. Серпуховская мещанская управа. Оп. 1. 1871г. Д. 2.*

② *ЦИАМ. Ф. 852. Мещанский староста Серпухова. Оп. 1. Д. 1，2，8，13，17；Оп. 2. Д. 22，* 54.

入商人阶层的居民很少，某些市民重新返回到农民阶层中。同时法律规定过渡到农民阶层的市民可重新获得市民称号。①

其他县城中过渡到市民阶层的居民主要为农民。主要是临时义务农过渡到市民阶层，也有少量农民私有者加入市民阶层（19 世纪 70 年代末资料）。② 市民中一个规模较大群体为学校毕业生。与谢尔布哈夫市一样，所有城市市民阶层内部都有一定流动性。

20 世纪初市民阶层不断扩充。1913 年谢尔布哈夫市农民、学校毕业生、获得俄罗斯国籍外国人、其他城市市民、荣誉市民、1911 年从瓦西里伊万诺夫商人团体退出的居民都加入市民阶层之中。市民阶层居民的社会来源可谓形形色色。加入市民阶层的居民，首先要按照税法支付相应的款项。③

20 世纪最初至 1917 年，莫斯科市居民管理委员会一直处理加入莫斯科市民阶层的申请书，但并不是所有人都能获得批准。④ 莫斯科省各县城状况也类似。1897 年莫斯科、图拉、卡卢加、雅罗斯拉夫、斯摩棱斯克、梁赞、萨马拉省的 17 名农民请求成为谢尔布哈夫市市民，但只有卡卢加农民谢尔盖的申请获得许可（连同其妻子和 5 个孩子）。1898 年 9 份申请中有 6 份遭到拒绝（主要是农民）。拒绝农民亚历山大·米哈伊洛维奇·库兹涅索夫成为谢尔布哈夫市市民的主要原因是该农民担任了 15 年的村长助理。⑤ 一些识字居民自己签署请愿书，从请愿书中足以看出该居民出身，市民环境中父称写法已发生变化。因此，19 世纪末市民阶层流动性降低。

只通过其他阶层加入市民阶层的信息不能完全统计出市民阶层总体变更情况。笔者仅掌握了一些概括性资料。1826 ~ 1851 年间约有 66000 名农奴被纳入城市阶层，其中被纳入商人和市民阶层的数量分别为 14000 人和

---

① *СЗ. Т. 9. СПб.*，1899. Т. 9. Раздел III. О Городских обыателях Ст. 578；ПСЗ. I. Т. 31. № 24571.

② *ЦИАМ.* Ф. 827. Мещанский староста Дмитрова. Оп. 1. Д. 17；Ф 726. Мещанский староста Павлово-Посада. Оп 1. Д. 13，15，17.

③ *ЦИАМ.* Ф. 852. Оп. 1. Д. 20. Л. 1 – 57.

④ *ЦИАМ.* Ф. 5. Московская мещанская управа. Оп. 1. Д. 260.

⑤ *ЦИАМ.* Ф. 852. Оп. 2. Д. 54. Л. 23，31 об.；Д. 58. Л. 29.

52000 人。19 世纪最后 5 年俄国各城市市民数量仅增加 3500 人。[①] 因为城市具有自由空气，城市吸引农村居民到此谋生。通过分析莫斯科省 4 个县城的资料可以得出，19 世纪末市民阶层中农民出身居民占主导。

尽管允许其他阶层加入市民阶层，但办理程序十分复杂，而且耗时较长。有些农民在城市中居住了 10 年，还没有过渡到市民阶层。德米特里耶夫回忆录中提到类似状况。主人公是图拉省的一名农民，1877 年他和父亲一起迁移到雅罗斯拉夫市。每年他都拿着护照到图拉省阿列克谢县城缴纳15~20 卢布份地税。他写道："我决定过渡到市民阶层，两年内多次申请无果。"雅罗斯拉夫市民管理委员会认为我无须去出生地缴纳赋税，他们认为我已经是雅罗斯拉夫市市民，但参议院拒绝打工农民过渡到市民阶层。[②] 19 世纪末类似事件很多。

图 2-5　20 世纪初照片——下诺夫哥罗德展销会外景

1897 年谢尔布哈夫市处理加入市民阶层的申请书时，见到过已居住在城市中20~30 年，并具有不动产农民的申请书。[③] 农村公社不愿意提供相应

---

① Рындзюнский П. Г. *Крестьяне и город в дореформенной России//*Вопросы истории. 1955. № 9. С. 37. Иванова Н. А.，Желтова В. П. *Сословно-классовая структура России в конце XIX в-начале XX века.* С. 92.

② Дмитриев С. В. *Воспоминания.* С. 266 – 267.

③ *ЦИАМ.* Ф. 852. Оп. 2. Д. 58. Л. 16，18.

证明使其过渡到市民阶层。1885 年谢尔布哈夫市市民会议上研究退还农民阿克姆·伊万诺夫·里西奇克尼 25 卢布申请费事宜。虽然 1876 年谢尔布哈夫市市民阶层已接受其申请，但他仍旧是斯摩棱斯克省别理克尼·戈热特斯克县农村公社农民，不能获发农民退休证明。[①] 农民过渡到市民阶层的主要依据是其在城市中居住的时间或在城市中是否有亲属。因为亲属居住在季米特里市附近，1885 年市民斯拉尼请求成为季米特里市民[②]，最后他被列入谢尔布哈夫市市民阶层，其亲属居住在莫斯科，并在彼洛赫洛夫·谢里卡夫纺织厂工作。

商人和市民之间也具有社会流动性，该流动性主要取决于财务状况。1812 年首都经济衰退后，莫斯科商人转化为市民的现象很常见。1814～1815 年约有 100 名商人从第三基尔德过渡到市民阶层，究其原因是他们的财务状况恶化。一份申请书中写道：因战争我们失去原有财产，没有能力缴付第三基尔德税款，所以请将我们划入另一个阶层之中，主要为市民阶层。[③]

城市行政机构以地区监护人身份确认财产损失和资本状况，并颁发给商人相应的证明。该文件可使商人在过渡到市民阶层时免除继续支付资本税的义务。政府想通过该方法免除他们的税款。但莫斯科第三基尔德商人阿佛纳西·克鲁彼尼克在向当地机构申请成为本地市民时，丢失了因战争而财产损失的证明，请求委员会免除他支付商人税款，但在没有找到证明前不能免除相应的税款。该事一直拖延数年，甚至莫斯科省省长公文中都提到此事。1818 年管区文件中指出，第三基尔德商人阿佛纳西·克鲁彼尼克在亚克玛尼斯基区域拥有房屋，价值约为 8000 卢布（符合第三基尔德商人财产状况），因此要追偿 1815 年、1816 年和 1817 年欠缴税款。对于这个不公正决议，商人向沙皇提出申诉，但莫斯科省相关机构仍向其追缴税款。[④]

① 　*ЦИАМ*. Ф. 852. Оп. 2. Д. 22. Л. 32.

② 　*ЦИАМ*. Ф. 852. Оп. 1. Д. 1. 1883 　г. Л. 30, 　32；　Ф. 726. Оп. 1. 1897г. Д. 13. Л. 25；　Ф. 725. Оп. 1. 1887г. Д. 12. Л. 8；Ф. 827. Оп. 1. 1885г. Д. 23. Л. 1.

③ 　*ЦИАМ*. Ф. 2. *Купеческое отделение Московского градского общества* . Оп. 1. Д. 70. Л. 4, 6, 9, 15, 17, 230.

④ 　*ЦИАМ*. Ф. 2. Оп. 1. Д. 75. Л. 474, 478, 480, 501.

通过地方档案资料和相应信息都可确认商人和市民间的流动性。1828 年有 74 名下诺夫哥罗德商人转化为市民；1829 年 21 名市民转化为商人，23 名商人成为市民；1836 年有 3 名市民、2 名行会人员和 2 名农民转化为商人。①

改革后商人和市民间的社会联系依旧保留。耐人寻味的是，19 世纪末 20 世纪初还有商人转化为市民。莫斯科手工业管理机构中有 1861～1867 年间市民转化为商人的信息。他们获得许可的主要原因是不动产数量增加。②

表 2-5　19 世纪 60 年代商人和市民间流动状况

单位：人，%

过渡到市民阶层的原因	1861 年	1862 年	1863 年	1864 年	1865 年	1866 年	1867 年	1868 年	总计	占比
特殊原因列入	11	17	30	7	10	31	—	—	106	19.4
没有申请资本	41	34	71	54	67	33	40	41	381	69.9
贫穷（破产）	6	13	19	—	5	6	2	7	58	10.7
总计	58	64	120	61	82	70	42	48	545	100.0
有房屋居民列入市民阶层	10	—	28	17	21	19	13	11	119	35.0
交付基尔德税后重新列入商人阶层	12	20	18	6	6	7	2	6	77	14.1

很明显，过渡到市民阶层的主要原因是财产明显缩水（8 年中该类商人约占 70%）。所有归入市民阶层的居民可被称为不富有商人，只有 1/3 的居民拥有不动产，如房屋。以后一些市民又被重新列入商人之中，不但包括莫斯科省（扎拉伊斯克、沃斯克列斯克、谢尔盖工商区、彼德里斯克、谢尔布哈夫等），也包括其他一些省城，如彼尔姆、阿尔汉格尔斯克、秋明、伊尔库茨克等。列入市民阶层的商人是整家迁移。据统计，他们一般有 4～6 个子女。

一些档案资料中也对市民和商人间垂直流动加以说明。1868 年亚历山

---

① *Государственный Нижегородский исторический архив.* Ф. 27. Д. 973. Л. 29 - 31；Д. 1030. Л. 34.

② *ЦИАМ.* Ф. 6. Московская ремесленная управа. Оп. 1. Д. 2. Л. 1 - 260.

大·阿尼托诺夫娜·列尼加耶娃申请加入市民阶层，其丈夫库兹米尼·列尼加耶夫在 1867 年已成为市民。按照相关规定，1860 年其全家仍属于莫斯科商人阶层，8 年间该家庭反复在市民和商人阶层之间转换。

农民和小商人之间的过渡规章决定了市民阶层具有社会流动性，整个 19 世纪市民阶层都保留了不稳定性，不利于该阶层内部统一。因此，市民阶层世界观、价值观、家庭和社会生活特征决定了其特有的精神状态。

第三节　市民的法律地位

城市阶层（市民和商人）的法律地位是俄国城市史研究的一个重要课题，第三阶层的社会地位也一直是俄国史研究的重点课题。调整市民社会经济和文化生活地位的法律标准也是 19 世纪俄国法律史的一个重要研究课题。19 世纪 80 年代中期一个出版物中指出，依法律程序而言市民地位尚待商榷。[①]

市民和农民一样是纳税阶层。在国家公文中，城市具有特定的社会功能和活动内容，各阶层具有一定的权利，但商人的权利比较特殊，商人具有继承权。[②]

19 世纪市民阶层法律变更较小。俄国 1899 年法律汇编重复帝国法律条文内容，只是对 18 世纪条文进行语言上的变更。[③]

按照政治地位而言，19 世纪上半叶，市民与国家农民类似。他们属于赋税阶层，承担国家赋税，首先要支付人头税，其数额逐渐增加。1794 年为 2 卢布 50 戈比，1812 年为 12 卢布，1839 年至 19 世纪 50 年代末一直为 2 卢布 38 戈比。[④] 同时人头税增加数额不固定。市民公社缴纳人头税具有集

---

① Абрамов Я. *Забытое сословие//*Наблюдатель. 1885. №1. С. 269.

② *ПСЗ* I. Т. 22. № 16188. Ст. 80 – 91.

③ *СЗ.* Т. 9. Разд. III. СПб. , 1899. Ст. 568 – 569.

④ Рындзюнский П. Г. *Городское гражданство дореформенной России.* С. 43；*ЦИАМ.* Ф. 725. Оп. 1. 1857 г. Д. 6. Л. 7.

体责任。如1837年圣彼得堡每名市民人头税为15卢布，道路和其他设施维护税为8卢布30戈比，地方赋税和公共赋税为3卢布48戈比，穷人也需缴纳人头税。首都共有20000名市民，其中9000人没有固定住所。富裕市民需向国库支付25卢布税款。[①]

1863年取缔了市民人头税，开始征收不动产税，主要针对房屋、工厂、浴池、菜园、花园和暖房。取消市民人头税可理解为该阶层中大多数居民日常生活得到改善。[②] 但市民仍然是纳税阶层。在取消人头税后国家开始对每个家庭征收"定额税"。1880年初莫斯科省各城市税额为2卢布50戈比。此金额包括国家赋税（1卢布16戈比）、公共赋税（1卢布34戈比），多依照市民公社判决书征收。[③]

作为赋税阶层的市民还执行许多其他义务，如参加邮政机构建筑和维修，为战争提供大车等。最繁重赋税为从每个家庭征兵，军队驻扎时城市居民也苦不堪言。当时大部分城市中还没有兵营，兵营建筑始于尼古拉一世时期。

1874年前市民还要服新兵差役。从莫斯科市一个历史档案中发现，新兵征收程序对研究市民日常生活具有重要意义。市民公社具有召集公社成员讨论新兵差役问题的权利。适龄人员首先应获得证明，然后采取抽签方式服兵役。欠缴水费居民需抽签来服兵役。[④] 换言之，新兵差役只针对穷人。

1877~1878年俄土战争时期自愿应召入伍市民在军队中进行登记，然后派往巴尔干前线。[⑤] 当时，在俄国普及爱国主义教育，这主要与奥斯曼压制斯拉夫民族解放运动相关，政府鼓励市民阶层参与战争。

19世纪50年代末俄国法律对市民到国家机构任职的权利进行限制。[⑥] 改革后法律条文发生变更，市民阶层进入公职体系相对容易。进入公职体系

---

① *РГИА*. Ф. 1287. Хозяйственный департамент МВД. Оп. 29. Д. 14. Л. 84，97.

② *ПСЗ*. II. Т. 38. Отд. 1. № 39119. Плжущгая подать с крестьян была отменена только в 1907 г. *ПСЗ*. III. Т. 26. Отд. 1. №28392.

③ *ЦИАМ*. Ф. 2048. Мещанская управа Дмитрова. Оп. 1. Д. 3. Л. 2；Д. 5. Л. 3.

④ *ЦИАМ*. Ф. 726. Оп. 1. 1873. Д. 2. Л. 75.

⑤ *ЦИАМ*. Ф. 852. Оп. 3. Д. 12. Л. 290 об.，301，302，305，315，321，359.

⑥ *СЗ*. Т. 9. Разд. III. СПб.，1857. Ст. 533 – 534，прим.

首先要得到市民公社许可。公社会议颁发专门离职证明。19 世纪 80～90 年代谢尔布哈夫、季米特里、叶卡里耶夫斯克、莫斯科手工业管理机构市民公社屡次开出"加入莫斯科邮政总局""成为莫斯科剧院演员"证明书，还为地方医生邮寄证明文件。1890 年末至 1900 年初，市民阶层可到邮政电报机构任职。此外命令中还指出，市民获得加入公务员行列的权利，虽然免除了人头税，但仍属于纳税阶层。① 到商业学校、军医学校、中学、政府高等教育机构学习，担任下诺夫哥罗德教育机构老师，甚至当僧人，以及到军事机构任职都要得到市民公社同意，并且需获发统一证明。② 因此，市民公社像阶层组织一样，整个 19 世纪对其成员的职业活动和高等教育都具有决定权。

20 世纪初，在 1905 年革命的影响下，市民权利发生某些变化。1904 年以前赋税阶层，包括市民，免除体罚。1897 年前乡村手工业监察员和某些学校毕业生免除体罚，主要源于他们具有教育优势。③ 1906 年 10 月 5 日法令取消俄国赋税阶层只能在出生地担任官职的限制，也包含阶层限制。从此时起，在进入学校、到国家机关工作时不需要提供相应证明。同时，法律允许这些人保留原有阶层属性，也可获得过渡到其他阶层的权利。④ 即便这些规章陆续实施，但在社会结构中依然保留着阶级属性。

1906 年法律以及其他相关法律并未对市民法律地位进行重大调整，但首次取消市民到指定城市定居的限制。市民固定居住地点可以不是其户口所在地，可到其他城市工作或具有不动产。⑤ 此前只有官吏阶层拥有该特权（非贵族官吏）。

整个 19 世纪，甚至十月革命期间，市民逐渐成为自由阶层，但过渡到其

---

① *ЦИАМ. Ф.* 852. Оп. 2. Д. 54. Л. 48, 51, 59об.；Оп. Д. 1. Л. 67 - 67об.；Ф. 827. Оп. 1. Д. 31. Л. 2 об.，6об.；Д. 11. Л. 20；Ф. 6. Оп. 1. Д. 2. Л. 186.

② *ЦИАМ.* 1885г. Д. 22. Л. 46；Ф. 827. Оп1. Д. 11. 1875г. Л. 15 об.；Ф. 6. Оп. 1. Д. 2. 1861 - 1868. Л. 158；Ф. 840. Оп. 1. Д. 54. 1892г. Л, 16.

③ Иванова Н. А.，Желтова В. П. *Сословно-классовая структура России в конце XIX в-начале XX века.* С. 95.

④ *ПСЗ.* III. Т. 26. Отд. 1. № 28392.

⑤ *ПСЗ.* III. Т. 26. Отд. 1. № 28392.

他阶层仍受种种限制。他们的定居点是其所属市民公社所在城市、工商业区或者市镇。他们从事相关职业、暂离定居点或到其他城市居住都需获得许可证。很多法律（1803年、1805年、1811年）即便允许市民离开户口所在地去其他城市居住，但原则上期限不能超过一年，还要颁发相关证明，如护照等。如果无拖欠税款状况，获得市民公社许可证的市民可在其他省城中居住。[①]

改革后颁发护照也有诸多限制，该措施对社会经济发展十分不利。和19世纪初相比，护照形式和内容变化不大，对比1820年和1890年护照后足以证明该状况。最初规定，为自身需求和发展手工业暂离到其他城市（从1820年5月到1821年1月）居住8个月，期满之后不能在那里逗留，要返回到原有城市，该护照只能由城市公社颁发。城市公社颁发给市民拉克·伊万诺夫的护照中规定只允许他在莫斯科居住两年，并且有专门规定，绝对不能到其他城市和县城中去。[②]

1861年改革后数十年间一直执行该标准，1890年8月，巴甫洛夫工商区市民尼古拉·斯杰巴诺维奇·索卡洛夫收到市民管理委员会颁发"在工商业区30俄里范围内居住一年的证明……期满后必须返回自己城市，护照需返还给市民管理委员会，否则将受到法律制裁"。[③]

市民公社负责人负责护照颁发事宜。该机构负责登记表发放事宜，在护照中指出护照持有人姓名、父称及其体貌特征，如身高、年龄、头发颜色、眼睛颜色、家庭状况等。这些特征在护照中清晰体现，有时还有照片，虽然照相技术已十分普及，但在当时护照中还没有大范围使用。为获得护照必须支付一定费用，通常费用为1卢布45戈比，有时登记书中记录金额为40戈比，甚至出现过5戈比的情况。

未婚和已婚男人（和其妻子、孩子一起）、妇女（姑娘和寡妇）、各年龄段市民都可得到护照，但主要是40岁以下居民，有时也给15~16岁青年

---

① Иванов П. *Обозрение прав и обязанностей российского купечества и вообще всего третьего сословия.* Ч. 1. М. , 1826. С. 136，184.

② *ГИМ ОПИ.* Ф. 402. Музей《Старая Москва》. Д. 74. Л. 3，4.

③ *ЦИАМ.* Ф. 725. Оп. 1. Д. 32. Л. 26.

图 2 - 6　1820 年市民护照

人颁发护照。1878 年仅谢尔布哈夫区就颁发了 4000 多本护照。[1]

　　市民公社规定护照使用期限，由于其阶层属性，在颁发护照时具有一定的歧视性，这点与商人不同。商人阶层证明完全可取代护照，他们有权在整个帝国内自由居住。商人必须每年更新证明，第一基尔德商人每年支付 10 卢布证明税款，第二基尔德商人每年支付 5 卢布。[2] 改革后只有知识分子（小官吏）才能得到无限期护照。贵族永久具有该权利。

　　通过这些因素可以确认，市民道德体系是市民生活的重要组成部分，具有保守主义特征。19 世纪 60 年代末法律体系中关于阶层属性的法律条文有所变更，但没有影响市民法律地位和在社会结构中的作用。

---

[1]　ЦИАМ. Ф. 852. Оп. 3. 1874г. Д. 12. Л. 1 – 120；1878г. Д. 16. Л. 1 – 60.

[2]　ГИМ ОПИ. Ф. 402. Д. 74. Л. 35.

图 2 - 7　1890 年市民护照

　　俄国法律体系比较复杂，18 世纪法学家 H. M. 卡尔库诺夫认为，俄国主要按照风俗、法律和先例来管理居民。① 规定市民权利地位的基础不只是法律，日常习俗、先例也含有适合市民阶层的标准。

　　20 世纪初一个官方出版物中指出"与农民和少数民族居民相比，还没有专门法律针对市民……自取消人头税和新兵差役后，市民和农民一样被称为'赋税阶层'，没有获得任何权利……很显然，没有一个措施，甚至没有

_____

① 　*История правовой мысли. Биографии, документы, публикации* M., 1998. C. 18.

出台任何法律，市民阶层需求没有受到关注"。①

市民阶层法律很少变更。1899 年出版的《俄罗斯帝国法律汇编》中有关于市民法律地位的条款，但实际上只是 1785 年诏令翻版（认定市民阶层为中等人，并且含有其阶层权利和补充说明）。

市民法中确定了市民的经营活动范围，1801 年 12 月 2 日国务会议命令中指出市民、商人和国有农民一样，具有获得份地的权利。②

1832 年荣誉市民授予法律逐渐推广，法律赋予其诸多优惠政策。获得荣誉市民称号的个人可免除人头税、新兵差役和体罚。③ 最初荣誉市民不在市民阶层中推广，只有个别贵族子女和具有特殊地位的商人可获得荣誉市民称号。获得该称号市民的受教育水平还需达到一定标准，因此，该权利未在任何一个阶层中广泛推广。

法律中有了可获得荣誉市民称号的条文。1839 年该法律开始在市民中推广，但获得荣誉市民称号居民的父辈要属于商人阶层或者担任城市官吏，该状况在市民阶层中并不常见。④

当市民具有一定教育基础时，才有可能获得荣誉市民称号。1857 年法律汇编中指出，商人和市民阶层都可获得荣誉市民称号，但是要在莫斯科或者圣彼得堡商学院、中学获得黄金或者白银奖章。⑤

19 世纪下半叶只有受过专门教育的居民才可获得荣誉市民称号，该标准也适用于市民阶层。经过 5～10 年勤劳劳动的居民可获得荣誉市民称号，一般被授予工商业部技术、手工业管理者和先进工作者、国民教育部底层手工业学校知名机械师、乡村手工业教育能手称号。⑥

1899 年法律汇编中第一次明确规定荣誉市民授予条件，并用法律形式

---

① Дружинин Н. П. *Мещане, их положение и нужды.* С. 5 – 7.
② *ПСЗ.* I. Т. 26. № 20075.
③ *ПСЗ.* II. Т. 7. № 5284.
④ Муллов П. *Историческое обозрение правительственных мер по устройству городского общественного управления.* СПб. , 1864. С. 119.
⑤ *СЗ.* Т. 9. Разд. III. СПб. , 1857. Ст. 577.
⑥ *СЗ.* СПб. , 1899. Ст. 515.

加以确定。教育机构毕业后可获得荣誉市民称号。[①] 但是要特别注意两个条件：第一，市民教育水平可确定市民社会地位发生变化，但商人获得荣誉市民要参加生产、慈善活动；第二，荣誉市民授予范围扩宽，在市民和农民中推广，19世纪末市民法仍保留西欧法系特征。

虽然双方都是城市居住者，都属于城市中等阶层，但地方政权组织在选择市民管理制度时，对于商人和市民区别对待。根据1824年基尔德标准，市民在城市管理机构中只能获得低级议员职位，而城市杜马、城市首脑可由商人担任。如果城市中这些职位空缺，商人可以补充。在参加莫斯科市民公社会议时，市民和商人代表人数和资格差异较大，1805年起就分为市民和商人阶层。尽管市民在城市中占数量优势，但该阶层候选人数只有80人，商人阶层为120人。[②]

1870年城市改革后以财产为选举标准，赋予所有阶层市民一定权利。那些年满25岁，具有1.5~2卢布以上不动产、居住在城市中的居民就可参加城市管理机构选举。1892年政府增设新财产标准，限定大多数市民选举权。在首都和省城中选举人财产标准为3000卢布，县城为1000卢布，小城镇为300卢布。占多数居民的小私有者、工商业者因财产有限，不能获得选举权。

1897年政府新规章推行后选举人员数量增加：圣彼得堡为居民总数的0.6%，莫斯科、萨拉托夫、梁赞和图拉的选举人员比例分别为0.7%、0.9%、1.3%和1.5%。1901年俄国132个城市中居民数量为950万人，具有选举权的居民只有100000人，比例刚超过1%。[③] К.А.巴热特诺夫在著作中指出城市居民选举权利。[④]

选举权以财产为标准可说明19世纪末社会政策中，政府倾向于以大资

---

① *СЗ. Т. 9. Разд. Ⅲ. СПб. , 1899. Ст. 514 – 515.*

② Рындзюнский П. Г. *Городское гражданство дореформенной России. С. 4128*; *Найденов Н. А. Воспоминания о виденном, слышанном и испытанном.* М. , 2007. С. 123.

③ Пажитнов К. А. *Городское и земское самоуправление.* СПб. , 1913. С. 33, 36, 37.

④ Пажитнов К. А. *Городское и земское самоуправление.* СПб. , 1913. С. 42.

本家来平衡小资产阶级工商企业主。市民阶层为城市阶层的最底端。

阶层合并是城市日常生活中阶级性保留的主要方式之一。市民阶层也是古老阶层之一。叶卡捷琳娜时期法律中就已经确定市民阶层的权利和义务。

19 世纪上半叶市民地位有所提高，逐渐到城市公社中任职，但不具有独立的法律地位。城市公社一般处理经济事务，城市杜马处理阶层事务。

1870 年改革后城市社会生活发生变化。城市生产管理机构的功能发生变化，取消以财产确定阶级性的原则。同时，城市管理机构禁止处理单独阶层事务，把事务转交给具有独立法律地位的阶层组织处理。需特殊强调的是，市民公社获得吸收新成员加入公社的权利。同时在宣布自治之后，市民阶层活动要受以省长为代表的政府机构、征税组织，以及内务部监督。内务部经济厅处理城市生活中的各类问题。

1870 年城市改革就性质而言是资产阶级改革，但保留城市社会结构中的阶级性，城市和阶层组织活动要受政府机构监督。简而言之，改革时期政府社会政策中城市和农村改革大同小异，城市阶级性被保留（在废除农奴制之后农民公社被保留下来，政府积极干预农民生活）。1892 年城市规章保留城市阶层组织，但并没有赋予其新功能。

市民公社可联合本城市内市民。市民公社会议解决了市民阶层生活中的诸多问题。公社有权在其权利范围内招收新成员和清除旧成员，清除原因多为"按照申请人请求"或"清除违法人员"。

法律中规定加入市民公社的两种形式，即登记和编入。最初按照国家税务部门规章，没有本公社同意，只有高等学校毕业生、具有基督教信仰的少数民族、公职人员子女、退伍低级陆军和海军官吏等才可加入市民公社。公共会议中他们不具有投票权，也不具有担任城市领导职务的权利。5 年后这些居民向市民公社提交请求获批后才可获得投票权利。[1]

法律中规定，农民、商人、少数民族市民都可在市民公社中登记。此时，公社可规定新加入成员立即获得投票权利，以及在公社组织内担任职

---

① *С3.* Т. 9. Разд. III. СПб. , 1899. Ст. 563 – 566.

务。同时，按照惯例，新加入成员没有权利使用市民公社份地。在会议判决书中已明确指出："新成员没有使用份地权利。"① 很明显，土地对于市民特别珍贵。

参加市民公社还需其他条件，如不从属于危险组织和教派，并且要提供相关证明。季米特里市民公社资料中具有如下内容："1897 年 8 月 22 日季米特里市民米哈伊尔·弗拉基米尔·索彼列夫出具带有季米特里市民公社负责人签字的证明，其中内容包括索彼列夫不属于分裂主义和危害组织成员，无任何法律纠纷。"②

市民公社会议解决了接收和清除市民问题，以及其他一些重大问题，如公社预算、差役分摊和赋税核算、医院支出、参加慈善和某些城市公共事务、城市基础设施事务，以及选举公社内管理人员，包括选举公社负责人等事务。只有 25 岁以上居民才具有选举权，且年收入要超过 15 卢布。大多数县城都执行该标准。③

市民公社执行机构是管理委员会。按照 1870 年城市规章，公社选举时选择出公社负责人和助理，任职期限为 3 年，只有经省长确认后才真正生效。④ 市民管理委员会执行公社会议决议。

市民公社负责人对新成员加入和成员清除问题进行监察，关注定额税支付和欠缴税款清理工作，负责统计颁发护照、贸易权利证明书，分配市民阶层教育和慈善机构预算。有时甚至要确定市民家庭成员状况，1874 年其监察职能改变（俄国人口普查对居民纳税状况进行登记）。统计有家眷市民清单的目的是组织符合条件的居民服兵役。⑤ 统计还含有市民识字水平、从事职业信息，这些信息都可成为研究该阶层的原始资料。在解决某

---

① *ЦИАМ.* Ф. 725. Оп. 1. Д. 12. 1887г. Л. 10；Д. 17. 1888г. Л. 5，12，14.

② *ЦИАМ.* Ф. 827. Оп. 1. 1894г. Д. 33. Л. 19；Ф. 726. Оп. 1. 1878г. Д. 54. Л. 10；Ф. 852. Оп. 1. 1883г. Д. 1. Л. 1.

③ Зорин А. Н. и др. *Очерки городского быта дореволюционного Поволжья.* Ульяновск，2000. С. 315.

④ *ПСЗ.* II. Т. 45. Отд. 3. № 48498. Примечание к ст. 14；ПСЗ III. Т. 9. № 5900.

⑤ *Посемейные списки мещан и крестьян.* Составил Я. М. Вилейшис. М.，1915. С. 1.

些问题时，市民公社要向上级机构汇报。与商人公社有所区别的是，要等待省长批复。

第四节　市民的社会生活

"市民是怎样生活的呢，他的生活方式如何？"这是研究 19 世纪末市民阶层多数著作中都提到的一个问题。对于这个问题，有人认为"市民是一个由小贸易者、小伙计、手工业者、仆人组成的团体"。他们多数人从事职业是谋生的手段。[①]

和改革前相比，市民经济活动没有发生较大变化。按照内务部经济厅信息，19 世纪 40 年代中期莫斯科市民从事贸易、马车运输业、服务业，以及到其他城市中务工或做生意（按照护照规定的地点），资料中还提到市民到工厂内工作。很显然，莫斯科是俄国大型工商业中心，市民可以在工厂中找到工作。[②] 70 年代谢尔布哈夫市市民去工厂工作已很普遍，有些人也从事贸易和服务业。工人数量为 122 人，多为冶金工人，从事服务业的居民（仆人）为 232 人，从事贸易的居民人数为 188 人。[③] 1880 年初，莫斯科市民中有 12000 名工厂工人，从事贸易的人数为 3000 人，从事服务业的市民为 17000 人。如果加上所有被雇佣市民，那么其数量约占莫斯科无产者人数的 1/4。[④] 90 年代谢尔布哈夫一家印染工厂中市民占工人的比重为 40%，通常他们都是专业人士，为印染工、雕刻工和木刻工。[⑤]

19 世纪 80 年代的一篇文章中指出，市民在城市中从事贸易和在工厂中

---

① Дружинин А. Г. Очерки географии русской культуры. С. 9.

② Мещанское сословие в Москве в 1845 г. //ЖМВД. 1847. Ч. 17. № 1. С. 76.

③ ЦИАМ. Ф. 1844. Оп. 1. Д. 1，3.

④ Нифонтов А. С. Формирование классов буржуазного общества в русском городе второй половины XIX в. // Исторические записки. 1955. Т. 54. С. 240，247.

⑤ Захарова В. В. Изучение рабочих мещанского сословия в пореформенной России//Историк и время. 20 – 50-е годы XX в. А. М. Панкратова. М.，2000. С. 127.

工作；作者认为，工厂内市民工人数量不多。[1] 工厂镇虽然不具有正式城市地位，但其已成为大型工业中心，工人主要来源仍是农民阶层。

图 2 - 8　1891 年马可夫斯基作品——雇佣女仆

市民阶层为小资产阶级社会阶层，客观而言，他们主要是小商业企业主。改革前莫斯科已有众多小商贩，他们组建行会，行会主要由市民组成。他们从事寄售、买卖业务，主要将货物出售给城中农民。[2] 他们经常拦截路人到市场上进行交易，然后给予某些优惠，再把商品转卖给农民而成为转卖商。小型集市贸易销售一些旧东西，如小块碎布、旧衣服和旧鞋等货物；有时在露天市场上也销售一些高价值货物。一本杂志上还写道："1845 年对工厂的监管放松……以前这些行业为资本积累的主要形式之一……他们非常娴熟地从事自己的行业，甚至获得荣誉。"[3] 19 世纪 80 年代在市民中还保留着

---

[1]　Абрамов Я. Мещане и город//Отечественные записки. Т. №3. Отд. 《 Современное обозрение》. C. 2.

[2]　Мещанское сословие в Москве в 1845//ЖМВД. 1847. Ч. 17. № 1. C. 82，83.

[3]　ЖМВД. 1847. Ч. 17. № 1. C. 85.

商品转卖和寄售业务。[1]

因此，在积累原始资本后允许工厂主阶层以外的居民建立手工工场，成为工业企业主。俄国法律允许城市居民建立工厂和手工工场，其中包括市民。这种权利于 18 世纪下半叶就已赋予，19 世纪上半叶，政府颁布相关法律加以确认，并添加到法律汇编之中。[2] 1820 年法律中规定，在特定条件下允许市民成为工业机构所有者。商业市民（1824 年决议提出概念，和工商业居民具有明显差异）只可以具有小型家庭手工工场，雇佣人数不能超过 8 人。"现在工厂和手工工场"（16 个工人以上）已不隶属于特定阶层框架之内。[3] 市民虽然获得该权利，但要提供基尔德证明。此时他们不具备商人权利，却成为纳税阶层。[4] 1820 年政府允许市民过渡至商人阶层，过渡后他们就可以获得从事贸易的权利。同时他们在被纳入商人阶层后，在基尔德赋税方面具有某些优惠，如县城内第三基尔德商人需要缴纳 150 卢布税款，以前规定为 220 卢布。该条款明显增加了某些市民获得基尔德证明和建立工厂的可能性。

参加企业经营活动的市民是不是很多呢？根据相关资料笔者得出如下结论，19 世纪上半叶，莫斯科、弗拉基米尔、科斯特罗马和雅罗斯拉夫省纺织工业中出现了该趋势。

表 2-6　市民和农民——纺织企业所有者

单位：人

产业	1809 年		1812 年		1814 年		1832 年	
	行会市民	农民	行会市民	农民	行会市民	农民	行会市民	农民
呢绒	—	12	—	—	2	—	1	4
制丝	6	79	5	56	5	70	6	22
亚麻	—	10	—	27	2	34	—	27
造纸	1	79	1	46	10	171	17	95
染色	—	—	2	3	4	—	8	98
总计	7	180	8	132	23	275	32	246

[1]　Абрамов Я. *Забытое сословие* // Наблюдатель. 1885. № 1. С. 271.

[2]　*СЗ*. Т. 9. Разд. Ⅲ. СПб. , 1857. Ст. 551. Прим.

[3]　*ПСЗ*. Ⅰ. Т. 39. 1824 г. № 30115. Гл. 8.

[4]　*ПСЗ*. Ⅰ. Т. 39. 1826 г. № 458.

图 2 - 9 1841 年雕刻画——货币兑换商人

　　此时市民拥有企业数量虽然有所增加，但其绝对数量，特别是和农民工厂主数量相比还不是很显著。通过表 2 - 6 可以看出，1812 年后农民和市民企业数量增加。但该信息只限于 19 世纪 40 ~ 50 年代纺织工业，并且只有莫斯科省资料。①

表 2 - 7 莫斯科省工业机构所有者中市民和农民数量

单位：人，%

生产部门	1843 年			1853 年		
	全 部所有者	其中		全 部所有者	其中	
		行会市民	农民		行会市民	农民
丝织	158	11	17	162	13	17
毛纺织	132	6	4	343	14	16
造纸	404	27	58	424	58	107
帽子、手套	—	6	2	29	6	6

---

① *РГИА*. Ф. Оп. 1. 1809. Д. 44；Ведомости о мануфактурах за 1812г. ，1813г. ，1814г. СП6.，
　　1814 - 1816；*Список Фабрикантам и заводчикам Российской империи 1832 г.* Ч. I-II. СП6.，
　　1833；Самойлов Л. *Атлас промышленности Московской губернии* М.，1845；Тарасов
　　С. А. *Статистическое обозрение промышленности Московской губернии.* М.，1856.

续表

生产部门	1843 年			1853 年		
	全　部 所有者	其中		全　部 所有者	其中	
		行会市民	农民		行会市民	农民
金属	78	25	5	100	20	8
化学、皮革	95	23	22	108	15	26
手套、机组	—	26	7	51	8	4
乐器、家具	42	19	4	43	21	4
制砖、陶瓷	25	5	4	52	15	6
瓷器	—	—	18	28	—	15
机械	—	—	—	15	5	1
总计	934	148	13.9	1335	175	210
占比	100	15.8	14.9	100	12.9	15.5

　　由表 2-7 中信息可知，10 年内工业作坊所有者数量明显增加，市民作坊数量也有所增加（1843 年为 148 人，1853 年为 175 人），但市民阶层作坊所占比例却有所降低（从 15.8% 降到 12.9%），农民作坊占比增加也不明显（从 14.9% 增加到 15.5%）。

　　根据这些指标，通过和农民作坊对照后发现，市民企业主在扩宽生产部门过程中不具备过多的内部资源。同时应该指出，19 世纪 40~50 年代市民作坊数量增加，增加的生产部门多为高技术职业，如金属、乐器工具、家具等行业。实际上，市民所掌握的工业作坊都位于莫斯科，县城内企业主多为农民。其他资料显示，1845 年莫斯科工厂主中市民数量为 140 人。[①] 市民工厂都是中小型手工作坊，一些工业机构经常是作坊主自己工作。部分手工工场内工人数量为 5~10 人，年产值为 1000~3000 卢布。拥有大型作坊的市民将转化为商人阶层，其工人数量多为 10~16 人，年生产总额为 6000~15000 卢布。商人机构产品价值为 12000 卢布。一些效益较好的作坊还扩大生产规模。市民从事行业范围有限，这些信息在杂志中已经清晰指出，一些

---

　　① *ЖМВД.* 1847г. Ч. 17. №1. С. 77.

居民虽然辛勤工作，但家人仍食不果腹。[①]

大多数市民作坊都是简陋的家庭作坊。按照 19 世纪 80 年代末资料，一半以上（54.2%）莫斯科市民作坊中工人数量为 1~5 人；拥有 16 名工人的作坊只占市民作坊总数的 1/3（31.4%）；只有作坊主一人工作的作坊比例为 9.5%。市民阶层中工人数量达到 100~500 人的企业比例仅为 0.1%。[②]

19 世纪 90 年代在中欧和伏尔加河流域各省工业作坊所有者中市民比例达 9% 以上，在不同生产部门其比例也不一致，具体信息见表 2-8。[③]

表 2-8 19 世纪市民阶层建立工厂数量

单位：家，%

生产行业	工厂作坊总数	其中市民作坊数量和占比	
		数量	比例
纺织	1672	85	5.1
木材加工	360	15	4.2
化学	179	19	10.6
油脂和蜂蜡加工	411	92	22.4
金属制品加工	663	89	13.4
食品加工	705	85	12.1
火柴	141	10	7.2
总计	4141	395	9.5

19 世纪末市民作坊中有 15 名以上工人的作坊还很少，通常情况下，工人数量为 2~3 人。这些作坊产品大多为日常生活必需品，如门锁、蜡烛、肥皂、火柴等。

和改革前相比，市民工业企业主数量有所增加。1882 年莫斯科工业和贸易作坊所有者中已有约 10000 名市民（1840 年其数量只有 140 人）。[④] 该

---

① *ЖМВД*. 1847 г. Ч. 17. №1. С. 78.

② Шилкина В. *Мещане//Былое*. 1992. № 8. 8 августа; Захарова В. В. *Мещанское сословие пореформенной России*. М., 1998. Автореферат. С. 11.

③ Орлов П. А., Будагов С. Г. *Указатель фабрик и заводов Европейской России*. СПб., 1894.

④ Нифонтов А. С. *Формирование классов буржуазного общества в русском городе второй половины XIX в.* // Исторические записки. 1955. Т. 54. С. 247.

阶层开始和资本主义新型社会结构相结合，但此时市民还是小商业阶层代表。

图 2 – 10　市民店铺

市民阶层中部分居民是手工业机构、商店、店铺、粮店所有者，但市民仍是俄国城市中的贫民阶层。19 世纪代租役证明材料变化不大。

19 世纪 40 年代莫斯科约有 3/4 的市民没有房屋，几乎有 1/4 的居民不能独立支付国家赋税，只能支付一半赋税，首都中市民从事某些固定生产活动。"凭良心说，那里的许多人，什么也不说，也不做；一天天悠闲地生活着，用句谚语说：'上帝创造了白天，也要赐予粮食'"。①

20 世纪的一个出版物中写道，大多数市民几乎半辈子都在躺着睡觉，维持生活。他们不知道明天怎么度过。②

市民贫困原因是政府对该阶层小所有者（现代术语为小商人）征收重税。德鲁日宁写道："国家对此没有采取任何手段，市民状况没有得到改

---

① *ЖМВД*. 1847. Ч. 17. №1. С. 82，84 – 85.
② Берви-Флеровский В. В. *Положение рабочего класса в России.* М.，1938. С. 450.

善。但此时政府却从市民身上拿走更多……如果他们在从事各种商业时获得少量铜钱和戈比，或者他们获得几十或者几百卢布，那么他们缴纳的税款要比利润多得多。"①

市民阶层贫困的表现是该阶层大部分市民都拖欠税款，他们不可能完全支付国有差役和公共赋税。②

图2-11 20世纪初照片——装玻璃工人

由于市民具有不动产，他们需要向国库缴税。市民拖欠税款比例很高，1881年斯摩棱斯克省市民欠缴税款为税额的257%，萨马拉省的这一比例为141%。③1880年1/3的市民家庭拖欠税款。有时市民拖欠几年税款，而且金额也非常巨大，有些家庭拖欠税款额达到35～75卢布。④通常，市

---

① Дружинин А. Г. *Очерки географии русской культуры.* С. 10，15.

② *ЦИАМ.* Ф. 827. Оп. 2. Д. 6. Л. 21об.

③ Абрамов Я. *Забытое сословие.*

④ *ЦИАМ.* Ф. 1719. Егорьевская мещанская управа. Оп. 1. Д. 5；*ЦИАМ.* Ф. 1719. Оп. 1. Д. 2. Л. 11 об.，45；ПСЗ I. T. 39. № 30114.

民家庭规模都不大，平均人数为 3～6 人，超过 10 人的家庭比较罕见。① 不在城市居住的市民也拖欠税款。叶卡里耶夫斯克市民公社负责人向梁赞、莫斯科省县警察局发布"所有居住在该区域内、没有书面证明的叶卡里耶夫斯克市民需要缴纳赋税和拖欠税款。"② 缴纳完拖欠税款之后政府颁发给市民相应证明。1893 年莫斯科国家税务局给叶卡里耶夫斯克市民公社负责人（市长）的信中要求"给缴纳拖欠税款和罚金的居民颁发相关证明文件"。③

图 2－12　20 世纪初明信片——街道鞋匠

　　市民管理机构研究市民降低税额请求。市民公社会议决议一般能满足这些请求，但因诸多原因不能按照规章核算，个别市民家庭情况较为复杂。④

---

① *ЦИАМ. Ф. 2048. Оп. 1880г. Д. 3；1882г. Д. 5；Крестьяне и город в капиатлистической России второй половины XIX в. С. 150.*

② *ЦИАМ. Ф. 1719. Егорьевская мещанская управа. Оп. 1. 1876 г. Д. 2. Л. 73.*

③ *ЦИАМ. Ф. 840. Оп. 1. Д. 56. Л. 3.*

④ *ЦИАМ. Ф. 1719. Оп. 1. 1875 г. Д. 1. Л. 8－9.*

赤贫致使城市生活更加困苦。政权组织、阶层公社采取措施防止赤贫蔓延，特别是不能在首都蔓延。按照莫斯科省省长指令，1831 年在市民和行会中间建立消除流浪者委员会。流浪和乞讨居民的亲属要保证给他们找到工作，残疾和不能工作的居民要安置到养老院。① 1840 年该委员会关闭，所有相关事务转交给莫斯科市民协会。

尼古拉一世在莫斯科成立委员会清理和收养乞讨居民。委员会对莫斯科城市内乞丐进行登记，确定乞讨原因，根据其年龄、健康情况和社会地位分别把他们送到养老院、医院和工业作坊中。

1841 年莫斯科委员会已登记莫斯科市和莫斯科省 6000 名乞丐，他们中约有 2000 人为工业乞丐（占所有行乞者的 1/3），也就是市民。Л. 萨末伊洛夫认为，可以让他们通过从事工业活动，或到工厂学校中学习来改变贫穷。他写道，很久之前，彼洛哈洛夫兄弟学校就招收市民子女，毕业后他们在工厂中担任管理员和掌柜，不能说他们把自己奉献给了工厂事务，但是他们开始成为俄国工业中必不可少的工人阶层。② 1893 年委员会仍然存在，但其职能已转化为城市自治组织。1882～1887 年圣彼得堡也有类似委员会，该委员会登记人数为 25000 名，其中市民所占比例为23.3%。③

莫斯科救济委员会转化为县城阶层管理组织，主要目的是采取措施预防乞丐增加。

19 世纪 90 年代初季米特里市市长颁布决议，市民公社尽可能采取措施阻止季米特里市市民乞讨；并在公共会议上颁布决定，即"市民西尼索尼（他还在流浪和乞讨）的护照中应指出，他可以到俄罗斯帝国各个城市和乡村中，但首都除外"。④ 因此，行政措施是治理乞讨的工具之一，首先限制

---

① *ГИМ ОПИ.* Ф. 402. Музей《Старая Москва》. Д. 74. Л. 15 – 16.

② Самойлов Л. *Атлас промышленности Московской губернии.* С. 17 – 18.

③ Сперанский С. В. *К истории нищенства в России*//Вестник благотворительности. СПб., 1897. С. 40.

④ *ЦИАМ.* Ф. 827. Оп. 1. Д. 31. Л. 11 об., 21 об., 23.

图 2 - 13　1887 年缅索耶多夫作品——割草者

他们到首都行乞。市民公社企图让企业吸收他们从事一些低级工作。1885年季米特里市市民公社就有类似决议。根据莫斯科委员会对行乞者的指令，公社必须采取相应行动。因此，为市民伊万·奥西波夫·杜马诺夫再次安置工作，公社还决议："为纠正他的行为，让其在城市义务劳动一周，为让其不再继续乞讨和漂泊，取消他所有义务"；"主要目的是让市民索尔尼切夫改正错误"。[①]

　　市民家庭获得收入的来源之一是从事农业活动，19世纪农业对市民生活具有重要作用。城市内外土地属于城市，18世纪城市具有土地所有权，19世纪初在赏赐公文中得以证实，然后在一系列政府决议中加以确认。在城市只有市民和商人可以使用土地，他们是市民公社成员。同时他们不具有所有权，只具有土地租赁权。一个法律条款规定"市民公社成员没有权利出售份地"。[②] 在实际生活中，改革前城市内部也进行土地买卖。城市中市民私有耕地数量增加，但和商人相比仍十分有限。[③]

---

①　*ЦИАМ.* Ф. 827. Оп. 1. Д. 23. Л. 3 - 4, 10.

②　*СЗ.* Т. 9. Разд. III. СПб., 1857. Ст. 522.

③　Рубакин Н. А. *Россия в цифрах. Страна. Народ. Сословия. Классы.* СПб., 1912. С. 124.

表 2 - 9　19 世纪末 20 世纪初城市土地分布状况

单位：%

城市中土地的所有权	1877 年	1905 年
市民	2.0	3.6
商人	10.4	12.8
公社	—	0.07
由农民转换的市民	—	0.06

　　大改革时期市民中农业生产的普及程度可根据内务部经济厅资料加以确认。政府为改善"帝国所有城市公共基础设施"才出版这些资料。省内具有城市居民的相关信息，其中包含市民从事农业活动的信息，包括从事耕种、果园、蔬菜栽培等活动的详细信息。

　　19 世纪 50 年代末至 60 年代初，中欧和伏尔加河流域 20 个省的市民从事农业活动，这对他们的生活方式造成重要影响。[①]

表 2 - 10　19 世纪 50 年代末 60 年代初居民从事各类农业活动的城市分布

单位：个，%

居民从事的农业活动	所在城市	
	数量	占比
粮食种植	62	26.7
果园、蔬菜栽培	38	16.3
农耕（没有指出领域）	59	25.4
其他行业	73	31.4

　　中部工业区城市居民从事农业活动的比例不低于城市人口比重的 1/3（卡卢加、科斯特罗马、斯摩棱斯克、特维尔、图拉、雅罗斯拉夫省都如此）。同时，缺乏从事农业活动的详细信息就没有办法指出市民的具体生活方式。弗拉基米尔省某些城市居民主要从事工业生产（如比列斯拉夫居民

---

① *Экономическое состояние городских поселений . . Ч. 1 - 2.*

一般在工厂内务工），书伊市市民主要从事手工业和贸易；奥廖尔市市民也从事工业生产（在城市手工业发达时居民不从事农业劳作）。梁赞省叶卡里夫斯克城市工业快速发展，市内到处是工人，工业发达促进贸易发展，粮食贸易最为活跃。梁赞省城市中手工作坊林立，主要从事棉纺织工业。赫鲁达夫商人也全力发展棉纺织业。[①] 笔者也掌握了其他城市工业发展规模的信息。有关工业发达省份手工作坊和工厂内市民状况的描述不多，这可以间接证明俄国城市经济发展还有诸多欠缺。19 世纪 80 ~ 90 年代文章中指出，俄国具有工商业快速发展的城市，但资本主义工业对农村的影响较小，后者对前者发展产生诸多影响。[②]

即便是工业快速发展的城市，一部分土地仍用于农业生产。如卡西莫夫（梁赞省）是著名皮革、羊羔皮革、纺织、制砖、盐酸、锻造工业基地，但这些工业机构占地面积仅 11 俄亩，而牧地、耕地和其他农业用地数量分别为 63 俄庙、22 俄庙和 221 俄亩。[③]

城市中耕地都带有类似特征，主要满足家庭需求。波里所克列布市（唐波夫）部分市民不从事贸易，而是从事农业活动；卡洛莫尼市（莫斯科省）从事农业耕种的市民被列入国有农民，其生产目的是满足家庭所需；布族鲁克（萨马拉）市民耕种土地目的是供给家庭所需粮食。

按照常理，工业应该使市民和土地分离，而俄国大部分城市却未如此，市民保留传统生活方式。他们和农民阶层紧密联系（弗拉基米尔省克林市某些从农民中分离出来的市民虽属城市公社，但他们还习惯于以前的生活方式，从事农业活动）。

城市中土地不足，市民生活水平明显低下。下诺夫哥罗德省克宁市不具有耕地，城市居民非常贫困，他们只有菜园（果园）。很明显，18 世纪欧俄某些城市已成为重要蔬菜贸易中心。19 世纪中期蔬菜种植特征被保留下来，但其推广

---

①　*Экономическое состояние городских поселений* . . Ч. 1 – 2.

②　**Абрамов Я.** *Мещане и город//*Отечественные записки. 1883 г. Т. 267. № 3；**Аксельрод П.** *По поводу нового народного бедствия//*Работник. 1898 г. № 5 – 6. С. 24.

③　*Экономическое состояние городских поселений* . . Ч. II. С. 17.

进程却十分缓慢。阿尔扎姆以种植大葱闻名，居民继续种植大葱，但19世纪中期以后该行业已经衰落；雅罗斯拉夫省洛斯托夫市从事蔬菜贸易的居民不多。蔬菜贸易衰落原因之一为政府商业政策，政府对城市工商业进行管制。

19世纪最后10年从事农业生产仍然是市民的生活方式之一。19世纪80年代出版的一个著作中指出"迄今为止，城市还保留着农民的一些生活方式，首先当地部分市民和商人从事农耕"。他们认为土地使用权是其最珍贵的权利之一。他写道："大部分市民主要收入为农耕、从事蔬菜种植业收入……市民从事农耕，这是每个省城居民都知晓的事情，这也被看作当地居民生活方式的组成部分。"研究城市自治问题学者 C. A. 彼里克洛斯基指出，农耕是市民主要从事行业。[1] 1897年全俄人口普查也反映出市民从事农耕状况。[2]

表 2 – 11 各省份从事农耕市民的比例

单位：%

省城	从事农耕市民比例	省城	从事农耕市民比例
阿尔汉格尔斯克	14.3	奥廖尔	11.5
弗拉基米尔	3.5	奔萨	32.6
沃罗涅日	17.4	彼尔姆	8.9
喀山	7.5	梁赞	24.9
卡卢加	7.0	萨马拉	15.7
科斯特罗马	6.5	圣彼得堡	1.5
库尔斯克	10.9	萨拉托夫	7.9
莫斯科	1.5	辛姆尔斯克	13.5
下诺夫哥罗德	9.5	斯摩棱斯克	3.7
诺夫哥罗德	6.9	雅罗斯拉夫	2.8

---

[1] Щепкин М. П. Опыт изучения общественного хозяйства и управления городов. М., 1882. Ч. 1. С. 7；Абрамов К. И. История библиотечного дела в СССР. М.，1980. С. 2；Приклонский С. А. Очерки самоуправления земского，городского，сельского. С. 279.

[2] Первая всеобщая перепись населения Российской империи 1897г. Вып. 8. СПб.，1905. С. 8 – 12. Таблица.

以上所有信息由 Б. Н. 米罗诺夫在 19 世纪中期《俄罗斯城市功能变更》和《所有类型城市中农耕失去意义》两本书中加以确认。[①] 改革后俄国城市中仍保留农业活动，并且很大一部分市民都从事该行业，首先是小市民。城市土地非常昂贵，它是获得饮食和最低级产品的源泉。因此，市民公社决议中指出新成员没有获得使用城市土地的权利并非偶然。

法律禁止建设城市牧场。但实际上在许多城市中剩余土地都成为牧地，允许缴纳一定数额款项来获得这些土地。19 世纪上半叶城市周围牧地数量减少。1840 年下诺夫哥罗德、阿尔达托夫、克林、谢梅诺夫、卡尔巴托夫出现牧地不足现象。[②] 下诺夫哥罗德省省长解释道："此时肥沃土地都用于建造住宅、菜园、军队驻地、监狱、国有制砖厂、纺织厂……，和以前相比，这对城市非常好……但牧地数量非常少，对于扩大城市规模和满足众多人口需求来说已显得严重不足"。1840 年，下诺夫哥罗德城市杜马颁布"市民和居民放牧用地不足决议"。[③] 萨拉托夫居民也遇见牧场和其他土地不足问题。1837 年皇太子亚历山大·尼古拉诺维奇在城市居住时受理城市杜马牧地使用的申诉。在请求中市民指出："按照 1701 年 3 月 13 日彼得大帝法令，萨拉托夫城所有先辈都拥有自己的份地"；他们在请求中引用 1782 年城市赏赐公文、1832 年和 1836 年沙皇指令，允许转交给城市市民和商人土地……赐予他们 2 俄亩以下土地世袭使用，并支付税款。同时，委屈的市民还写道："萨拉托夫城市杜马 40 年前（大约在 18 世纪 90 年代末）就延误分给城市商人和市民应有的土地，因此从事农耕和畜牧业的市民需要土地，同时还需要支付 5 卢布、7 卢布和 10 卢布的赋税，他们已无力支付国家差役和各种赋税。"[④] 他们希望划拨当地地主和国有农民土地，而城市杜马只注重商人和贵族利益，对他们漠不关心。

---

① Миронов Б. Н. *Указ. соч.* Т. 1. С. 310.

② *РГИА.* Ф. 1287. Хозяйственный департамент МВД. Оп. 31. 1840 – 1841. Д. 257. О выгонной земле в городах Нижегородской губернии. Л. 1, 2, 4.

③ *РГИА.* Ф. 1287. Хозяйственный департамент МВД. Оп. 31. 1840 – 1841. Д. 257. О выгонной земле в городах Нижегородской губернии. Л. 1, 4, 4об., 5.

④ *РГИА.* Ф. 1287. Оп. 31. 1837 – 1841. Д. 60. Л. 2, 3, 3об.

在萨拉托夫市民和商人请愿书中牧地问题一直存在。该类材料在所有政府机构档案中都能见到。内务部经济厅厅长责令萨拉托夫市长详细研究该问题。沙皇和内务部命令比鲁达夫每月报告该事件进展情况。省长要求省管理委员会和城市杜马必须提供相关信息。最终省管理委员会意见中强调，省长和城市杜马决定划分部分土地给贫困市民，以便他们用于农耕或者建立工厂、作坊和其他相关机构……以此来安慰市民。① 虽然除从事农业之外允许在耕地内建立相关机构，但不鼓励该做法。按照省长命令取消萨拉托夫拉比什尼面粉作坊，其土地只能用于农耕，不允许建立工业机构。② 从这些因素可以看出政府机关和小企业主间的关系。不但小工商业企业主没有获得奖励，而且政府遏制其从事手工业生产。

几年后政府机构最终解决了萨拉托夫牧地问题。1839 年市民公社代表吉诺夫·奇洽卡夫向上司别尼克达尔夫（内务部萨拉托夫负责人）陈述牧地历史。别尼克达尔夫发现，城市杜马违反法律，并且给予警告，以后该类事务转交给相关法庭审理。1840 年市民和商人在提交给内务部的请愿书中写道，他们对于牧地分配决议很满意。③

通常土地所有制形式和农村很类似，这在市民阶层中体现得最为明显。"大部分城市土地经营方式和农村公社土地使用方式无太大区别。19 世纪 80 年代初一份文献中写道：大部分土地由公社成员使用。市民都有份地，支付相应国家赋税和差役，剩余部分用于租赁。"④

1870 年城市改革变更城市土地所有权，市民之间划分土地以遵循资本主义原则为准。按照区域划分份地（最多 6 俄亩），租赁土地也要支付相应赋税。合同期限为 12 年。

划分市民土地新规章在诸多档案中都有所提及。县城中有公共草场和牧地，市民和商人公社负责管理。1889 年 6 月 13 日谢尔布哈夫市民公社会议

---

① *РГИА.* Ф. 1287. Оп. 31. 1837 – 1841. Д. 60. Л. 10，10об.，16 об.，17，18об.

② *РГИА.* Ф. 1287. Оп. 31. 1837 – 1841. Д. 60. Л. 23об.，26.

③ *РГИА.* Ф. 1287. Оп. 31. 1837 – 1841. Д. 60. Л. 77，104，105，115，162.

④ Абрамов Я. *Мещане и город//*Отечественные записки. 1883г. Т. 267. № 3. С. 3.

采取决议，附属于公社的草地被划分为 130 份，每份由 20 人打理。每份征税 20 卢布，相当于每人 1 卢布，但要缴纳现金。获得草地的市民要遵循相应条款。获得草地的个人和家庭要一直居住在谢尔布哈夫市，居住年限要在 20 年以上，并且拥有房产。很明显这对富裕农民有利，只有几个贫穷家庭分到草地。在此条件下没有多少人能获得草地。交易清单上登记的 6 人中 5 人拒绝交易。[1]

城市土地划分方式导致许多市民经营活动终止。阿波拉莫夫文章中已经提到，他对 1870 年城市规章十分不满，他指出，城市土地公社在资本主义因素影响下遭受破坏。作者指出，我们大多数市民还坚信城市机构的合理性，但城市中有市民和特权阶层间斗争，这些特权阶层指的是银行家和议会代表。[2]

在划分和使用土地时，市民具有租赁权，这足以体现城市政权机构和市民公社间的对立关系。1886 年巴甫洛夫工商区城市杜马采取决议，对城市公社的所有牧地、野外用地和草地征收赋税。同时，城市杜马确认这些土地处置权，废除市民公社此方面的权利。在最终决议中指出，这些土地使用问题将在下一届杜马会议上公开讨论。[3]

城市机构这一行为引起广泛抗议。市长请求莫斯科省长确认城市土地所有权。但这些请求多是徒劳。市民公社"草地和公共用地"指令中写道："众所周知，城市杜马决定税额。但我们不允许该做法，因为这样我们将失去属于我们的土地，我们希望自己缴纳全部税款，包括国家土地税、现在和以后的地方税款。"[4]

巴甫洛夫工商区城市杜马肆意处理市民公社土地。在没有得到市民同意的情况下，城市杜马就夺走众多土地；在没有获得公社同意的情况下，就在市民耕地上建立采石场，生产石头用来铺设道路、街道，以连接商人拉比吉

---

① *ЦИАМ. Ф.* 852. *Оп.* 2. *Д.* 43. *Л.* 1, 1об., 5.

② Абрамов Я. *Мещане и город//Отечественные записки.* 1883г. Т. 267. № 3. С. 6, 20, 21.

③ *ЦИАМ. Ф.* 726. *Оп.* 1. *Д.* 41. *Л.* 1.

④ *ЦИАМ. Ф.* 726. *Оп.* 1. *Д.* 41. *Л.* 2, 5.

尼工厂。市民公社同意让步土地修建铁路，但要获得补偿金。"在没有询问市民公社的情况下，就在火车站附近牧地上建立玛卡维尼（得到巴甫洛夫工商区城市杜马同意）旅店，引起众多居民不满。"①

市民公社试图保护自己的权利。市民阶层中大量受过教育的外来人已开始走上这条路，并尽可能地"寻找公平"。公社代理人米哈伊尔·伊万诺维奇·斯托卡米尼已经寄出《向所有审判和行政地点提交的市民土地所有权申请书》，他也向周边法庭提起诉讼。同时针对这些请求，要求城市杜马和市民公社做出相关决议，并且说明巴甫洛夫城市杜马处理问题不公正性，成立为莫斯科省省长提供相应材料的委员会。市民要求"任命他们在请愿书中提到的官吏到巴甫洛夫工商区任职，这样可以证实巴甫洛夫城市杜马的不公正行为"。②巴甫洛夫工商区市民致力于保护旧式公共土地使用方式，在市民生活中不采用新事物（他们反对建立采石场，即便石头用于修建城市街道，反对在火车站附近建立小酒馆）。但另一方面也证明政府机构没有考虑到该阶层利益，人为损害市民利益。

1870年城市规章中提出划分份地的新规则，这成为发展资本主义生产关系的重要一步，在此过程中城市受破坏程度高于农村（俄国农村公社遭到破坏是在20世纪初，起因为斯托雷平改革）。市民反对这些规则，他们更喜欢古老公社保留下来的传统。因此，诸多请愿事件发生，阿比拉莫认为上帝赋予我们土地，让我们生活，而不是从事投机活动卖掉它……斯塔夫罗波尔城市有些从事贸易的市民不从事份地经营，而把土地租赁出去。③

土地使用问题是20世纪俄国城市生活的问题之一。1917年8月在莫斯科举行全俄第二次市民代表大会，参加者提到赋予市民土地使用权利。市民社会经济特征影响着代表大会代表决议。一个代表说"市民数量处于农民兄弟之后"，因此"市民阶层应该具有土地使用权，城市应提供给他们相应的土地"。"以前我们（市民）中间的许多人都依赖土地，用自己劳动耕种

---

① *ЦИАМ. Ф. 725. Оп. 1. 1891. Д. 34. Л. 1, 2 об., 7.*

② *ЦИАМ. Ф. 725. Оп. 1. 1891. Д. 34. Л. 40-41.*

③ Абрамов Я. *Мещане и город*//Отечественные записки. 1883г. Т. 267. № 3. С. 3.

租赁土地和自己的份地……应该采用和农民一样的标准划分份地。"① 市民是国家城市居民，他们多为小商业者、公职人员和自愿离开农村的农民。一位参会者指出，我们阶层中有工人阶级、手工业者、贸易人员、办事员、小商业者、城市和农村经纪人……我们不是工厂主、资本家、大私有者，他们不属于市民阶层，已经转化为商人、贵族、荣誉市民。②

此时"劳动人民"的概念非常广，包括工人和手工业者、小商业者、公职人员和管理者。客观而言，只有市民阶层属于小资产阶级阶层，他们是补充无产阶级和小资产阶级阶层的重要源泉。如果说工人阶级为满足自己家庭需求到工厂中工作，那么市民中小工商企业主多与政府税收机构打交道。市民取得的成绩有限。俄国社会发展共性决定了他们获得的利益有限，③ 以至于他们只能在城市中进行小商业贸易，但人数却不断增加。

第五节　市民的文化水平和社会活动

研究市民受教育程度对理解他们参加国家社会、文化和政治生活的积极性非常重要。

如果在城市社会结构中市民阶层处于中间状态，那么完全可以看出他们表现出的"文化反差"，并能看出传统民族文化和先进文化间的"缺口"。在物质技术领域和教育系统中新事物首先在城市中推广。市民阶层在城市居民中占大部分，他们对新事物发展具有重要作用。

按识字水平而言，19 世纪中期以来城市识字率超过各省平均水平。市民识字率约为 4%（国家的平均水平为低于 1%）；首都城市识字率约为

---

① *ЦИАМ*. Ф. 5. Оп. 2. д. 26. Л. 3, 6.

② *ЦИАМ*. Ф. 5. Оп. 2. д. 26. Л. 3, 14.

③ Милов Л. В. *Великорусский пахарь и особенности российского исторического процесса* М., 2006.

3.5%，中部工业区达 5% ~ 9%。[1] 19 世纪末欧俄城市中平均识字水平达 48.7%。通过和改革前资料相对比，首都和各省城市识字率明显提高。大量识字居民于改革后产生，且集中于城市。此时居民中的年轻人识字率明显提高[2]，他们是城市受教育人群的主体。

改革后农村像城市一样产生新式教育关系。俄罗斯人总是认为首先要掌握某种手艺，然后才是阅读相关书籍。19 世纪 50 年代初，阿涅尼卡夫在旅游时对其同伴进行描述，他同伴说道："我父亲是一名普通人，告诉我首先应该找到自己的事业，然后再去读书。"[3] 俄国许多俗语和谚语中都能够看到对教育的理解：手艺不能吃喝，但却能带来面包，不学将会一事无成，学了将成为手艺人，这些技术在学校中学不到。[4]

19 世纪 50 年代末许多文献材料中指出"农民被认定是没有文化的庄稼汉，但他们已不阻止子女去学习"；"城市居民感觉自己子女对文学和数学感兴趣"；"现在已解除在普通人群中普及知识的限制：减轻对教育的成见，父母不再反对子女去学习"。[5] 80 年代指出城市居民普及知识的必要性、城市居民中贫困阶级对教育的需求程度提高。在描述改革后奔萨省莫克宁县城居民生活变化时作者写道："对教育需求明显增加；杂志《当代人》《国家札记》还刊登了市民文章。"[6] 莫斯科大学教授、著名经济学家和社会活动家秋比洛夫指出"和贫困斗争的唯一道路是知识和教育；知识是扩充思想的主要工具"。[7]

改革后城市阶层中识字和受教育居民人数最多的是市民阶层。[8]

---

[1] *Статистические таблицы*.. СПб. ，1852. Приложения.

[2] *Общий свод*.. Т. 1. С. 1 – 2.

[3] Анненков П. В. *Провинциальные письма*//Современник. 1850. № 9. Отд. VI. С. 27.

[4] Даль В. И. *Пословицы русского народа* М. ，1957.

[5] *Материалы для географии и статистики России*.. Т. 12. Костромская губ. С. 483；Т. 19. Рязанская губ. С. 375. Т. 4. Воронежская губ. С. 298 – 299.

[6] Быстрин В. П. *Уходящее*//Голос минувшего. 1922. №2. С. 98.

[7] *ЦИАМ*. Ф. 2244. А. И. Чупров. Оп. 1. Д. 651. Л. 62，64.

[8] Рашин А. Г. *Грамотность и народное образование в XIX и XX вв*//Исторические записки. Т. 37. С. 73，75.

表 2 – 12 19 世纪末市民阶层受教育状况

单位：%

年份	中学和普通中学学生		中学和普通中学学生	
	城市阶层	乡村阶层	城市阶层	乡村阶层
1871	27.8	5.7	—	—
1873	30.7	6.7	—	—
1875	—	—	35.5	7.6
1876	34.0	7.1	—	—
1881	37.2	8.0	40.4	11.8
1894	31.6	6.0	43.8	11.8
1903	—	—	43.8	19.3

19 世纪 90 年代，城市中学和非教会技校增加引起贵族与商人中学数量减少。这很可能是政府措施所致，首先是 1887 年，名为《厨娘孩子》的通讯中指出中等市民阶层教育受到严格限制。非教会学校学生主要是荣誉市民、商人和贫困市民子女，其学生要比国立中学人数多得多，19 世纪 80 年代中期以后该增加趋势一直持续。

同时，教育大臣和《厨娘孩子》作者 И. Д. 杰良诺夫建议改革非教会学校，应该为中等技术学校培养人才，主张限制市民阶层子女进入大学，市民阶层首当其冲。1886 年国家委员会没有确认该方案。[1] 非教会学校成为城市市民阶层获得教育的最普遍形式，促进了平民技术阶层的形成。

19 世纪 70 年代后半期，一半以上莫斯科城市学校学生为市民子女，90 年代中期仍有 40% 左右。档案文献中指出，市民阶层学生数量明显降低的原因为最近几年俄国居民中农民因素加强。[2] 谢尔布哈夫市市民识字率最高，70 年代市长进行家庭调查时调查对象为 300 人，其中只有 57 人不识字。[3]

19 世纪下半叶，大学中市民大学生数量增加，莫斯科大学报告中就含有此类数据。1835 年大学生中市民阶层大学生比例为 12.5%，1860 年为

---

[1] *Краткий исторический обзор хода работы по реформе средней школы 1871 г.* Пг.，1915. С. 14，16.

[2] *Сборник очерков по городу Москве.* М.，1897. С. 13.

[3] *ЦИАМ. Ф. 1844. Оп. 1. Д. 1，3.*

11.5%，1880 年为 19.5%（包括平民在内），1905 年为 22.9%，1913 年为 23.3%。① 19 世纪末学校医学系中市民学生比例增长最快，其比例从 1835 年的 13.2% 增加到 1895 年的 31.9%。其他系中市民大学生比例为 1/5～1/4（历史哲学系为 21.5%，法律系为 21.1%，物理数学系为 26.2%）。莫斯科大学中市民阶层大学生和农民大学生数量悬殊，1904 年市民大学生（包括平民）比例为 23.4%，而农民大学生为 5.6%。

莫斯科大学学生的阶级成分指标在诸多文献档案中都能查阅。②

表 2-13　莫斯科大学学生中市民阶层的比重

单位：%

阶层	在大学生中的数量占比			
	1880 年	1895 年	1906 年	1913 年
市民和行会市民	12.4	33.1	24.3	24.3
农民	3.2	6.8	5.4	13.3

19 世纪末 20 世纪初技术院校大学生中民主因素增加。③

表 2-14　19 世纪末 20 世纪初技术院校中市民阶层的比重

单位：%

阶层	政治学院			农业学院		
	1895 年	1906 年	1914 年	1895 年	1906 年	1914 年
市民和行会市民	34.7	33.0	35.2	22.2	23.0	26.9
农民	9.4	14.8	22.4	8.2	19.0	31.3

教育机构中市民阶层数量增加可认为是城市中等文化阶层形成的标志之一。这是侵蚀古老阶层的重要因素，同时平民知识分子数量增加。

---

① *Отчет о состоянии и действиях имп. Московского университета за 1835 г.*，1860.，Вед.；1880 г. С.103. Таблица；1906 г. Ч.1. С.340；1913 г. Ч.1. Вед.6.

② Рашин А. Г. *Грамотность и народное образование в XIX и XX вв//Исторические записки.* Т.37. С.78；Иванов А. Е. *Высшая школа в России в конце XIX—начале XX века.* С.268.

③ Иванов А. Е. *Высшая школа в России в конце XIX—начале XX века.* С.272，274.

19 世纪上半叶"平民"指的就是老百姓。同时，该问题也属于法律和历史学研究内容。①

教育是理解各阶层思想中"平民"概念的要素，借助教育可获得免除差役的权利。俄国法典中规定，毕业后受教育人可得到特殊优惠，即获得免除相应阶层差役的权利。大学或研究生毕业是市民阶层获得荣誉市民称号的重要条件之一。1897 年人口普查就含有 19 世纪末手工业和非手工业发展程度、智力劳动、社会需求、市民从事职业的大量信息。关于市民的职业定位，笔者掌握了一些有价值的信息，这些信息是在人口普查资料基础上制定的，19 世纪末 20 世纪初俄国阶层—阶级结构研究者对这些资料进行了对比和分析，具体数据见表 2-15。②

表 2-15 19 世纪末各行业中市民阶层的比重

单位：%

从事职业	市民所占比例	在俄国所有居民中的比例	从事职业	市民所占比例	在俄国所有居民中的比例
农业、园艺	0.3	74.6	教师	0.3	0.2
加工工业	25.0	9.3	医生	0.5	0.12
运输业	2.5	1.6	学者、作家、艺术家	0.3	0.03
贸易	5.2	4.0	仆人	17.5	
旅店行业	2.3	0.2	印刷生产	—	0.08
神职人员	—	—	邮政、电报、电话	—	0.04
公职人员	1.5	—	慈善资金供养的人	39.8	—
律师、审判人员	0.1	0.01			

由于俄国经济中农业处于非常显著的地位，通过和其他阶层相比较，可确认市民阶层致力于更广泛地参加工商业活动，如加工工业、贸易、旅店行业等。因此，可以得出如下结论，即 19 世纪末受过专门和高等教育（律师、教师、医生）的专家、教授被纳入市民阶层。改革后莫斯科居民职业

① Брокгауз Ф. А. , Ефрон И. А. *Энциклопедический словарь* СПб. , 1898. Т. 26. Стб. 179 – 180.

② Рубакин Н. А. *Россия в цифрах*. . С. 96, 99 – 100; Иванова Н. А. , Желтова В. П. *Сословно-классовая структура России в конце XIX в-начале XX века* С. 261, 262.

结构决定了这一趋势。1853 年市民教授所占比例为 6%，1902 年为 9%，1916 年为 12.5%。很显然，此时期贵族教授所占比例变化不大（34.5%）。僧侣阶层教授数量占比从 1853 年的 27% 降低到 1916 年的 7.8%。①

19 世纪末，市民阶层更加积极地参与经济和社会文化生活，开始进入中间阶级固有的智力职业范围。现代欧美社会学中专业化是中间阶级形成的重要因素，是社会经济现代化的重要组成部分。在国家社会历史研究过程中也注意到该问题。② 同时，论文《俄国晚期中间阶层由专业人士组成，主要组成部分并不是企业家》的作者确认了该观点，俄国市民阶层首先要经过职业化，在提高自身基础教育水平后成为中间阶级。

但只在市民生活中产生该趋势，距广泛普及还相差甚远。现代学者对改革后俄国教育水平进行评估，确认市民受教育水平不高。"初级学校不足，特别是城市专业学校不足严重遏制了市民教育发展，这在城市居民中都有所体现"。同时，市民受教育积极性有限，俄国市民在这方面远落后于欧洲城市居民。③

在众多城市阶层中普及教育一直是政府关注的问题之一。19 世纪 80 年代教育大臣 И. Д. 杰良诺夫把该项工作纳入自己的重点工作内容之一。此外，还出台法令允许低级和中等阶层子女接受中等教育。教育大臣认为，"在遵循中学教育法规情况下，可以让马车夫、仆人、厨师、洗衣工人、小酒铺老板和类似人群子女进入学校接受教育，那些有天赋的孩子可获得接受中高级教育的机会"。④

19 世纪末教育机构在招生时还保留着阶级差别。俄国技术协会成员指出，在高等教育机构学习会让人们努力放弃自己原有的生存环境。那些从底

---

① Никс Н. Н. *Московская профессура второй половины XIX—начала XX в.* // Социальная история. Ежегодник. 2004. М. , 2005. С. 208.

② Ульянова Г. Н. *Исчезнувший средний класс. Профессиональные группы в российской истории. Рецензтя на сб. ст. американских русистов* 《 Russin Missing Middle Class: The Proffessions in Russian History 》. Armonk. M. E Sharpe. Inc. 1996 // Вопросы истории. 1999. № 2. С. 169.

③ Приклонский С. А. *Очерки самоуправления земского, городского, сельского.* С. 306.

④ *Постановлений и распоряжений по Министерству народного просвещения.* Т. Х. СПб. , 1894. № 434.

图 2 - 14　1861 年 П. М. 什梅里科夫作品——裁缝

层走出的人，致力于在另一个环境中保持优越地位。C. B. 季米特里耶夫回忆录中也有类似描述，当他还是小男孩时，他的母亲找来大学生帮他学习，陪他读书，但没有建议具体的学习专业。差役阶层的子女选择学校的机会有限，他们没有阶层特权和庇护。①

　　对于大多数市民的子女而言，他们在孩童时就要工作，在商人家里、富裕市民家中充当伙计。在城市中他们从事着众多职业，如裁缝、鞋匠、木

---

① Андреев Е. Н. *Школьное дело в России. Наши общие и специальные школы.* СПб. , 1882. С. 21；Дмитриев С. В. *Воспоминания.* С. 261，275.

179

匠、会计等，他们成为社会大学的学生。那么市民家庭中的孩子是怎么接受教育的呢？И. А. 别罗乌索夫说道："我在 8 岁之前什么也不学，父亲是莫斯科工匠，拥有自己的手工作坊，父亲知识水平有限，而继母完全不识字……父亲带我到书记官那里……首先学习教会知识、基础知识……学习读写，然后去新书记官那里学习，他是诵经师。"诵经师培养我们进入城市专业学校。他在回忆录中还描述了在父亲裁缝作坊中学习的情况。一般培训学徒期限为 5 ~ 6 年。彼时他属于学徒，每年给他一双靴子和一些秋季衣服。学习结束后学生可以得到15 ~ 20 卢布的奖励，再获得一套舒适的衣服。①

学徒过程中受到惩罚比较常见。社会地位不高、农奴出身的亚历山大为莫斯科手工业管理委员会成员、莫斯科城市杜马手工业阶层负责人，他在描写自己的顾主 М. Н. 卡特卡夫时写道："不专心传授给我技能，殴打和惩罚如家常便饭（19 世纪 50 年代），我不能忍受这种境况；但主人认为我还算聪明，这样的惩罚会让我变得更聪明。"②

季米特列耶夫在回忆录中指出要客观评价这样的"学习"。"在我接受委托教授其他人宗教、礼仪和规矩时，我主要传授他们纯洁和认真……避免奢侈，尽可能理解周围环境，几乎没什么实际内容，主要教给他们正确的生活态度。"③ 在结束学徒阶段之后学生得到相应的证书，证书中指出的不是其职业水平，而首先是学生的行为和道德水平："他诚实，有规矩，没有违法的行为。"④ 类似的证明足以说明市民的社会地位有限，他们还没有找到改善生活，甚至改革的工具。

部分富裕市民阶层还接受家庭教育，莫斯科城市杜马已同意该方案。按照1892 年城市规章，市民城市杜马成员（共11 人）中有 8 人接受过家庭教育，其余 3 人分别毕业于军事院校、县城学校和乡村学校。改革后莫斯科城

---

① Белоусов И. А. *Ушедшая Москва. Записки по личным воспоминаниям с начала 1870-х годов.* С. 43，44.

② *ОР РГБ.* Ф. 178. № 5488. 1. Л. 2 об.

③ Дмитриев С. В. *Воспоминания.* С. 121，122.

④ *ГИМ ОПИ.* Ф. 141. Щукинская коллекция. Д. 13. 1893. Л. 4.

市杜马成员只有 1 人毕业于莫斯科大学，即哈尔莫斯基·亚历山大·斯杰巴诺维齐。[①] 绝大多数市民只受过基础教育。

造成该状况的主要原因之一是俄国资本主义发展时间较短（不足半个世纪），政府在人民群众中普及教育不彻底，文化发展过程中国民教育发展不足，其结果是中等文化阶层人数和水平有限。实现该过程需要很长时间。К. Д. 卡维里尼指出，俄国（19 世纪 70 年代）"市民虽然也比较勤劳，也认真学习知识，但仍未具有将知识转化为资本的能力"。[②]

市民阶层参加社会生活的一个指标是在莫斯科城市杜马中担任工作。表 2 – 16 中概括和总结了 19 世纪 60~90 年代的相关信息。[③]

表 2 – 16　19 世纪 60~90 年代市民担任职务状况

项目	1863 年	1866 年	1869~1872 年	1873~1876 年	1893~1916 年
市民中担任公职居民（总数）	35	38	35	10	11
具有不动产的居民	14	18	5	信息缺失	
19 世纪 70 年代第二基尔德商人数量	10	5	1	信息缺失	
居民被选担任公职次数					
2 次	—	12	8	3	3
3 次	—	—	5	3	1
4 次	—	—	—	4	3

19 世纪 60 年代 100 个选举者中每阶层投票数量几乎持平，约为 35 人。在城市杜马中，市民阶层候选人数量与其他阶层一致。在市民选举组中，原有官员在此次选举中占比不高：100 个选举者中经过三次（1863 年、1866

---

①　Писарькова Л. Ф. *Московская городская дума. 1863 – 1917.* М.，1998. С. 394；Приложение 4 С. 442 – 451.

②　Квалин К. Д. *Наш умственный строй. Статьи по философии русской истории культуры.* М.，1989. С. 314.

③　Писарькова Л. Ф. *Московская городская дума. 1863 – 1917.* Приложение 4 С. 354 – 55，361 – 362，367 – 368，395 – 405，430 – 441.

年、1869 年）选举的只有 12 人［其他阶层：商人 28 人，贵族 28 人（100
个选举人中）］。① 表 2－16 中指出了选举总数中市民阶层的比例。和其他阶
层相比，市民候选人数量较少，这也说明市民参与公共事务的积极性不高。
他们只关心部分城市事务，在杜马大会上就关注事务表决时其代表人数不低
于 1/4。② 19 世纪 60 年代一部著作中指出，商人阶层对公共事务的积极性不
高，而市民阶层的积极性更低。造成该情况的主要原因是该阶层代表受教育
水平不高。③

界定杜马选举候选人的主要标准为不动产等级。该因素证明市民阶层可
参加选举的程度。19 世纪 60 年代莫斯科市民中只有不足 1/3 的居民符合该
财产标准（1866 年参加城市杜马选举中的商人阶层中符合该财产标准的人
数比例为 43.5%）。④ 1870 年城市规章规定选举时的财产标准，这等同于限
制市民选举权和城市杜马中的市民比例。财产标准的制定意味着市民中获得
选举权的人数有限，限制了市民参加社会活动的积极性。M. П. 谢比克尼描
述 1860～1890 年莫斯科选举过程时写道："现实生活中已形成阶级属性，
1870 年城市规章推行的财产标准对于社会生活没有什么现实意义，但在一
定程度上使市民的社会生活中断。"⑤

19 世纪 80 年代初开展参议员标准普查，普查资料成为 M. C. 卡哈诺夫
制定本地管理方案的主要依据（当时称卡哈诺夫委员会）。他赞成一部分租
户参加城市管理组织选举，但要支付较高房屋税。1892 年改革提高了财产
标准，明显限制了市民民主分子参加选举。因此，19 世纪 80～90 年代政府
城市政策目的之一是不希望市民阶层进入城市管理机构任职。

1870 年改革推行之后，改革城市管理机构讨论的问题之一就是增加市
民中知识分子的候选人数量。人口普查的参加者、卡哈诺夫委员会工作人员

---

① Писарькова Л. Ф. *Московская городская дума. 1863－1917*. С. 35. Таблица.

② Писарькова Л. Ф. *Московская городская дума. 1863－1917*. С. 42.

③ Скавронский. *Очерки Москвы. 1866 г.* М.，1993. С. 130.

④ Писарькова Л. Ф. *Московская городская дума. 1863－1917*. С. 33.

⑤ Щепкин М. П. *Опыты изучения общественного хозяйства и управления городов*. Ч. 1. С. 38，
41.

C. A. 莫尔德维诺夫指出了城市知识分子在城市管理机构中作用，他写道："迄今为止，城市权力还掌握在无知识居民手里，县城还受到商人阶层控制，他们对于城市利益漠不关心；大量吸收知识分子参加城市自治机构可体现公平，对城市发展非常有利。"[①] 他的意见为唐波夫省城市领导人所引用，并且宣布："城市中受教育居民——中等和低级教育机构教师，法庭和其他机构的官吏、医生、律师等必须参加选举，这些人受过中高级教育，且很多人居住期限达 10 年以上，可为城市机构带来诸多好处。"[②]

19 世纪 90 年代城市政权组织中受教育者不足的现象十分显著。哈里科夫市长费谢尼卡认为："城市杜马选举时一个重要条件应是受教育水平。以前选举考虑的只是候选人的经济地位。"[③]

教育成为以前差役阶层免除相应差役、参加社会生活、确定自身社会地位的重要因素。

第六节 市民的家庭生活方式和价值观

市民群体对识字和教育必要性的认同可使社会和家庭日常生活受新思潮的影响加强，同时也能提高 19 世纪各社会阶层传播传统文化的程度。H. B. 什尔库诺夫对俄国改革后社会结构特征进行评价，并且指出市民阶层和商人阶层一样是真正的知识阶层，但思想容易被左右。[④] H. C. 季哈尼拉沃夫在 1859 年莫斯科大学公开课上指出，彼得一世时期俄国就有把中等和较低阶层排除在外的传统……长时间按照传统方式在人民中开展知识和道德教育，妨碍新观点的快速普及，阻碍人民群众意识的发展。[⑤]

---

① Семенов Д. Д. *Городское самоуправление. Очерки и опыты.* СПб. , 1901. С. 69.

② Семенов Д. Д. *Городское самоуправление. Очерки и опыты.* СПб. , 1901. С. 68 – 69.

③ Фесенко И. О. *К вопросу о реформе городских общественных управлений.* Ч. II. Харьков, 1890. С. 11 – 12.

④ Шелгунов Н. В. *Очерки русской жизни.* Стб. 1802.

⑤ Тихонравов Н. С. *Вступительная лекция по истории русской литературы XVII—XVIII вв. //* Соч. Т. 2. М. , 1898. С. 9.

图 2 - 15　1900 年照片——池塘旁妇女

　　根据诸多原始文献和经营活动的特征，因市民和农民联系紧密，所以他们的世界观、道德传统和标准都与农民类似。研究市民阶层日常生活会遇见文献资料缺失的状况。对于这个鲜有文献记载的阶层，市民阶层的生活只能从一些文学作品中窥见一斑。只有少量文献（书信、回忆录）中有对该阶层人民生活的描述。这些材料分布在各地档案机构中，经出版的回忆录数量也不多。但市民阶层的日常生活却是现代研究者比较注重的一个历史问题。这让笔者想起 19 世纪中期 И. Е. 扎别里尼的话，他指出："人类的家庭生活也处于一定环境之中，所有这些都成为历史事件的胚芽和胚胎。"①

---

①　Забелин И. Е. Домашний быт русского народа в XVI-XVII столетиях. Т. 1. М. , 1862. С. 75.

俄国市民阶层包括各种经济和文化水平的社会阶层。从市民阶层中走出来的知识分子在教育、科学、艺术文化史中都留有痕迹，著名商人和企业家数量也较多。克洛姆纳市民 И. А. 斯罗诺夫在结束了 4 年学校生活之后成为商人，他在回忆录中写道："我能从穷人变为富有的生意人和莫斯科住房的房东，从克洛姆纳的小市民转化为荣誉市民十分荣幸。"[①] И. А. 斯罗诺夫当过鞋匠，从事过黄金、白银、青铜艺术制品贸易，最终成为知名商人。他在童年时就特别聪明，在街道上收集打碎的水晶和瓷器出售获得 3～5 戈比。市民中也会开展一系列的社会活动，如 "在下诺夫哥罗德建立公众图书馆" "在伏尔加城中建立学校"。[②] 从该阶层走出的画家斯杜宾是阿尔查马斯艺术学校的创始人之一。

但大多数市民属于城市中的贫困阶层，仍然保留着传统的生活方式。仍有 2/3 以上的市民认为自己贫穷。М. Е. 萨尔特科夫—谢德林认为人民群众贫穷的主要原因是对贫困没有真正的认识。[③]

А. Н. 奥斯特洛夫斯基在伏尔加旅行中与特维尔的教师谈话时指出："教师和我说，这里的市民非常虔诚，他们通过戒斋祈祷来度过一年中贫困的时刻。"[④] А. Н. 奥斯特洛夫斯基剧本中的一个主人公——从市民阶层中走出的钟表匠库里克尼说道："在市民阶层中，除鲁莽行为、贫穷之外，你什么也看不见。"（1859 年剧本《雷雨》）

典型的市民家庭由两辈人组成，家庭成员平均人数为 5～6 人（父母和子女）。[⑤] 大多数市民对日常生活要求不高。"他们的日常支出一般不超过收入"，这就是生活标准。"幸福就要满足，这是当时的真理，这点无可争辩……生活中的花费不能超过收入。"[⑥] 他们在生活中仍保留农民的生活习

① Слонов А. И. *Из жизни торговой Москвы.* М.，1914. С. 227.

② *Русский вестник.* 1860. Т. 29. Сентябрь. Кн. 2. Отд. современная летопись. С. 131.

③ Щедрин Н. *Полн. собр. соч.* Т. 7. М.，1933. С. 260.

④ Островский А. Н. *Дневники и письма.* С. 29，38.

⑤ Рабинович М. Г. *Очерки этногрфии русского феодального города.* С. 190. ЦИАМ. Ф. 2048. Оп. 1. Д. 3，5.

⑥ Быстрин В. П. *Уходящее//* Голос минувшего. 1922. №1. С. 38.

惯，这让 19 世纪 80 年代富有商人家庭中的小男孩十分费解。"我怎么也不明白，为什么客厅、饭厅、卧室、餐厅都那么大。那里有许多对于我来说非常古怪的东西，如大钟表、图画、柔软的大地毯……我努力说服自己，为什么 8 个人需要住这么大一个房子呢……可能是我们的祖父季莫法有 5 个儿子（4 个已经结婚）、3 个女儿，难道这一家都居住在农村的木屋中？"[1] 通常市民家庭居住在不大的木屋中。60 年代大多数省城的市民、75% 的退伍士兵拥有自己的房屋，县城中该比例达到 90%。1911～1912 年颁布允许在县城中建筑房屋的文件，中等市民家庭的房屋一般为 2 个房间，3 个窗户，后屋是厨房，房屋中间为炉子。房子入口在侧面，进入房间要经过外屋。[2]

图 2-16　1890 年德米特洛夫家庭照

①　Дмитриев С. В. *Воспоминания*. С. 123.

②　Дитятин И. И. *Устройство и управление городов в России* Т. 2. *Городское самоуправление до 1870г.* С. 321－322. *Российская провинция：среда，культура，социум. Очерки истории города Дмитрова. Конец XVII—Xxвек.* М.，2006. С. 55.

个别市民有两层房屋，此类房子一层为商铺、二层为居住房屋。1824年市民得到在自己住房中从事零售贸易的权利。[①]

城市中贸易范围十分广泛。19 世纪 60 年代在 20 个中欧和伏尔加河流域省份各县城都有商铺，还有专业化的商铺（库尔茨克、沃罗涅日、下诺夫哥罗德、阿尔扎马、列热夫有糖果商铺，沃罗涅日还有灌肠铺）。19 世纪 70～90年代县城中商铺平均数量为 70～90 家，省城为 300～400 家。[②]

由此可知，城市和农村有所区别，城市家庭供给主要通过购买产品实现。菜园、花园中种植的产品留冬季使用。因此，地窖和地下室是城市生活的必要设施。别里尼斯基认为，"贫穷的莫斯科人，如果没有地窖就无法生活，在租房子时他们特别关心房子是否有地窖，因为地窖中可以保存必要的储备品，他们最关心的并不是居住房间的情况"。[③] 房屋出租现象在城市中十分普遍。许多市民都有房子，把房间或者一半的房屋出租给官吏、教师、医生或外出打工的农民。城市中市场非常普遍，市民可以短期租用摊位；还有带有课桌的房屋，许多从农村或小县城来到城市中学学习的居民住在此处。贫穷的市民有时也租用该类房屋。

19 世纪市民饮食结构比较固定，许多方面保留了农村传统的饮食特征。50 年代地理协会的一个调查表描述了苏洛热市市民和农民十分不讲究饮食："食物非常少和困乏……在开斋日经常将半棵白菜和 0.25 磅猪油煮在一起，或者 5 人吃一磅牛肉……节日也只有带油的稀饭，没有牛油和肉，或者用平底锅炸土豆代替肉食。素食日也是这些食物，有时餐桌上有鱼或植物油。"[④]

1857 年伊万诺夫工厂主卡列里尼对伊万诺夫－沃兹涅谢尼斯克描述时指出"平民的食物非常单一"。他写道，"这里吃肉非常奢侈，只有在教会

---

① *ПСЗ*. I. Т. 39. № 30115. Гл. VIII.

② *Экономическое состояние городских поселений* . . Ч. 1–2.

③ *Физология Петербурга*. Сб. Т. 1. СПб. , 1845. С. 40–46.

④ Рабинович М. Г. *К определению понятия《город》（в целях этнографического изучения）//Советская этнография*. 1983，№3. С. 292；Анохина Л. А.，Шмелева М. Н. *Быт городскаого населения средней полосы РСФСР в прошлом и настоящем*. С. 160，167.

图 2 - 17   1900 年邮局明信片——集市

节日、婚礼、洗礼宴会上才可以看到这些食物。素食日吃黑面包、淡汤、煮
豌豆、蒸芜菁、喝液体格瓦斯；开荤日的主要食物是牛奶、乳渣、鸡蛋，但
只能少量食用，这些食品要出售。"①

19 世纪初大部分下诺夫哥罗德市民不喝茶和咖啡，他们认为这是在满
足人们的淫欲，是毒草。

19 世纪中期饮茶开始在市民日常生活中推广，市民家庭中开始出现以
前罕见的茶具，市民认为饮茶非常好。俄国地理协会的一名记者在 50 年代
指出，梅德尼市居民平日里不喝茶，只有节日时才在小酒馆中饮茶。② 19 世
纪末在中等收入的市民家庭中，早餐为茶和白面包，午餐为菜汤或者土豆汤
与稀饭，晚饭经常吃剩菜；餐桌上经常可看见大馅饼。③

---

① Рабинович М. Г. *Очерки материальной культуры русского феодального города. Приложения.*
С. 289.

② Рабинович М. Г. *К определению понятия 《город》（в целях этнографического изучения）//*
Советская этнография. 1983，№3. С. 292；Анохина Л. А.，Шмелева М. Н. *Быт городскаго
населения средней полосы РСФСР в прошлом и настоящем.* С. 160，167；Ключевский
В. О. *История русского быта. Чтения в школе и дома.* М.，1995. С. 16.

③ Авдеева К. А. *Записки о старом и новом быте.* СПб.，1842. С. 59，60，73；Снегирев
И. М. *Русские простонародные праздники и суеверные обряды.* Ч. II. М.，1990. С. 61.

新事物逐渐被纳入市民的日常生活中，改革后期该趋势特别明显。旧制度和风俗开始慢慢消失。19 世纪 40 年代库尔斯克市居民家庭日常生活十分古板；人们，包括贵族的生活都比较单一；老人们只知道新的一年开始于 3 月 1 日，结束于 9 月 1 日，而按照新法典新的一年开始于 1 月 1 日，但是老百姓仍按旧的习俗庆祝。

市民日常生活中最初的新事物是服装变化。但是人们仍忠爱于传统服饰。库尔茨克许多商人和市民阶层的妇女穿着长裙，戴着礼帽；男人也穿着流行服装，有些人戴领结和修剪胡须。但库尔茨克大部分妇女穿俄式裙子……男人也多穿俄式衣服，留有胡子，头发也烫过。[①] 奥斯特洛夫斯基对市民的日常生活非常留意，在《雷雨》中写道（19 世纪 50 年代在县城中比较流行的剧本）：除鲍里斯之外，所有人都穿俄式衣服。商人的衣服保留了阶层特征。市民中男人的服装为粗布衬衫、土布制和粗制靴子，穿着外衣，并没有皮袄。阴雨天上身穿原色呢绒长袍，头上戴有遮沿的便帽。И. А. 别洛乌索夫在回忆录中写道："父亲经常戴着有遮沿的便帽，有时戴帽子，有时不戴。"[②]

市民对老式服装的喜爱也有所区别。这一点从俄国地理协会的调查问卷中足以看出。调查表指出，在莫斯科郊区季米特里"萨拉凡……金色裙子、锦缎棉袄、妇女头饰等服饰完全落伍……平常穿着印花布连衣裙，代替原来的宽大上衣和皮大衣"；类似现象在莫斯科南部地区、卡卢加、奥廖尔、沃罗涅日省也可以看到。卡德尼卡夫市（伏尔加格勒省）记者写道：大部分中年妇女热爱传统农民服饰，年轻人多穿着城市流行服饰。值得注意的是，市民和商人都有古老节日服装，即带有大领子的长礼服。城市中的服装具有明显的社会和年龄差别：中年市民大多穿着传统服饰；富裕家庭年轻女人穿

---

① Авдеева К. А. *Записки о старом и новом быте.* СПб. ，1842. С. 57.

② Анохина Л. А.，Шмелева М. Н. *Быт городскаого населения средней полосы РСФСР в прошлом и настоящем.* С. 168 – 171；Белоусов И. А. *Ушедшая Москва.* С. 43.

图 2 – 18　1845 年 Г. Г. 加加林饮茶

着女士大衣、肥大女士外衣，穿着短礼服，戴礼帽、围巾等。[1] 但此时高贵的、受过教育的商人阶层特别尊重新事物和老传统。著名茶叶商人巴特克尼（托尔斯泰和其他著名西欧派学者经常在其店内购买茶叶）的儿子在莫斯科定做流行礼服、大衣和裤子，其妻子从巴黎订购衣服，在商店中购买法兰西餐具。房子里保留着大水桶，家里人都喜欢格瓦斯，冬天用木桶腌制黄瓜和酸菜。[2]

　　19 世纪末，服装制作工艺发生变化。虽然农村长期落后，但新式连衣裙在商店和集市上都能买到。有时，少女陪嫁衣服要到城市中购买，有条件的家庭还去首都购买。

　　城市中有了制作时髦衣服的裁缝，有钱人可以去店里订购。不少市民从事服装加工业。莫斯科著名裁缝 И. А. 亚历山大就为 М. Н. 卡特科娃缝做衣服。他在日记中写道（1882 年 11 月）："米哈伊尔·尼克夫洛维奇·卡特科娃发现我做的连衣裙穿着很合适，希望我继续为她做连衣裙。"省城中还有

---

① 　Рабинович М. Г. Очерки материальной культуры русского феодального города. Приложения. С. 2894 – 288.

② 　ГИМ ОПИ. Ф. 122. Боткины-Гучковы. Д. 106. Л. 39，41，58，63.

人要求订购法国和伦敦名牌服装。①

1895 年 Н. П. 拉玛诺夫在莫斯科建立了俄国第一家私人服装手工作坊，到 20 世纪初该作坊已非常出名。②

县城教堂在使小城市生活向省城城市生活过渡进程中具有重要作用。在普通日子和重大节日很多人会来到教会，这里成为各阶层市民相互交流的场所。它打破了传统城市居民闭塞的生活方式，改革后它逐渐成为城市交流中心。首都和许多省城也出现这种状况。③ 日常生活中神甫处理相应问题时都会依照教堂标准。国家公职人员举行婚礼时必须有神甫的见证，④ 神甫给新婚夫妇颁发特殊证明，并且祝福他们的婚姻。按照惯例，贫困市民需要得到相应帮助。莫斯科神甫颁发的一个文件中指出："我们祝福莫斯科少女达里·玛卡洛娃嫁给莫斯科行会小伙子瓦西里·彼得，虽然他们很贫穷，但是他们有高尚的行为……"雅乌兹教堂神甫茨为特卡夫·彼特罗巴夫罗夫斯基在类似专业文件中指出："贫困状态……需要教堂的帮助"；"特别贫困的状况，需要慈善部门的帮助，为他们准备陪嫁"。⑤

依据教堂道德和福音书规则对市民家庭进行教育。А. В. 斯杜宾写道："我们按照自己的理解来接受这些知识，这些知识使我学习到了教义和培养了良好的道德。"⑥ 作家耶卡尔·莫洛托夫小说《市民幸福》中的主人公 Н. Г. 波缅洛夫斯基就出身贫困的市民家庭。他喜欢学习，从事自己梦想的职业，在临终前他写道："诚实的生活，上帝为我祝福……获得永生。"⑦

---

① *ОР РГБ.* Ф. 178. № 5488. 2. Л. 9. об.；Смирнов Д. С. *Картинки Нижегородского быта XIX в.* С. 64.

② Олюнина Е. *Портновский промысел в Москве и в деревнях Рязанской и московской губерний.* М.，1914；Кирсанова Р. *Второй Шаляпин в своем деле. Легенда русской моды//* Родина. 2004. №4. С. 104 – 107.

③ Анохина Л. А.，Шмелева М. Н. *Быт городскаого населения средней полосы РСФСР в прошлом и настоящем.* С. 253.

④ Дмитриев С. В. *Воспоминания.* С. 62，64.

⑤ *ГИМ ОПИ.* Ф. 1. А. П. Бахрушин. Д. 95. 1881 – 1884. Л. 7，71，89.

⑥ *Собственноручные записки о жизни академика А. В. Ступина//* Щукинский сборник. М.，1904. Вып. 3. С. 370.

⑦ Помяловский Н. Г. *Повести.* М.，1981. С. 8，12.

尽管要遵守礼仪，但市民的信仰还不是很虔诚。季米特里耶夫在回忆录中写道："在国民教育和公共事业发展时，该现象并不奇怪（在 19 世纪末时写道）……就像妈妈去教会祈祷家庭一切顺利时，除我们的圣父和圣母之外谁也不知道祈祷的内容是什么。"[1] 叶卡尔·莫洛托夫描述自己的父亲时写道："他是一个不识字的人，他祈祷时都是凭记忆，没有什么内涵。"[2] 同时，市民中也有信仰虔诚的人，就是之前已经提到过的亚历山大。其在自传中多次写道拜访莫斯科教堂和修道院，"在它们之中可以找到安慰"；1866 年他和朋友们到耶路撒冷朝拜。[3]

公众日常生活的另一个方面是娱乐和闲暇时间的安排。19 世纪末它集新旧生活方式于一身。

游园是市民中比较普及的休闲方式之一。改革前，索卡里尼克公园在五月初、复活节后一周都会举行游园活动。

著名雕刻家 H. A. 拉玛扎诺夫在日记中对 1836 年 5 月索卡里尼克游园进行描述，他写道："多次听过游园，但完全比我期待的更完美。准确地说，这是国民游园的神奇地点！小树林中挤满各个阶层的居民……园中有平民舞蹈、音乐，也有售货亭和富人商铺……学生们对商人们饮茶的大器具十分好奇。"[4] 在 1838 年杂志《艺术观测》中，作者除指出富人和贫民分区这一特征外，还描述了游园场景："如果您想看现在居民生活的多样化、居民生活的特征，那么您应该到诺维尼斯克游园……您在哪里都看不见这种状况。"同时，"这里有为富裕阶层拜访者设立的贵族园地；也有黑户避难所，如帐篷、小酒馆、货亭、茨冈人栖身地。"[5] 此时社会阶层分化明显，作者并未回避该问题。

省内、县城中重要节日期间集市、游园会都成为贸易中心。这里设置了

---

① Дмитриев С. В. *Воспоминания*. С. 65.

② Помяловский Н. Г. *Повести*. М.，1981. С. 5.

③ *ОР РГБ*. Ф. 178. № 5488. 3. Л. 5. об.，7.

④ *ГИМ ОПИ*. Ф. 457. 1836 г. Д 1. Л. 24 об.，25.

⑤ *ГИМ ОПИ*. Ф. 37. 1838 г. Д 692. Л. 10 об.，11.

图 2－19　1909 年 К. Ф. 尤尼作品——杰维奇耶游园

游玩场地、售货棚，以及精彩节目。19 世纪中期小城市中还有木偶剧院，即所谓的"木偶戏台"，许多流浪艺人在那里重复演出；19 世纪末城市中所有文化阶层都对马戏团比较感兴趣。

　　市民生活逐渐从传统的宗教文化、农业规章桎梏中走出来，开始发生明显变化。19 世纪 30 年代俄国著名悼亡节转变为首都和省城居民的普通节日。[①] 城市中保留了约旦人的圣水仪式，多在圣诞节后的主显节或洗礼时举行，至 19 世纪下半叶已转化为群众性活动。1875 年在喀山市，仅有 5 人参加活动，他们取来水加热。俄国地理协会调查表中指出五年前活动人数为 50 人，此时人数已超过 100 人。[②]

　　20 世纪城市中传统的轮舞已经消失。娱乐晚会以及与娱乐晚会类似的节目逐渐普及，秋冬季节时多由农民青年举办。农民日常生活习惯在市民中也有所保留，按照惯例，贫穷少女到晚市上出售白菜或卷心菜。与农村一样，姑娘们从房中出来，帮忙砍白菜，晚上到集市上出售。10 月上旬是白菜收获的季节，未婚姑娘们轮流帮各家砍白菜，晚上邀请未婚小伙子来举办

[①]　Снегирев И. М. *Русские простонародные праздники и суеверные обряды.* Ч. I . С. 131.

[②]　Рабинович М. Г. *Очерки этногрфии русского феодального города.* С. 118.

晚会。星期天和节日时会举办城市晚会，收到邀请的年轻人参加晚会。晚会气氛非常自由，年轻人调情、交换电话和亲吻。在手风琴伴奏下人们跳着时髦的现代舞，如华尔兹、波兰卡舞、卡德里尔舞、克拉科维克舞。成年人不愿参加此类晚会，甚至对这类晚会十分排斥。[①]

19世纪70年代城市抒情诗比较普及，城市中产生了俄国民俗体裁新风格诗篇。爱情和家庭是日常生活的主题，在市民和商人中，这种题材非常流行，有些人认为自己就是诗人。如今还可找到当时人们写的诗词（多为当时诗人的代表），如奥廖尔省巴洛哈夫商人。他在诗中使用罗马风格，足以体现他具有一定的知识素养。诗歌创作于19世纪60年代，诗词内容可能是描述一个女人（诗的具体体裁仍有待界定）。[②]

传统文化逐渐失去守旧（父权）的特征，富裕市民家庭表现得尤为突出，他们试图模仿贵族家庭。这些家庭中的年轻人举办晚会不再受季节和时间制约，可在非工作时间随时举办晚会。长辈们像贵族家庭的长辈一样照料晚会。为增强影响力，19世纪末官吏和知识分子都乘坐马车到别墅中参加晚会。晚会成为一部分市民打发闲暇时间的方式，男人们最热衷该类活动，他们拜访俱乐部、打台球、玩纸牌。在莫斯科省索卡林市公园内还有台球、滚球等娱乐设施。[③]

小县城中还有了钢琴。"从官员的房间中传来钢琴声，几乎整个城市的人们聚集到一起来感受这神奇的音乐（19世纪中期奔萨莫克沙尼县城就是例证）。"19世纪末富裕商人和市民都非常喜欢钢琴的旋律，他们的家中有钢琴、留声机。立式钢琴对于雅罗斯拉夫商人家庭中工作的小男孩来说非常稀奇。[④]

---

① Кащеева Е. В. *Городские формы досуга：московское мещанство//Сохранение и возрождение фольклорных троадиции.* М. , 1994. Вып. 5. С. 159.

② *ОР РГБ.* Ф. 178. 1858 – 1868 гг. № 6556.

③ Кащеева Е. В. *Городские формы досуга：московское мещанство//Сохранение и возрождение фольклорных троадиции.* М. , 1994. Вып. 5. С. 160, 172.

④ Быстрин В. П. *Уходящее//Голос минувшего.* 1922. №. 1. С. 33, 36；Анохина Л. А. , Шмелева М. Н. *Быт городскаого населения средней полосы РСФСР в прошлом и настоящем.* С. 257；Дмитриев С. В. *Воспоминания.* С. 168.

首都和省城的社会文化氛围快速转变，市民日常生活中的新事物不断涌现。许多人从农民阶层中走出来，成为大城市居民，很多人还撰写回忆录。许多人的回忆录中都描述了城市生活中社会文化生机勃勃的景象。回忆录是研究市民阶层日常生活的重要资料。亚历山大在自传和日记中多次提到去剧院。1867 年，他初次听歌剧《阿斯卡里达夫墓穴》时 24 岁；1868 年在大剧院中他听歌剧《为沙皇而活》；1874 年 1 月他观看芭蕾舞《科涅克—格尔布诺克》，同年 9 月他观看第一场音乐剧《特拉维特》。①

И. А. 亚历山大洛夫在回忆录中还提起 1872 年工学展览会，这是莫斯科社会经济和文化生活发展的一个标志。亚历山大洛夫也参观展览会。玛丽·尼古拉耶夫娜的日记中也有参观展览会的记录。"6 月 2 日（周日）没有去教堂。11 点我们去工学展览会，虽然很疲倦，但是我非常喜欢这个展览会"②，但日记中并没有详细记录参观细节。

工学展览会还上演国民戏剧。И. А. 别洛乌索夫写道："工匠和工人们也来参加展览会。"他提到门前林荫道上上演着民族戏剧《流浪艺人》。剧目中还有 Е. П. 卡尔波夫和 С. Т. 谢梅诺夫戏剧、音乐剧《阿斯卡里达夫墓穴》。他第一次在舞台上观看的戏剧为托尔斯泰作品《黑暗的权利》。作家还专程观看演出，在顶层楼座观看戏剧。③

市民喜欢国民戏剧和马戏等娱乐活动，这些能体现城市居民的生活方式和内容，但 20 世纪他们的命运十分复杂。

商人和市民的社会活动差别很大，不具有大部分社会阶层的共性。他们不讨论生活中重要的政治和社会事件，甚至该阶层知识分子对此类事件也漠不关心。Н. А. 纳伊杰诺夫是著名商人，他在回忆录中写道："我对当时的社会改革，如农奴制改革兴趣不大，它和我的生活关系不大，政府对其他社会阶层事务的处理与我们并不相关。"④

---

① *ОР РГБ.* Ф. 178. № 5488. 3. Л. 16 об.；№ 5488. 1. Л 19；5488. 2. Л. 3 об.，5.

② *ОР РГБ.* Ф. 178. № 5488. 2. Л. 16 об.；Ф. 218. № 173. 2. Л. 101 об.

③ Белоусов И. А. *Ушедшая Москва.* С. 96，97.

④ Найденов Н. А. *Воспоминания о виденном，слышанном и испытанном.* С. 122.

市民只能在家中通过阅读报纸了解国家事件。季米特里耶夫在回忆录中还提到爱国主义者，讨论1888年破坏沙皇列车事件："探寻革命者和铁路工人的意图，指出部分官吏利欲熏心，没有使用新枕木替换腐烂枕木……但他们不敢在公众场合谈论这些事件……当时社会上怎么看待这些事件，我并不知晓。我不知道当时报纸上怎样描述这些事件，因为我看不到报纸。"[①] 市民回忆录中有诸多传统的内容，居民在街道上还看不到无轨电车和汽车；小铺老板还不会去造假，且商品价格十分低廉（作者对19世纪70年代的描述）。[②]

通常市民特别感兴趣的报纸内容是对一些仪式的描写和发生的一些事故，如鼠疫蔓延、昏迷五年少女复苏等事件。他们也非常好奇于报纸对国外的描述，如天空中降落陨石、地下和水下铁路等。[③]

图2-20 1896年照片——红场上庆祝尼古拉二世加冕礼的莫斯科人

---

① Дмитриев С. В. Воспоминания. С. 121，127.

② Слонов И. А. Из жизни торговой Москвы. С. 59 – 60.

③ Успенский Г. И. Нравы Растеряевой улицы//Успенский Г. И. Власть земли. М.，1988. С. 167.

从一些市民的回忆录中也能观察到该阶层人们思想的变化。亚历山大就是其中之一。他指出了市民阶层对沙皇个人看法的变化。1861 年农奴解放，亚历山大认为对于俄国来说这是伟大的一天，他在 1867 年日记中写道："沙皇被人们称为解放者，但反对者认为这只是沙皇拉拢人心的手段（作者暗指 Д. 卡拉卡扎夫，他在 1866 年被亚历山大二世杀害）。"

1883 年 5 月 15 日亚历山大出席亚历山大三世加冕仪式。"在克里姆林宫广场上，我们站在教堂中一起祈祷。温暖的泪水从眼睛中流出，内心真诚的情感无法用语言表达。也许当时自己也不明白自己的情感。"[①] 但尼古拉二世加冕礼仪式上人们的思想发生了变化："到场的人们关心的不是祭祀仪式。许多人想的是，将来采用何种方式管理辽阔的土地和各阶层数百万居民。沙皇也在凝思。"[②]

作者虽然没有描述 1896 年 3 月 18 日惨案，但其在日记中指出 "广场上加冕典礼被认为是全民节日"。由于许多重要人物参加，舞会非常隆重。阅读日记可以了解作者的感受，作者对沙皇的行为非常愤怒，他还对尼古拉二世的行程进行了描述。"我们作为手工业和市民阶层代表无法获得沙皇的面包和盐。当然这个问题要由莫斯科管理机构解决。"[③]

很多市民开始关注保留民族遗产和纪念碑事务。1886 年建筑协会代表 П. С. 乌瓦洛夫向谢尔布霍夫市长提出重建谢尔布霍夫宫墙问题，请求划拨 3000 卢布用于该工程（共需要 9000 卢布，内务部提供 6000 卢布）。该工程所缺资金由商人和市民阶层共同承担，最终决定商人公社出资 600 卢布，市民公社出资 400 卢布。[④]

1911 年，下诺夫哥罗德市为米宁和巴热尔斯基纪念碑募捐时，谢尔布哈夫市民公社特别吝啬，仅捐赠了 25 卢布。纪念碑记录了俄国近 300 年历

---

① *ЦИАМ.* Ф. 1719. Оп. 1. Д. 3. Л. 35 об.

② *ОР РГБ.* Ф. 178. № 5488. 3. Л. 13；№ 5488. 2. Л. 10, 36 об.

③ *ОР РГБ.* Ф. 178. № 5488. 2. Л. 37, 37об.

④ *ЦИАМ.* Ф. 852. Оп. 2. Д. 23. Л. 51 – 53.

史——在米宁和巴热尔斯基领导下北方军队挽救了整个国家。①

市民慈善事业首先在宗教活动中得以推广，如帮助穷人、孤儿、病人等。1895～1896年谢尔布哈夫市民公社请求每年划拨200卢布用于救济穷人，1910年每年捐赠450卢布用于救济收容所穷人。慈善事务花费需要计入市民公社支出部分。② 但这些援助并不是无偿的，市民在城市中办理相关事务、接受医疗服务都需要一定的费用，因此市民捐款也理所当然。③

捐赠一部分源于市民阶层的遗嘱捐赠。莫斯科管理机构文件中经常能看到这些记录。一般来说，捐赠金额都不大，都低于1000卢布；也有个别捐赠达10000～15000卢布。捐赠资金划拨给莫斯科市民阶层管辖的巴可洛夫斯基养老院，用于救济病人、为病人亲人设置床位，其中一部分当作穷人家庭姑娘的嫁妆，以及复活节和圣诞节礼物。市民 M. И. 萨玛里尼在遗嘱中写道：捐赠1200卢布作为亚历山大—玛丽尼斯基学校的助学金，用于资助一个小男孩上学，但此类情况不多。两年后 M. И. 萨玛里尼遗嘱执行人请求用剩余资金资助一名市民遗孀的孩子。没有资料说明巴可洛夫斯基养老院与市民管理结构如何沟通。④ 只有极个别捐赠资金用于资助市民子女的教育。

也不能因此断定市民关注城市教育事业。市民公社扶持的对象是职业学校。为纪念罗曼诺夫家族执政300周年，市民公社投资1000卢布在谢尔布哈夫建立手工业学校，两年后手工业学校竣工。同时，公社拒绝了督学委员会提出的建立妇女中学的建议，原因是支出太大和最近两年内收入降低。同时，该年度为收容所捐赠数额降至450卢布。⑤

与扶持学校相比，对穷人的帮助更重要。市民一贯认为教育不是生活必需品。

---

① *ЦИАМ.* Ф. 852. Оп. 2. Д. 54. Л. 98.

② *ЦИАМ.* Ф. 852. Оп. 2. Д. 54. Л. 18，98об.；Ф 1719. Оп. 1. 1893г. Д. 3. Л. 36 об.

③ *ЦИАМ.* Ф. 857. Оп. 2. 1866г. Д. 8. Л. 10，11об.

④ *ЦИАМ.* Ф. 5. Оп. 1. 1864－1909. Д. 266. Л. 285－290；Д. 267. Л. 183，190，191.

⑤ *ЦИАМ.* Ф. 852. Оп. 2. Д. 54. Л. 98об.，99об.，114，114об.

19 世纪最后 10 年，市民名字后面加上了姓和父称。从中可以看出市民阶层中产生了一些新元素，他们逐渐具有了阶层和政权意识。

19 世纪上半叶，农民在给自己老爷的信中要用上单词"奴隶"，商人和市民在给妻子的信中下方注明称谓"你的丈夫"，[①] 尽管叶卡捷琳娜二世指令中确定用"忠君"替换单词"奴才"。在信件末尾写上父称则是公爵特权，19 世纪已在所有贵族中普及。19 世纪最后 10 年，父称开始在市民中普及，但仍然很少见。通常，新事物在市民知识分子中产生。1882 年谢尔布哈夫市民瓦西里·叶卡洛维齐·瓦西里耶夫收到了带有他所从事生产行业的小册子、图片的贸易权证明文件（可能他拥有印刷厂或者石印厂）。[②] 在签署文件、市民公社成员邀请书上都会写上父称，但市民个人来往书信上还使用旧方式。

改革后市民开始使用姓，以前作为农民时不曾使用。1883 年临时义务农瓦西里·安东·列别杰夫被列为谢尔布哈夫市民，按照 1858 年要求不能使用姓"列别杰夫"；1883 年第 10 次人口普查时谢尔布哈夫市民公社的农民阿列克谢·基里洛夫·萨夫诺夫已经可以使用姓"萨夫诺夫"。[③] 姓的问题成为市民回忆录中讨论的内容，某些时候是允许商人和市民使用姓氏的。换言之，姓成为市民自证民族属性的因素，并且要辈辈相传。19 世纪 80 年代末的一个文件中指出："可以发现，大多数人没有姓，他们的姓只是按照父称确定，这样经常产生歧义，甚至有时被滥用。人们请求赋予其使用姓氏的合法性，这不但是他们的权利，而且被赋予权利后，人们可以更好地执行自己的义务。"法律中确认了姓氏的使用程序。1888 年政府会议规定成年差役阶层可以使用自己的姓氏，经国家机构确认后可在护照上添加。[④]

政府颁布法律赋予市民阶层使用姓氏的权利。1894 年季米特里市长收到信件——告发市民彼得使用姓氏（在 1893 年国家机构颁发给他的临时证明中为亚历山大·彼得·斯比鲁诺夫），当时他还没有被列入公社，因为当

---

① Терещенко А. В. *Быт русского народа.* Ч. 1. СПб. , 1847. C. 242.
② *ЦИАМ*. Ф. 852. Оп. 2. Д. 16. Л. 7.
③ *ЦИАМ*. Ф. 852. Оп. 1. Д. 1. Л. 719，47об.
④ *ЦИАМ*. Ф. 827. Оп. 1. Д. 33. Л. 38 об.

图 2 - 21 1890 年街边小剧场

时他在政府机构中任职，所以并没有对其进行处置。索罗维耶夫市长也收到市民的咨询，询问在宗教的证明书上他是否可以使用姓氏。此后国家机构下达指令："阿夫达切·亚历山大洛夫和其女儿为季米特里市民，姓氏为所洛维耶夫。"①

*   *   *   *

现代历史研究、政论作品、公共和政治活动演说中多次提到俄国市民公社的问题，其在 19 世纪社会现代化过程中获得发展。市民公社地位及其中间阶层间的联系问题就值得关注。19 世纪中期中等工商业阶层要缴纳市民自由发展和自我管理保证金，借此可在国家中获得相应地位，以便自由管理财产。② 同时应指出，19 世纪末俄国不具有产生中等阶层的良好条件，对于中等阶层来说，最重要的是具有稳定的社会经济和法律基础，但是俄国不具

---

① *ЦИАМ* . Ф. 827. Оп. 1. Д. 33. Л. 20 об. ，26，30，30об. ，38об.
② Опыт истории городских обывателей в Восточной России. СПб. ，1868. Ч. I. С. 1.

图 2 - 22 1918 年雅布洛涅维花园

有这些。由于本身的物质条件、社会地位、对传统文化的偏好，市民阶层不能被称为中等阶层。B. M. 布哈拉耶夫在自己的一篇文章中写道："市民成为城市公社建设者，因传统文化和帝国意识根深蒂固，他们不能真正转化为中间阶层。"[1] 但作者没有考虑到政府政策对市民命运的影响。该阶层思想守旧，且从经济和法律条件来看他们完全是小商业的代表，作者对市民阶层仍有偏见。

政府政策是阻碍市民发展为城市中间阶层的最主要因素。在 19 世纪的法律中商人和市民阶层具有很多差异，主要表现为经济活动方面。19 世纪末政府明确表明不惜损害小企业主利益来扶持大商人，而小企业主代表正是市民。但正是小商业活动，构建了经济基础、保证了社会的稳定，只有中等阶层才能保持稳定局面。通过分析市民阶层的各个方面可以得出其法律地位发生变化、对教育和社会发展的兴趣增长等变化趋势，在职业专家（律师、教师、医生）环境中形成的市民阶层，有成为中等阶层的趋势。然而，造成该阶层不幸的根源是俄国社会经济生活的特殊性。

---

[1] Бухараев В. М. Провинциальный обыватель в конце XIX—начале XX века: между старым и новым// Социальная история. Ежегодник 2000. М. , 2000. С. 33.

第三章
市民阶层的职业教育及其影响

与病痛和落后斗争的唯一之路是知识和教育

А. И. 秋波夫

在所有公民中推行教育是现代工业发展的必要条件

Д. И. 门捷列夫

与基础学校教育相比，职业教育可缔造经验丰富的技术阶层，该阶层在社会经济现代化过程中具有重要作用。一些学者着重研究职业教育问题，其对高水平文化和技术知识的产生和传播具有重要作用。

职业教育是 19 世纪俄国教育体系的组成部分，与同时代西欧的教育体系类似。这与机械大生产密切相关，技术和工艺复杂性促使科学和实践紧密相连。曾有人预言，19 世纪最后几十年，该现象在俄国工业中也会有所体现。

俄国一般以口头方式向小一辈传授生产经验，最初是在家中工作，主要以学徒方式进行。随着发展，手工作坊逐渐失去家庭特征，变成一种社会现象，开始大规模培训工人，大生产部门需要很多人员工作。

大工业技术普及和工业发展复杂化对技术教育提出新要求。该种教育最初具有应用特征，但保持了经验传承功能。

"职业教育"这一术语最初产生于 1863 年的法国，是针对工业、贸易和农业活动中的职业教育问题而提出的。①

职业教育的三个方面确定了物质生产的水平和状态，即科学成就应用、技术实际使用和推广等级。

不久，与专门教育一样，职业学校建立。这是成功进行技术培训的基础，是诸多学者在多次争论优先发展何种教育问题后得出的结论。

彼得一世时期就具有了国立工业技术学校，18 世纪初就建立了第一批职业学校，如莫斯科航海学校、培养炮兵和军官的工程炮兵学校（1701年），圣彼得堡的工程炮兵学校（1719 年）。18 世纪 20 年代在 B. H. 塔季什夫倡导下，乌拉尔成立了第一所矿业学校。但彼得一世时期建立的职业学校存在时间不长，许多学校相继倒闭。1715 年圣彼得堡建立了航海学校，并在其基础上创立了海军。乌拉尔某些矿业和工厂学校仍被保留下来。

俄国职业学校的发展特点之一是由政府倡导建立。18 世纪就建立此类教育机构，如圣彼得堡矿业学院（1773 年）和莫斯科土地勘察学院（1779年），改革前它们是中等技术学校，至 19 世纪下半叶才获得大学资格。② 18世纪下半叶政府对基础教育学校十分关注。

*　　　*　　　*

根据其特征，19 世纪俄国职业技术教育可以划分为如下发展阶段，即改革前时期、19 世纪 60 ~ 70 年代和 19 世纪最后 20 年。该划分的基础是历史发展进程，同时参照职业教育的影响因素。职业教育不但确定了社会经济发展趋势和水平，且受到政府、社会和企业家的重视。

---

①　Брокгауз Ф. А. , Ефрон И. А. Энциклопедический словарь. Т. 50. СПб. , 1898. С. 563.

②　Киняпина Н. С. Политика русского самодержавия в области промышленности С. 331 – 335; Горный институт. История создания и развития. 1773 – 1998. СПб. , 1998; Большаков В. Д. и др. Двухсотлетие Московского института инженеров геодезии, аэрофотосъемки и картографии. М. , 1979.

第一节　19世纪上半叶俄国职业教育状况

改革前专业知识的推广实际上都是在政府倡导下进行的。面向贵族和官吏子女的教育机构相继关闭。1810 年圣彼得堡建立交通道路工学院，准备培训铁路领域的专业人才。19 世纪 20 年代军事建筑学院、列车员学院规模不断扩大，毕业生主要从事列车员、绘图员和工匠等工作。尼古拉一世时期交通道路工学院和矿山学院（1834～1866 年改名为采矿工程建筑学院）发展为封闭的军事机构。1842 年市民工程师学院成立。

19 世纪 20～50 年代，政府关注手工业发展和技术知识普及间的关系。此类资料众多，很多材料由财政大臣 Е. Ф. 坎克林下令收集和整理。1824 年国内贸易和手工业办公厅报告中指出："教育发展速度虽然缓慢，但不可否认，它是确保工业多样化的可靠途径之一。"哈里科夫学区负责人也表达了该思想，他在 1826 年写道："俄国国民教育的主要目的是普及科学知识。我们在医学、化学、工艺学领域都具有此类需求。"[1] 尼古拉一世深知知识的重要性，号召推广技术知识，采取相应措施发展国民工业（建立手工工业和商业委员会、组织全俄工业展览会、出版专业杂志等）。[2]

政府致力于把国有工业从外国专家监管中解脱出来。19 世纪政府对该问题非常重视。

政府的很多工业发展政策自相矛盾。官方思想中含有大工业危害国内风俗的传统，同时政府也意识到发展工业的迫切性。在该状态下，优先发展乡村、原始手工业是最佳方案。1845 年杂志《莫斯科人》一则简讯中指出："俄国工厂发展导致中低层劳动人民的商品供应量增加"，但"俄国首先应在农村发展工业，而不是在城市，这样能保障俄国的传统习俗。"[3]

---

[1]　ЦИАМ. Ф. 2244. Оп. 1. Д. 347. Л. 2；Русская старина. 1901. № 5. Май. С. 364.

[2]　Киняпина Н. С. Политика русского самодержавия в области промышленности.

[3]　О мануфактурной промышленности в России в отношениях ее к общей производительности и к быту низших классов народ //Москвитянин. 1845. №2. С. 55，64.

　　改革后俄国工业发展的特殊性促使诸多非农区域和工厂镇出现。

　　19 世纪上半叶，为推广工艺知识试图建立普通技术学校。1803 年规章中规定，县城技术学校在传授公共课程的同时应传授实践知识。该规章于 1828 年将中学和技校章程具体化，允许按地方需求在县城技校内开立科学和艺术课程，这些课程的开设可为贸易和工业劳动提供相应帮助。其中课程有：商业科学、会计基础、力学、工艺学、农业经营和家政学等[①]。19 世纪 30 ~ 40 年代在图拉、卡卢加、特维尔、斯摩棱斯克、弗拉基米尔、梁赞县城技校内已开立农业课程。库尔斯克和维里诺中学也开设了实践课。通常情况下学校有旁听生，传授化学、机械学、工艺学、绘画和制图等知识。1839 年出台了《国民教育部下属教育机构设置实习班规章》。[②]

　　此外，还产生了应用性中学，纳税阶层子女可在这些学校中学习（但农奴子女除外）。1839 年"为满足日益增长的青少年教育需求，特别是传授给他们工业发展所需课程"，莫斯科成立了 3 所中学。[③] 此类中学主要教授对象是商人和市民阶层子女。学员毕业后其地位仍具有不平等性。第一、第二基尔德商人子女在中学毕业后有权进入商业技校和莫斯科商业学院；第三基尔德商人和市民子女在获得毕业证之后首先免除体罚，其次免除新兵差役，但在新兵招收时他们要缴纳 500 卢布才能免除差役。[④]

　　按照西方的发展路线，俄国在基础学校中传授手工业、技术知识。18 世纪末 19 世纪初该种教育方式已在英格兰普及，在德国也具有一定程度发展，但该经验并未成功。[⑤] 俄国因基础教育学校数量不足致使该路线不能解决现实问题（改革后也多次提出该问题）。除此之外，技术和工艺逐渐复杂化要求在专业学校中培养专业人才。改革后基础学校中也开设手工业、农业等课程。

---

① *Очерки истории профессионально-техническогообразования в СССР.* М. ，1981. С. 37 – 39.

② *Постановлений . .* Т. 2. С. 1164. № 612.

③ *Постановлений . .* Т. 2. С. 1160. № 611.

④ Самойлов Л. *Атлас промышленности Московской губернии.* С. 28 – 29.

⑤ Вессель Н. Х. *Профессиональные школы и обучение ремеслам//Педагогические сочинения.* М. ，1959. С. 264 – 266.

俄国开始开展职业教育的标志是 1831 年圣彼得堡工学院成立，1830 年莫斯科成立了手工业学校。这些古老的俄国技术学校，即改革前的中等教育机构如今仍然存在。其毕业生包括各阶层子女，但是必须拥有自由身。工学院不招收农奴子女。手工业技校规章中规定，其毕业生可以成为自由人，估计农奴子女也能进入该学校。

财政大臣 Е. Ф. 砍克林开立工学院的主要目的是推广手工业。最初打算在莫斯科成立技术学院，但没有成功。在莫斯科创立学校的思想产生于1832 年，由采矿手工作坊主 К. В. 彼洛哈洛夫提出。商人公社不支持该想法。彼洛哈洛夫兄弟认为，商人公社不支持的原因是工厂主对自己工人的学习漠不关心。①

1833 年 Я. В. 彼洛哈洛夫给下诺夫哥罗德集市伊万和卡斯坦丁兄弟的信中含有商人阶层开立技校的信息，"在创立工学院的讨论中瓦西里耶维奇以塔拉萨·玛里克尼为例说明。对此我非常同意，但玛里克尼是怎么给教师支付工资的呢？谁都知道教授学生劳动技能、带领学生学习和掌握本领，是学校固有的特征，而基莫夫·瓦西里耶维奇建议在学校中教授技术、绘画、语言等课程，所有这些都很好，益处良多，但这能为谁创造更多的财富呢？很显然先行者可获得最多利益"。② 谈话中首先谈及的是学校建立资金，由于种种原因没有被企业家接纳。

政府在圣彼得堡创立工学院后，认为再在莫斯科开立类似学校多此一举，此时莫斯科已经具有手工业技校。

在圣彼得堡创立工学院时已确认技术教育应是实用型教育。即便英国那样的工业发达国家都按照该规则执行。③ 实用型教育目标在学院活动中有所体现，此外在学院名称中也有所体现，即应用工学院。

---

① *Прохоровы. Материалы к истории Трехгорной мануфактуры и торгово-промышленной деятельности семьи Прохоровых 1799 – 1915 гг.* М. , 1996. С. 59 – 60.

② *ГИМ ОПИ. Ф. 146. Прохоровы. Д. 1. Л. 89.*

③ *Вессель Н. Х. Профессиональные школы и обучение ремеслам//Педагогические сочинения.* С. 270.

最初设立时学院还没确认毕业考试体系。城市杜马按照内贸和手工业办公厅规定程序从第三基尔德商人、市民和手工业工人子女中选举候选人，没有宗教信仰歧视。由于大多数毕业生属于纳税阶层，学院毕业生要承担相应差役。工学院每年有 132 名公费和旁听学生。学习时需要交纳一定费用。①

学习期限为 6 年（每个学年学制为 3 年）。毕业生毕业后可获得中等教育学历。他们在二年级时成为副工长并且在工厂中工作，在工厂中巩固专业课程，教授实践经验。

与基础学校的教育课程相比，他们所学课程较多（圣经、算数、代数、几何、俄语、俄国历史、地理、书法、自然历史），学院中还教授应用技术、工艺学、物理、化学，还包括应用学科、建筑艺术、商品学、会计、绘图、工厂法律等课程。毕业生可担任工厂、纺织厂工艺部门管理人员、机器技师等职位。1832 年《手工工业和贸易》杂志中一条简讯《圣彼得堡工学院状况》显示了相应课程，即化学、工艺学、颜料工艺、纺织材料生产、机器设计等。② 此时可确认这些课程与纺织业密切相关，首先是棉纺织业。1842 年建立了圣彼得堡铁路寄宿学校，这与这一年开始铁路建设息息相关。

1830 年创办了莫斯科手工业学校，И. И. 别茨卡夫认为创办这一学校的主要目的是在作坊内培养工匠。最初学院中只有 300 名学生，1844 年学校开始招收旁听生，他们每年需支付 70 卢布学费。莫斯科手工业学校整合初级和中级技术培训，主要目的是培养优秀应用型手工业者和熟练技术工匠。19 世纪 30 年代学校中主要教授物理、化学、机械和几何等课程。③

19 世纪 40 年代中等技术教育毕业生涌现。1837 年工学院第一批毕业生

---

① *Краткий исторический очерк о С.-Петербургском практическом технологическом институте* (*1828–1878*). СПб., С. 10–12；Киняпина Н. С. *Политика русского самодержавия в области промышленности.* С. 344，349.

② *ЖМТ.* 1832. № 2. С. 65.

③ Прокофьев В. И. *Московское высшее техническое училище.* М.，1957. С. 342.

图 3 - 1　20 世纪初明信片——莫斯科教育大楼

毕业，1839 年手工业学校第一批毕业生毕业。至 1860 年，圣彼得堡工学院毕业生人数超过 500 人，到 1867 年手工业学校毕业生人数约 545 人。[①]

工业企业中设立机械师职位，其主要职责是观察机器、各种机械装置的工作情况和完整性，在手工作坊转化为工厂的 40 年代该职位已经被广泛采用。通常，该职位由工学院毕业生担任。省机械师主要工作在莫斯科、弗拉基米尔、雅罗斯拉夫、特维尔、梁赞、奔萨和中部工业区其他省城中，1851年内贸和手工业办公厅报告中指出工厂中推行新机器和改良各种旧设备。[②]伊万诺夫著名工厂主涅斯托夫，即弗拉基米尔省机械师颇受诸多工厂主信任。[③] 国有专业人员的论文集中指出，这是工业发展过程中特有的新事物。其中一个论文中指出，1854 年科斯特罗马省亚麻纺织和棉纺织工业摆脱了

---

① Киняпина Н. С. Политика русского самодержавия в области промышленности. С. 359；Московское высшее техническое училище. 1830 – 1980. М.，1980. С. 13.

② РГИА. Ф. 560. Оп. 38. Д. 602. Л. 14.

③ Государственный архив Ивановской области（далее-ГАИО），отдел дореволюционных фондов（ОДФ）. Ф. 205. Бурылины. Оп. 1. Д. 257. Л. 41.

外国人垄断该行业的桎梏，委托俄国技师卡什尼管理工厂并取得非凡成绩。[①]

　　为鼓励专业人员，加强对城市阶层的技术培训，商人、市民和工学院领导申请赋予毕业生"有学问技师""掌握三种工艺工程师""工艺师—实习生"称号。"内贸部和手工业办公厅对工学院的请求给予回复，即今后教育目的是让学生获得更多的理论知识和实践信息。""外国工程师在俄国旅游的日记中特别指出以前外国技师任职的主要部门现已不再聘用外国人"。[②] 政府满足该请求，1849 年向工学院毕业生授予"掌握三种工艺工程师"称号。

　　学院 50% 的毕业生到工厂工作，其余毕业生在铁路部门工作，从事行政管理（自治区建筑师、省城机械师）和教师等工作。[③]

　　19 世纪 40 年代《手工作坊和采矿工厂消息报》的一条简讯中指出，工程师受人尊敬、尽心竭力和富有知识，但获得的报酬不公，应该授予他们更高称号。[④] 这句话说是采矿学院毕业生 П. П. 阿诺索夫（杰出学者和冶金学家，俄罗斯大马士革钢发明人）所讲。当然，俄国的工程师教学机构还不是很多。19 世纪30 ~ 40 年代俄国高等工业技术掌握在外国人手中，外国人对工学院第一批毕业生极其仇视。工学院档案中指出，"工厂主对他们十分重视，而外国工艺师对俄国工艺师非常戒备。半个世纪中该影响逐渐减弱，俄国工艺师地位逐渐提升"。[⑤]

　　19 世纪上半叶俄国技术学校已经培养出诸多杰出工程师，他们在物质文化和国家科学发展史中都留下了印迹。

　　著名铁路设计专家彼得洛维奇·梅里尼科夫 1825 年在交通运输工程学院毕业。他是尼古拉耶夫铁路莫斯科至圣彼得堡段方案设计者。19 世纪 30 年代中期，他成为交通运输工程学院教授，教授铁路工程专业课程，1835

① *Города по Волге，Клязьме и в Московской губернии.* Б. м. Б. г. С. 11.

② *Киняпина Н. С. Политика русского самодержавия в области промышленности* С. 352.

③ *Техническое образование.* 1893. № 4 – 5. С. 64.

④ *Мануфактурные и горнозаводские известия.* 1845 г. Март，23. С. 83.

⑤ *Ланговой Н. С. -Петербургский практический технологический институт с 1828 по 1893 г. Краткий исторический очерк//Техническое образование.* 1894. № 1. С. 17.

年他和同事共同出版书籍《铁路》。1858 年，п. п. 梅里尼科夫被选举为圣彼得堡科学院荣誉院士。

他很关心俄国技术教育发展，在遗嘱中写道："我所有积蓄都用来在尼古拉铁路站点留巴尼建立初级技术学校，主要用于培养底层铁路职工子女。"①

初级建筑技校和桥梁技校创立者季米特里·伊万诺夫·热拉夫斯基是1842 年交通工程学院毕业生。在他领导下进行圣彼得堡至莫斯科段铁路桥梁建设工作。他参加过奥卡河大桥设计，使用铁路构件来替换木制长钉。他设计的钉子如今仍在使用。1885 年热拉夫斯基获得季米特里奖金。②

俄国技术协会组织者安德烈·伊万诺夫·杰里维克是杰出的工程建筑师。他负责许多大型建筑工作，其中包括莫斯科、下诺夫哥罗德、特维尔输水管道工程，以及数条公路、铁路和高加索山渡口建设工作。他是当时最有实力的设计者之一。他长期从事俄国城市输水管道设计和建筑工作，因此被授予季米特里奖金。③

改革前设立了邮政—电报学院，成立该学校的主要目的是发展邮政业务。1823 年，为邮政工作人员子女创立了电报技校。学生在学校中学习邮政地理、规章和设计课程，研究法语和德语，毕业生在邮政机构工作，担任车站监管员。每年有 12～18 人从学校毕业。1876 年因缺少资金支持，该学校关闭。④

铁路系统中设立了报务员培训学校。1840 年圣彼得堡开设信号学校，学校里教授俄语、书法、电报规章等课程。1864 年由于电报线路网络扩宽，该学校开始隶属邮政厅。⑤

此时专业学校隶属于职业技术教育系统之外，19 世纪初其类型和形式

---

① *Биографии инженеров путей сообщения.* Вып. 1. СПб. , 1889. С. 24.

② *Люди русской науки.* М. ; Л. , 1948. Т. II. С. 9112 – 9113；Мезин Н. А. *Лауреаты Демидовских премий.* Л. , 1987. С. 116.

③ Мезин Н. А. *Лауреаты Демидовских премий* Л. С. 188 – 194.

④ *Почтово-телеграфный журнал.* 1906. Февраль. Отд. неофиц. С. 149 – 151.

⑤ *Краткий исторический очерк учебных заведений ведомства путей сообщения.* СПб. , 1900. С. 30.

还不是很复杂。实际上它不是初级学校，而是保留学徒身份的传统教育模式，直接在生产中进行学徒培训。这种教育形式于 19 世纪初的英国广泛普及（结束初级教育后学生在手工工场中学习实践知识）。著名教育家 H. X. 维谢里（职业和公共教育问题研究者）认为，英国式培训方式在俄国可以普及。[①] 因此，19 世纪末大部分工人以手工工场学徒的方式获得相应技能，没有进行公共理论技术培训。[②]

俄国最初的职业学校被称为工厂学校，于 20 世纪初产生，并且是由企业家出资建立的。1816 年 T. B. 彼洛赫洛夫于莫斯科建立了第一所工厂学校。彼洛赫洛夫属于莫斯科资产阶级团体一员。季莫夫·瓦西里耶维奇·彼洛赫洛夫通晓德国经济学，并且对亚当·斯密政治经济学非常感兴趣。他称自己为"冒牌哲学家"，和其他工厂主一起去莫斯科大学听克伊玛尼教授电化学公开课。在德国居住时期，他对德国技术教育进行研究。1846 年他给弟弟的信中写道："我花费了很多精力和金钱在拜访教授、购买书籍、获得样品上。"他认为，我们不学习外语，在和外国商人的竞争中就不可能胜出；如果不发展技术教育，俄国工业不可能赶上欧洲。[③]

彼洛赫洛夫工厂学校教授初级课程，如圣经教义、俄语、算数、书法；专业课程，如纺织品印花画法、会计等；也传授一些实践知识，如木头和金属雕刻、印花、纺织、细木工、钳工等课程。

培训在晚上进行，工人子女、手工作坊主、一些企业家子女接受基础教育。学校里招收的学生多为工人子女，按照合同教育期限为 4~5 年。大多数毕业生在彼洛赫洛夫工厂中任职。最初几十年学校招收 30 名学生，1830 年莫斯科发生霍乱时彼洛赫洛夫学校招收学生数量达 100 人，流行病横行时学校还招收孤儿。[④]

---

① Вессель Н. X. *Профессиональные школы и обучение ремеслам*//*Педагогические сочинения*. С. 270，283.

② *Очерки истории профессионально-технического образования в СССР.* С. 58.

③ *Прохоровы. Материалы*. . . С. 59. *Русский торгово-промышленный мир.* М. ，1993. С. 84；*ГИМ ОПИ.* Ф. 146. Прохоровы. Д. 1. Л. 46.

④ *Прохоровы. Материалы*. . . С. 57 – 58.

图 3 – 2　马雷金及其纺织品图案

19 世纪 30 年代彼洛赫洛夫兄弟为贫困市民子女建立学校，学生数量达 200 人。建立学校要得到教育部认可。教育部文件中指出："工厂主彼洛赫洛夫在莫斯科拥有工厂，霍乱流行时允许其为失去父母的孤儿建立学校……但是必须遵循基督教义，学校和其他机构一样受相关部门监督。"[1] 19 世纪 30 年代该学校受到教育部严格监管。学生招收要像以前一样，按照合同规定进行。1882 ~ 1856 年间（只有这些年数据）彼洛赫洛夫学校毕业人数约为 5500 人，一部分学生成为采矿技术专家。学校毕业生也可到其他手工工场工作，但是要得到彼洛赫洛夫特别许可。某些学校毕业生成为行业专家。其中之一为塔拉斯·叶卡洛维奇·马雷金，他堪称天才配色师，19 世纪 20 年代在彼洛赫洛夫学校学习，他领导彼洛赫洛夫手工作坊调色部门数十年。40 ~ 50 年代市场上出售的印花头巾、萨克森和波斯式披肩都是按照他的设计染色，他为彼洛赫洛夫创造了巨大价值。[2] 伊万诺夫工厂主布累林认为，印花工是工人中的贵族。这些人心灵手巧、机敏，且大多数人都识字。他们

---

① *Прохоровы. Материалы. . .* C. 115，119.

② *Прохоровы. Материалы. . .* C. 215.

是工人中受教育水平最高的人。①

　　莫斯科市和莫斯科省各县城中诸多纺织、印花、制丝、呢绒作坊主效仿
彼洛赫洛夫。改革前省内有 34 所工厂学校，但许多学校因种种原因被迫关
闭。只有彼洛赫洛夫学校经过一系列改组一直保留至 20 世纪初。被称为
"俄罗斯曼彻斯特"的弗拉基米尔省伊万诺沃镇也建立了工厂学校，彼洛赫
洛夫在一封信中写道："每个工厂主都希望建立学校为自己的工厂培训人
才。伊万诺沃可以更有效地集中资金建立此类学校。"②

**图 3 - 3　19 世纪末彼洛赫洛夫手工工场集团制作的
以莫斯科为主题的手帕**

---

① *ГАИО. ОДФ. Ф.* 205. *Оп.* 1. *Д.* 257. *Л.* 35.
② *Прохоровы. Материалы . . С.* 114.

工厂学校产生和推广与工业技术快速发展密切相关。《商业和手工作坊》杂志的一名记者指出，对工人的教育使工厂逐渐完善。[1] 尽管具有私人特征，政府仍对工厂学校的教学内容进行监督。19 世纪 40 年代由于学校数量增加，专设了监察员职位，其可以确认工厂学校总体办学方向和教授大纲及内容。他们以彼洛赫洛夫学校为标准，特别关心学生的道德教育。

19 世纪 20~50 年代产生了其他类型的职业教育。1825 年莫斯科斯特洛卡诺夫为工匠子女建立绘画学校，某种程度而言，该学校是俄国工业艺术教育的开端。[2] 结束六年课程后，毕业生可以进入中学当绘画教师，或到印染厂当画师。在教学过程中传授兰开斯特法。学生每年要支付 30 卢布学费。50 年代在莫斯科有 10 所此类学校，学生数量达 900 人。

按照社会成分而言，工厂学校和技术绘画学校学生大多源自市民和商人阶层。他们中也包含农民阶层，包括个别农奴。[3]

严格而言，技术绘画学校还不能被称为学校。19 世纪 30 年代一名记者指出：“令人伤心的是，学校对工厂主负责，大多数学校都根据隶属工厂需求培养学员。”[4]

俄国是以农业为主的国家，但农业专业教育却很薄弱，19 世纪该状况一直存在。农业知识推广形式仍在传统农业经验框架之内，首先是标准教育模式，第一所学校于 1801 年在圣彼得堡诞生，但很快被关闭。

1825 年 E. Ф. 坎克林在国务会议中指出农业学校组织方案，但由于缺少资金，或学生数量不足，该方案最终解体。1833 年在得到尼古拉一世许可后，俄国成立了由莫尔德维诺夫领导的改善农业委员会，当时大多数自由经济组织代表都是知识分子和权威人士。委员会采用方法即建立农业学校、出版农业报纸、组建生产农业机器的工厂。国务会议研究相关方案后，得出的

---

[1] *Журнал мануфактур и торговли.* 1832. №4. С. 14 – 15.

[2] *Постановлений .* . Т. 1. С. 1604. № 495.

[3] Кошман Л. В. *Фабричные школы в России в первой половине XIXв.* //Вестник московского университета. 1976. №. 2. С. 28.

[4] *ЖМТ.* 1837. № 5. С. 202.

结论是方案有待修缮。[1] 同时，委员会某些建议于 1834 年得以实施，在圣彼得堡出版了《农业报纸》。1840 年莫吉廖沃省卡尔克县成立了农业学校。

1837 年规章出台之后，农业教育机构得到普及。国家财产部大臣、农民专业教育拥护者认为，农业技术教育普及后可以建立专业庄园。19 世纪 40 年代建立了 8 所学校，教授对象大部分为国家农民子女。[2] 该类教育机构持续时间不长，但是带来了巨大好处：10 ~ 15 年内培养了 2500 人。大多数毕业生没有专注改善土地耕作问题，而从事其他行业，这也是 19 世纪 50 年代末这些学校倒闭的重要原因之一。[3]

19 世纪 30 ~ 40 年代产生了农业中等职业学校。1822 年在莫斯科农业经营协会的倡导下建立了农业学校。学校主要培训农奴子女，地主以实习名义对他们无偿剥削。培训需支付费用，初级班为 500 卢布/年，以后为每年 350 卢布。[4] 学校教育大纲中规定了教学科目，如农业统计学、农艺学、畜牧业、森林学和园艺学基础、农业工艺信息等课程。莫斯科大学教授巴甫洛夫在该学校建立时做出了突出贡献，他担任学校校长，提供实验农田，且特别注重教学实践。

加累拉列茨农业学校以及以上所列学校分为两类，即低级学校，主要培养"具有专门知识的庄稼人"；高级学校，主要培养农艺师。1848 年得到教育部许可后，一部分专业转化为农业学校，改革前这是俄国唯一的农业学校。加累拉列茨农业学校部分专业转化为中等教育结构。[5]

从 19 世纪 30 年代开始，俄国工厂主，特别是纺织工厂主意识到技术知

[1] Максимов Е. *Организация низшего сельскохозяйственного образования*//Семья и школа. No 1 - 2. C. 17 - 21.

[2] Максимов Е. *Организация низшего сельскохозяйственного образования*//Семья и школа. No 1 - 2. C. 21.

[3] Миклашевский И. *Очерки по истории сельскохозяйственного образования в России*// *Техническое образование*. 1893. No 2. C. 28, 30, 31.

[4] Кузьмин Н. Н. *Низшее и среднее специальное образование в дореволюционной России*. Челябинск, 1971. C. 169 - 170.

[5] *Историко-статистический очерк общего и специального образования в России*. СПб., 1884. C. 178.

识的重要性和作用。为此，他们不但建立新式工厂学校，且企业主自身对技术知识也非常感兴趣。工厂主多次参加由政府组织的大学公开课，该建议由1836 年财政大臣坎克林提出。手工工场委员会莫斯科区代表和学校保护人С. Г. 斯特洛卡诺夫（出资在莫斯科建立绘画学校）支持该想法。建议由教授 Р. Г. 克伊玛尼制定课程大纲，他认为工厂主听课十分必要，其主要目的是弥补工厂主理论知识的不足。[1] 1836 年 11 月克伊玛尼在化学实验室大厅为莫斯科企业家讲授公开课。授课目的是提高工厂主、企业主，以及其助手的技术和管理水平，同时给工业注入新活力，即"为促进工场手工业健康发展，必须提供基本理论知识"。该课程的设置思想和欧洲发达国家工业思想类似，特别是英国和法国，西欧国家工厂主和企业主文化水平较高。

1837 年 4 月开设了 50 人的公开课，年末商业报纸上写道："听课者数量几乎增加了 2 倍。这可以证明技术化学知识的需求非常广泛。"[2]19 世纪50 年代克伊玛尼公开课听课人数达 500 人。[3] 课堂上学生可以获得生产实践信息，主要内容为物理和化学课程，如电铸和镀金行业中电力使用，纱丝、毛线漂白，材料和商品试验中化学分解等。[4]

每个企业主都需要专业知识。喀山和哈里科夫大学、圣彼得堡工学院公开课讲授应用科学，如机械学、工艺学、化学、物理等。克伊玛尼教授公开课讲授 18 年，社会各阶层代表都听过他的公开课。他建议企业主子女参加这些课程，年轻人更应该成为有文化的企业管理者。

19 世纪 50 年代莫斯科工厂主申请在大学中恢复工艺学教研室。很多企业家明白了科学与实践的关系，彼洛哈罗夫给克特塔里教授的信可以证明该观点，信中有如下内容："俄国工厂主对科学几乎没有什么认识。大学中有工艺

---

① *Коммерческая газета*. 1837. № 42. Апрель.

② *Коммерческая газета*. 1837. № 147. Декабрь.

③ *Коммерческая газета. Биографический словарь профессоров Московского университета*. М. , 1855. Т. 1. С. 181；Любавин Н. Н. *Кафедра технологии и технической химии в московском университете с 1855 года//* Русский архив. 1906. Кн. II. Вып. 8. С. 565；*Люмоносовский сборник*. 1902. С. 65. Прим.

④ Самойлов Л. *Атлас промышленности Московской губернии*. С. 11 – 12.

课程，但是教授们离我们很远，大学里也没有工艺学教研室。但法国不是这样。那里的学者和工厂主同心协力，理论和实践总是紧密相连……我们希望，能在莫斯科建立工艺学教研室，这样有益于我们理解科学知识。"在《北方之蜂》杂志上刊登的《致俄国企业主的一封信》中也体现出该思想，信中指出"工业中技术科学研究方式"和"加快工人及其子女学习的必要性。"①

1856 年手工工场企业主协会代表向教育部申请在莫斯科大学成立工艺教研室，其首要目的是"发展当地工厂和手工工场"。首先必须解决资金问题。国家资金可用于维持中学运转和大学中技术科学公开课开设，但政府不能为工艺教研室建立拨款。

1857 年省长 A. A. 扎克列夫建议企业主自己筹集资金建立工艺教研室。莫斯科大企业主彼洛哈罗夫兄弟、库切卡夫兄弟、茨尼杰里、列别什金、莫斯科手工工场和商业委员会代表什波夫等人都了解到政府资金困难，同意提供资金。提供的资金共计 3000 卢布，其中 1500 卢布用于教研室建设，剩余用于支付教授薪水。企业主提供资金的条件是邀请工艺学教授克特塔里向他们传授相关知识。克特塔里教授经常拜访莫斯科工厂，为彼洛哈罗夫子女传授理论和应用化学课程。1857 年 12 月莫斯科大学工艺教研室成立，喀山大学教授克特塔里受邀主持工作。

但一年后（1858 年 11 月）大学并没有收到企业家资助，只有 A. A. 扎克列夫在 1859 年 1 月履行了自己的承诺，大学没有获得所需资金。1859 年莫什波夫宣布最后一次投入资金。此后资助者数量逐渐减少。1861 年 11 月，手工工场主（赫鲁达夫、列别什克尼、茨尼杰里、彼洛哈罗夫、阿列克谢等）宣布以后不给予教研室资金支持。此时莫斯科商业科学实践研究院开始教授工艺课程，作者在通报中写道："我们发现青年商人参加科学院公开课的积极性高于大学公开课。"1862 年 1 月工厂主资助终止。② 很明显，这与其他事件一样，公众积极性有限，包括企业家最初的

---

① *Русский архив.* 1906. Кн. II. Вып. 8. С. 566 – 567; *Прохоровы. Материалы. . .* С. 141 – 142.

② *ЦИАМ. Ф. 2. Оп. 1. Д. 5482. Л.* 1 об., 2, 10 – 12, 18, 26, 27, 35, 47, 50 – 51, 53, 70, 70 об.

图 3 - 4　1840 年作品——城市中工人

倡导也只是口头上而已，并未实施。

其他大多数省份并没有人呼吁发展工艺学，只有少数几个省份提起该思想。1857 年克特塔里在参加喀山大学捐赠会议时指出，许多工厂主和企业主不能正确评价知识，没有认识到它和资本同等重要，但其他社会团体对公开课产生了兴趣。他说，喀山大学为什么连续 6 年（从 1852 年开始）免费开设公开课呢？公开课的拜访者主要是大学生、中学毕业生、地方官吏，以及少量地主和商人，还有个别企业主和工厂主。①

在农奴制末期社会上对职业教育的重要性开始有所认识，技术知识开始普及。为解决这些问题而采取某些措施，但是效果不是很明显。

19 世纪 60 年代，改革准备期和改革后的教育问题逐渐引起关注，在社

---

① Киттары М. Я. Очерк современного положения и нужд русской мануфактурной промышленности. Казань，1857. С. 16.

会活跃的条件下，文化推广成为知识分子活动的方向之一。文化推广形式也多种多样，包括国民教育体系改革、建立学校、开设公开课、设立国民阅览室等。这些都围绕国民教育及其状态和发展方向设置。

19 世纪 50 年代末就公共和职业教育关系和优先权问题展开了大规模辩论。参加者包括学者和企业家。在这次辩论中首次指出了俄国教育体系问题，让人们明白了发展职业教育的必要性。

1857 年 11 月《莫斯科消息报》上刊登了莫斯科大学教授 И. К. 巴比斯塔的文章《技术和工业教育》。这篇文章为针对当时 А. С. 叶尔什夫《西欧高级技术教育》（1857 年）、М. Я. 克特塔里《俄国手工工场工业的现代状态和需求描述》（1857 年喀山）的回应。作者重新确定了俄国发展职业教育的重要性。А. С. 叶尔什夫和 М. Я. 克特塔里是应用技术和自然科学领域的杰出学者，他们曾在杂志和报纸上公开进行辩论。

Е. Н. 安德烈耶夫是优先发展技术知识的倡导者，他是俄国职业技术教育的组织者和宣传者。1858 年《手工工场和贸易》杂志刊登了他的文章，他支持 А. С. 叶尔什夫的观点，指出不但要普及高级技术教育，而且要建立培养工匠和职业工人的技术学校。[①]

但实践中职业教育遇到了诸多问题，其中最突出的是基础教育水平较低，入学者只懂得一些简单知识。俄国大改革初期识字率不足 2%，只有某些工业发达城市略高。初级技术学校学生基本上是市民阶层。因此，知识推广、市民公共教育水平提高成为解决公共文化问题的主要方面，发展职业学校也涵盖其中。И. К. 巴比斯特的文章中也提出了该观点。他写道，"国民教育和教育问题至关重要，该问题与我们日常生活需求密切相关"。А. С. 叶尔什夫认为发展高级技术教学机构能促进工业发展，还有学者指出："至今我们还未认识到工厂教育的第一要素是基础知识，这要求与工业发展紧密相连。因此，只有基础教育搞好，民众才能有劳动热情和尊重劳动成果，才能意识到发展技术教育的重要性……国民学校、坚实的师资力量是建立国民

---

① *ЖМТ.* 1858. № 5 – 6. С. 193.

教育机构的基础。"①

　　И. К. 巴比斯特主张对俄国市民公社教育水平进行研究。该思想与当时社会活动家的思想比较接近。文章还关注教育和市民地位、技术发展过程，以及与公众日常生活之间的联系。他特别关心教育普及问题，认为教育能唤醒人们的意识，使人们开始觉醒，敦促人们相互尊重。学校应该唤起人们对市民自觉性的认识，让公民理解法律，谁也不能随意曲解。因此，不只是技术和工业教育制约着工业发展，人们的道德水平也至关重要，它能推动人类意识的全面发展。在工业居民占大多数的社会中，他们的偏见、信仰和劳动条件对市民意识发展或多或少会产生影响，因此这些因素影响着工业发展和社会财富增长。②

　　工业中新事物不断产生，说明俄国工业变革开始了，对高技术、知识渊博的人才需求增加。该增长首先要依靠市民阶层，主要是贫穷市民。因此，技术教育成为提高该阶层文化水平的重要因素。1859 年《工业消息》杂志上刊登了文章《在俄罗斯培养贫困儿童，使他们成为工业技术人员和专业人员》，其作者 И. 阿库洛夫认为，该阶层与工厂比较接近，工业落后的主要原因是企业中缺少此类人才。他指出，俄国技术知识的发源地是圣彼得堡的工学院和莫斯科手工业学校，这些学校实际上没有发挥很大的效果，毕业生数量有限，不能满足工业增长的需求。③ 同时，基础教育是职业学校发展的基础，必须开设此类课程。

　　在俄国国民教育发展道路之争中，学者、企业家、金融学家 Ф. В. 奇热夫于 1859 年在《工业消息》上发表文章《社会底层人民的教育之路》，这篇文章十分著名。他认为教育是社会文化的基础。他写道，"教育的重要性已经没有必要争论，现在争论的焦点是给人们传授什么样的知识、国家走什么样的教育之路……是在教育中是否要传授实践知识……或者走基础的、大众化的教育之路"。在与巴比斯特的辩论中，奇热夫认为应该优先发展职业教育。他指出俄国技术院校的不足情况："俄国共有 2～3 个专业技术教育

---

① *Московские ведомости*. 1857. № 140. C. 623，624.

② *Московские ведомости*. 1857. № 140. C. 627，628

③ *Вестник промышленности*. 1859. T. II. C. 105，107.

机构……莫斯科手工技校的毕业生不多，其理论和实践水平仍待提高"。

在基础和专业教育孰先发展的争论中奇热夫的观点不容忽视。他指出，"我们数百年来的科学和艺术成绩都是根据社会需求获得的……社会教育不能排除这类学校，它们对年轻人进行实践教育，且已经准备好进行全人类教育，但不应着急进行专业教育，基础教育至关重要"。与巴比斯特一样，奇热夫认为应在公民自觉性发展的条件下确定教育等级，基础教育是任何教育都不能代替的，没有基础教育人们很难获得发展。[①] H. Г. 车尔尼雪夫斯基反对基础和专业教育出现断层，指出不能崇拜狭义的"专业主义""专业主义对社会和居民都有害"。К. Д. 乌什尼斯基赞成在公共教育基础上发展职业教育。[②]

改革前最后 10 年学者辩论不但指出了教育问题的重要性，也确定了俄国发展技术学校的原则。E. H. 安德烈耶夫支持优先发展职业教育的思想，19 世纪 70 年代他写道："难道技术要处于次要地位吗？技术虽可从书本上和工厂中学习到，但从哪里学习呢，有谁传授呢？"[③]

俄国专业技术人才需求和教学实践脱节十分明显，这也决定了职业学校的某些特征。教学规划中有 12% ~18% 的居民成为全民教育对象。[④] 许多技术学校都有预科班。

改革前，特别是在尼古拉一世执政时，政府制定经济政策时决定把技术教育作为重要发展方向之一，并确定了技术教育的某些措施。

因某些客观原因，首先是工业领域发展较弱，此时期不能成功解决职业技术教育问题。没有国立初级技术学校，农业领域只有几家培养技师和工程师的中高级教育机构。

---

① *Вестник промышленности.* 1859. T. I. № 2. C. 241. 246 – 248.

② Чернышевский Н. Г. *Заметки о журналах*//ПСС. T. III. 1947. C. 688 – 689；Ушинский К. Д. *Необходимость ремесленных школ в столицах*//Избранные педагогические сочинения. T. III. M.，1974. C. 215.

③ Андреев Е. Н. *Школьное дело в России. . Приложение.* C. 49.

④ *Очерки истории школы и педагогической мысли народов СССР. Вторая половина XIX в.* M.，1976. C. 155.

第二节　1860～1870年俄国职业教育状况

社会经济改革时期俄国的职业教育十分落后。农奴制末期俄国有4500名技术和农业领域专家。[①] 但向工业社会过渡的过程中，技术、工艺、建筑、农业、土地测量、商业领域的专业人才需求增加。工业需要高技术人才，新领域需要专家，如机械纺织业、铁路运输业、电工业、电报和电话人才。

社会经济和文化发展需求确定了职业学校的地位，对职业学校数量和质量的要求都增加了，产生了新式专业化学校、专业教育机构，需要教育机构培养出更多的专业人才。

*　　*　　*

19世纪60～70年代是职业教育快速发展的时期。该时期专业学校数量快速增加，最初产生的是无阶层技术大学，俄国科学界和企业家都积极参与职业教育建立的过程。И. А. 阿诺波夫认为："与其他时期相比，最近技术和职业教育的重要性不断提高，25年前只有圣彼得堡工学院和莫斯科技术学院才是高等职业教育机构。"作者指出此时期社会思想发生巨大变化，"俄国技术教育开始普及，甚至郊区也诞生了此类机构"。[②]

因职业教育机构隶属于不同的政府机构，如财政部、国家财产部、国民教育部、马林斯基主管机构，所以只能大约估计职业学校的数量。1881年大多数职业技术学校都归教育部管辖。

19世纪70年代职业学校数量开始增加。建立了79所技术、运输、工

---

① *Лейкина-Свирская В. Р. Интеллигенция в России во второй половине XIX века.* М., 1971. С. 67.

② *Анопов И. А. Опыт статистического обозрения материалов к изучению современного сотстояния среднего и низшего технического и ремесленного образования в России.* СПб., 1889. С. 2.

艺学校，这些学校主要集中于欧俄地区和港口城市，如圣彼得堡、阿尔汉格尔斯克、里加、奥杰萨有 38 所学校，主要为商船队培养人才。初级学校也成立了技工班和培训班。① 1880 年俄国有 9 所中级技术学校，但其地位还有待商榷（1882 年英国有 584 所低级工业学校，每个著名城市中都建立了中级技术学校②）。

1867 年奥廖尔克 – 格良杰铁路开通时，著名铁路大亨 С. С. 波良科夫出资在叶里茨建立了俄国第一所铁路学校。在该城市建立学校并非偶然，叶里茨是波良科夫铁路管理机构的中心，需要与当地主管部门展开诸多合作。此后，在哈里科夫、奥杰萨、白城、莫斯科都建立了铁路学校。1880 年俄国铁路学校数量超过 30 所，主要满足 60～70 年代铁路建设的需求。除公共课之外，学校还开设了铁路技术、会计、细木工、钳工、锻造等课程。这些专业课程都与铁路经营有关。

除铁路学校之外，俄国还产生了列车员（低级技术）学校，为铁路建设培养施工员、工长，以及列车员和文书。教学大纲中也设有初级学校的公共课程。1880 年共设了 5 所该类学校，至 1890 年学校全部倒闭，主要原因是毕业生不具备必要的技术知识，以及一些铁路学校资金不足。③

此时大部分技术学校的产生都与社会倡导和企业家扶持相关。1869 年工厂主米留基兄弟在切列波夫茨建立亚历山大技术学校，主要为工厂培养机械师和船舶制造技师。1874 年，学校有 138 名学生，此年度有 9 人毕业，1880 年有 13 人毕业。④

卡卢加省俄国冶铁工厂企业主、工业区奠基人（卡卢加、奥廖尔和布

---

① *Ремесленные классы действовал при 317 начальных школах. Очерки истории школы и педагогической мысли народов СССР. Вторая половина XIX в. С.* 152.

② *Очерки истории профессионально-технического образования в СССР. С.* 57；ЦИАМ. Ф. 2244. Оп. 1. Д. 651. Л. 24.

③ *Историко-статистический очерк общего и специального образования в России. С.* 132，133；*Краткий исторический очерк учебных заведений ведомства путей сообщения. С.* 31，36；*Гавлин М. Российские Медичи. Портреты предпринимателей. М.*，1996. С. 290.

④ *Историко-статистический очерк общего и специального образования в России. С.* 150.

良斯克省）C. И. 玛丽索夫于 1865 年建立了留基诺夫低级技术学校，主要教育对象是工人和技师子女。19 世纪 80 年代初学校具有 120 名学生。1500名以上毕业生成为玛丽索夫工厂的工人。1876 年为培养技师和机械师而成立了中级技术学校。[①]

弗拉基米尔省著名水晶厂所有人 C. И. 玛丽索夫特别关注慈善行业。他出资在库西建立了技术学校，1885 年其遗嘱中写到死后用于修葺该学校的资金为 5000000 卢布。弗拉基米尔还有地方手工业学校。学校主要为贫困家庭子女设立，其目的是合理地培养优秀工匠、教授学生基础知识和相关技术。学校招收小男孩，弗拉基米尔居民在 13 ~ 15 岁时可接受相关教育。学生数量达 100 人，大部分毕业生都进入了地方手工学校继续学习。玛丽索夫遗嘱中指出该学校的所有人为涅恰耶夫·玛丽索夫，为其财产的继承人。20世纪初他成为莫斯科高级艺术博物馆组织者之一，博物馆建设时他捐赠了大量资金。涅恰耶夫·玛丽索夫投入大量资金用于手工业学校建立，每年支付70 卢布用于 7 个寄宿学校的奖学金。[②]

1892 ~ 1897 年 Ф. В. 奇若夫捐助了 550 万卢布在科斯特罗马省建立技术和农业学校，主要目的是满足俄国职业教育需求（科斯特罗马工业技术学校、卡罗哥里夫斯克低级农业技术学校、马卡耶夫手工业学校、秋赫洛姆斯克农业手工业学校）。[③] 1889 ~ 1894 年城市杜马和各类协会为发展职业教育捐赠资金达 150 万卢布（为 Ф. В. 奇热夫捐赠资金的 1/4）。[④]

职业教育学校中最著名的是莫斯科卡米萨洛夫斯基技术学校，它是于1865 年成立的两年制技术学校，资金来源为社会募捐（学校名称是为纪念农民奥西比·卡米萨洛夫而定，1866 年他挽救了沙皇亚历山大二世的性

---

① *Историко-статистический очерк общего и специального образования в России.* C. 150，152，162；*Русский торгово-промышленный мир.* C. 128.

② *Техническое образование.* 1893. № 1. C. 48 – 50.

③ Либерман А. А. *Краткий биографический очерк Федора Васильевича Чижова.* М.，1905. C. 45 – 48.

④ Рождественский С. В. *Очерк деятельности Министерства народного просвещения.* СПб.，1902. C. 668.

图 3 – 5　费多尔·瓦西里耶维奇·奇若夫

命）。学生首先接受基础教育，同时接受裁缝和装订等知识。19 世纪 70 年代中期学校转变为低级技术学校，主要培养五年制五金工人，重点科目为钳工、车床和锻压等专业。

卡米萨洛夫学校的变化导致学生和毕业生数量增加。从学校建立至 1874 年学校只有 15 名毕业生，但 1875~1886 年毕业生为 383 名。此时期学生数量从 218 名增加到 387 名。按社会成分而言，学生主要为市民子女（53.2%），然后是贵族和官吏子女（36.6%），农民子女所占比例只为 8.2%。学生每年学费为 120 卢布，寄宿学生每年学费为 300 卢布。①

卡米萨洛夫学校外来学生多来自莫斯科省和其他附近省份，也有个别较远省份学生。大多数毕业生（60%）到莫斯科工业区工作。根据 1888 年信息，学校毕业生分布在各行各业。此年度 28 名毕业生中在机械厂工作的有

---

① Анопов И. А. *Опыт статистического обозрения материалов к изучению современного состояния среднего и низшего технического образования и ремесленного образования в России.* C. 37，40，46，56.

2名，在纺织厂工作的有1名，在制糖厂工作的有1名，在精纺厂工作的有3名，从事贸易的有1名，有铁路技师5名，农业机构中任职1名，低级技术教育学校教师1名；在莫斯科技术学校继续学习的有5名。

图 3 - 6　19 世纪末奇若夫出资在科斯特罗马建立的工业技术学校

1886年卡米萨洛夫学校成立了中级教育机构，它是当时俄国最好的技术学校之一。学校毕业生克里莫夫（1910年毕业，为航空发电机设计者，科学院院士）在回忆录中写道："卡米萨洛夫学校传授的知识很广泛，对学生进行夯实的数学培训……卡米萨洛夫毕业生非常乐意到建筑工地和工厂工作，该学校培养了众多知名工程师。"他还写道："在对高级工程师需求增加的同时，俄国工业领域对中等技术人才、工匠和技师的需求也不断增加。"[1] 19 世纪 80 年代末俄国政府出版物中屡次提出技术教育水平较低、中低级技师数量不足的问题。[2]

职业教育发展过程中一个问题至关重要，即改革后俄国中等技术教育的地位。因此，必须提高市民受教育水平。

---

① Перфильев В. И. *Комиссаровское училище.* М., 1957. С. 131 – 132.
② Максин И. М. *Очерк развития промышленного образования в России 1808 – 1908.* СПб., 1909. С. 9.

为发展中等教育，改革之前政府试图利用基础教育学校。在六年制的应用学校（含技术专业）中建立培育中等阶层子女的 7 年制学校，由于社会地位和经济状况，中等阶层的子女少年时就要从事相关工作。但该措施没有取得较好效果。

19 世纪下半叶优先发展基础教育的问题非常迫切。该问题得到国民教育活动家、学者和经济学家的重视。秋彼洛夫在 1892 年《知识和国民财产》公开课中指出："工业培训要在国民教育基础上展开……从事大众教育的国民学校应该成为新知识的引路人，成为连接国民和人类文化遗产的纽带……只有国民教育学校可以发现和挖掘专业人才，推动人们的生活不断向前，以及知识不断进步。"[1]

19 世纪 60~70 年代技术学校还不具有统一规划和专业的教育大纲。专业课为机械学、工艺学、建筑材料、地基设置和绘图等。改革前学校还不能选择专业课，各学校专业设置差别不大。学校教育是有偿教育。

文献中指出很多学生被淘汰，其数量达到 50% 。1869~1889 年罗兹手工业学校招收了 1324 名学生，其中只有 287 名顺利毕业（21.7%），中途退学的达 710 人，占总数的 53.6% 。该状况在卡米萨洛夫、伊尔库斯克学校都很普遍。1883 年喀山手工业学校报告中指出，1881 年毕业生为 30 名，两年后毕业生仅 13 人。根据数学教育者第三次代表大会（1903 年末举行）信息，手工业学校 41.5% 的学生都未能顺利毕业。[2]

技术学校包括手工业班级和众多城市的学院分部。19 世纪 80 年代末180 个城市中都设置了此类学校，包括首都、省城、县城和军事据点。[3] 首

---

① *ЦИАМ. Ф. 2244. Оп. 1. Д. 651. Л. 21 – 23.*

② *Анопов И. А. Опыт статистического обозрения материалов к изучению современного состояния среднего и низшего технического образования и ремесленного образования в России С. 16；Кузьмин Н. Н. Низшее и среднее специальное образование в дореволюционной России С. 81；Веселов А. Н. Профессионально- техническое образование в СССР. М. , 1961. С. 40.*

③ *Анопов И. А. Опыт статистического обозрения материалов к изучению современного состояния среднего и низшего технического образования и ремесленного образования в России С. 537 – 542.*

都内该类学校的数量最多。

改革后 10 年是职业技术学校发展的新时期，产生了不属于任何阶层的高等技术教育机构。1862 年成立了实践工学院，1867 年学校发展为专业性大学，最后学校更名为莫斯科技术学院。

俄国职业教育学校转化为大学不但体现了经济、科学、实践领域的发展过程，也反映了"技术教育"一词的演变和变化。19 世纪 50 年代末提出高等教育机构中工学院改革的问题，国务会议专门出台新规章。在规章中研究扩宽学院教育活动的问题，教学大纲中加入理论课程，以增强学校专业性。[1] 一名记者在技术教育杂志中指出："技术科学不断完善，经验知识逐渐转化为理论知识。掌握现代技术知识需要通晓数学和物理等专业基础知识。技术教育失去了自身纯实践的特征，还要求掌握和自然、基础科学相近的理论知识。"[2]

19 世纪 30 年代初该原则逐渐被认可，创立了工学院和手工业学校，随着知识的不断陈旧，在技术和应用开发过程中传授理论知识的比例不断增加。彼洛哈洛夫工厂学校校长 П. 杰列奇耶夫在著作《采矿手工工场史》中指出："手工业学校于 19 世纪 30～40 年代快速发展，但 80 年代已不能满足行业对技术的需求，而必须与时俱进。"[3]

随着技术不断进步，社会和政府已意识到解决该问题的重要性，俄国职业教育发展仍落后于西欧。19 世纪 70 年代莫斯科技术学校校长杰拉－沃斯认为，技术缓慢发展的主要原因是技术学校毕业生不足。他写道："俄国地方工业、商业或农业学校需要高等技术教育，以便中等阶层子女获得非基础教育机会，传授给他们与本地居民相关的技术事务。"[4] 将来可在俄国落后地区设置技术学校。他还指出，良好的技术教育需要坚实的理论基础。

19 世纪 70 年代，大学中有许多外地青年人。1870 年工学院中共有 800

---

① *Краткий исторический очерк о С.-Петербургском практическом технологическом институте.* С. 43.

② *Техническое образование.* 1894. № 1. С. 20.

③ *Прохоровы. Материалы...* С. 209.

④ *Делла-Вос В. К. Указ. соч.* С. 122.

名学员，有许多学生拒绝在寝室住宿。1871 年进入工学院的卡罗列尼写道：
"很多非教会学校毕业生都蜂拥而至……工学院一年中参加听课的学生约有
500 名……当时的大学生和现在的大学生完全不同。他们都穿高靴子、灰色
或蓝色短上衣……大学生的衣服比较大众化。"[①] 和改革前相比，此时期大
学生数量增加。1867 ~ 1881 年毕业生数量约为 960 名，至 1881 年该学校共
有毕业生 1600 名，大部分毕业生都于改革后完成学业。[②]

　　1870 年莫斯科技术学校中参加考试的学生为 200 名，其中 48 名学生缺
考。19 世纪 70 ~ 80 年代学校有 450 ~ 600 名大学生。每年毕业生数量为
40 ~ 45 人，19 世纪末毕业生数量达 80 名。[③]

　　该学校成为俄国职业教育中心。这里有复杂的教育系统、机械师和工艺
师培训机制，不但和国家要求的教学模式不一致，而且和西欧国家的教学方
式也有所区别。在发展技术教育系统时，莫斯科大学教授发挥了重要作用。
19 世纪 50 年代克特塔里教授首次负责工厂工艺师培训工作，随后在圣彼得
堡工学院也担任了此类工作。

　　实践培训系统的建立和发展与 Д. К. 索维特克尼密切相关，他是手工业
学校毕业生。1885 年之前他在莫斯科技术学校授课，担任技师监察员，然
后成为弗拉基米尔手工业学校校长。索维特克尼是工匠学者、天才设计师、
特殊机器和设计发明者，还是莫斯科技术学校享誉国外的著名学者。在弗拉
基米尔省开设技术学校的涅恰耶夫－玛丽索夫对教育实践非常感兴趣，他曾
多次拜访欧洲，在写给自己同学的信中指出"应该为手工业教育做些什
么"。他认为："我们国家的技术教育仍很薄弱！美国从费城展览会时就开
始重视技术教育，俄国应该向美国学习。"涅恰耶夫－玛丽索夫邀请索维特
克尼担任弗拉基米尔地方自治学校顾问。[④]

① Короленко В. Г. *История моего современника.* М. ; Л. , 1976. С. 315 – 316.

② *Историко-статистический очерк. . .* С. 144.

③ *Историко-статистический очерк. . .* С. 215；Прокофьев В. И. *Московское высшее техническое
училище.* С. 96.

④ *Материалов по техническому и профессиональному образованию.* Вып. 1. Ч. 1. СПб. ,
1895. С. 167 – 168.

1873 年世界博览会职业工人培训被称为"俄式培养手工业者体系"，其倡导人索维特克尼被授予金质奖章。在费城博览会取得成绩之后，波士顿工学院负责人鲁尼克里写道："俄国在解决技术教育问题上获得重大成就，值得美国借鉴。"①

19 世纪 60 年代俄国成立了彼特洛夫农业和森林科学院。它由莫斯科农业协会成员倡导建立，并获得政府大力支持。该科学院主要针对农业进行研究。1862 年圣彼得堡森林研究院倒闭后该机构并入俄国科学院。

彼特洛夫科学院于 1865 年建立。最初学生需通过考试才能获取入学资格，且学院只招收中学毕业生。除本校学生外，每节课也可支付 16 戈比费用旁听。В. Г. 卡罗列尼科写道："农奴制改革后科学院能反映出当时的气氛……知识分子服装比较自由。"旁听者大部分都是农村务工者，他们主要是赶时髦，并不能清晰明白自己行为的内涵。② 科学院建立当年学生数量超过 500 名（定额人数为 200 名），隔年为 200~250 名，这可能与部分学生被淘汰有关。1870 年、1872 年和 1876 年彼特洛夫科学院毕业生数量分别为 3 人、10 人和 21 人。③

彼特洛夫科学院是俄国高等农业教育的发源地，是当时俄国唯一的高等农业教育结构，其毕业生能获得到国家机构任职的机会。④ К. А. 季米良杰夫、И. А. 斯杰布特都在这里授课，卡累卡列索夫农业学校教授 Д. Н. 比良尼什克等人也曾在此授课。1872 年科学院教学大纲与其他高等教育机构一致。

1893 年因大学生学潮，彼特洛夫科学院临时关闭。1894 年起选拔中学毕业生到科学院隶属的莫斯科农业学院重新学习（如今的莫斯科农业大学和季米良杰夫学校）。

---

① МГТУ им. Н. Э. Баумана. *Вчера. Сегодня. Завтра.* М. , 2000. С. 16.

② Короленко В. Г. *История моего современника* С. 374 – 375；Миклашевский И. *Очерки из истории сельскохозяйственного образования в России//Техническое образование.* 1893. №3. С. 20.

③ *Историко-статистический очерк. . .* С. 181, 184.

④ Миклашевский И. *Очерки по истории сельскохозяйственного образования в России// Техническое образование.* 1893. № 2. С. 131.

科学院教授认为农业教育与自然科学教育应当同步，毕业生应是农业领域的高级、中级和初级教育的骨干。在技术教育大会上，学者强调农业教育和自然科学密切相关，且应是农业专业教育的特征之一。

К. А. 季米良杰夫非常支持在实践中推广生物学。И. А. 斯杰布特号召在生产领域推广农业专业知识。他的著作《田间农作物基础和改善俄国耕地措施》《农场主必备书籍》被中等农业学校当作教材。在学者的积极倡导下，圣彼得堡还开设了妇女专业培训班。①

改革后俄国继续保留一些农业学校。当时被称为农业国家的爱尔兰，在19 世纪 80 年代拥有 200 所专业学院，其中 70 所为农业学校。法国也形成了发展农业教育的思想，且于 40 年代末付诸实践。②

改革后最初 10 年设立了几所隶属国有财产部的农业学校。至 19 世纪 80 年代初已有 6 所中级农业技术学校。60 年代之前成立的学校被喀山、乌曼、萨拉托夫学校合并。学生到学校就学需要缴纳学费，学校招收对象为县城或城市技术学校、两年制乡镇学校学生。课程分为公共基础课和专业课，如农艺学、畜牧学、农业经济、农业工艺、农业机器和设备培训、农业建筑事务等。③ 这些学校中还设置了农业机器使用和安装课程。

此后，农业教育机构数量没有增加。其设置地点大多和该地中等教育结构重合（哈里科夫、加列茨、马林斯基、喀山、莫斯科附近的彼特洛夫市）。最初的农业学校为奶业经营学校，第一所学校设置在特维尔省。19 世纪 80 年代初期库尔斯克、特维尔、伏尔加格勒、圣彼得堡和其他省份已有 10 所此类学校。

克里木和西南各省初级农业学校主要是传授园艺学和苗圃学的技术学校。但该类教育机构并不常见。④

---

①　Кузьмин Н. Н. *Низшее и среднее специальное образование в дореволюционной России.* С205.

②　Максимов Е. *Организация низшего сельскохозяйственного образования//*Семья и школа. № 1 – 2. С. 31.

③　*Историко-статистический очерк. . .* С. 133，187，188.

④　*Историко-статистический очерк. . .* С. 191 – 195.

俄国初级、中级农业教育发展受主客观因素共同影响。改革后俄国农民对任何新事物都比较警惕，包括学校教育。Е. Д. 马克西姆在自己的回忆录中写道（屡次提起）：一个俄国中等乡镇都有乡村教师，男子学校可以算是初级乡镇学校。马克西姆还写道："农民对这些学校很怀疑。首先他们不愿意自己的子女读书3～4年。但当他们知道在新学校中学习农业业务时，大多数人都同意子女到学校就学，也有许多人坚决不同意自己的孩子在此类学校中学习……他们认为子女应在家中务农。而地主子女则不屑就读该类学校……当他们确认学校课程中含有实践工作时，才勉强接受此类学校。"①

此时还有其他问题。作者指出（居住在乡镇里的居民，他们通晓农民经营问题），耕种、畜牧业伴有耕地不足等问题。② 由于份地有限（俄国大部分地区普遍存在该问题），农民很难使用新技术进行土壤改良。因此，初级农业学校中会设置一些与土地数量关系不大的农业专业，如园艺学、蔬菜栽培、养蜂知识等。与农业学校一样，此类学校很多。

男子学校毕业生到地主农庄担任花匠、菜园主、管家等职务。在文章结尾处作者忧郁地指出："科学院对农民的好处实际上很大。"③

学校没有改变农民的经营体系。很多知识对于农民而言并不适用：农作物栽培轮作制度在农业中没有得以推广，占主导的仍是三圃轮种制度。对于农民而言，不但自己要服从村社，而且耕种时间、庄稼播种面积和收获时间都要服从村社制度。④

农民教育中世代相传的实践经验具有重大作用。И. 米克拉什夫斯基在《俄国农业教育简史》中写道：我们所说的农业经营大多墨守成规，实际上

---

① Максимов Е. Д. *Как мы устраивали мужицкую академию. //*Русская школа. 1896 г. № 11. С. 17 – 18.

② Максимов Е. Д. *Как мы устраивали мужицкую академию. //*Русская школа. 1896 г. № 9 – 10. С. 35.

③ Максимов Е. Д. *Как мы устраивали мужицкую академию. //*Русская школа. 1896 г. № 11. С. 27 – 28.

④ Королев Ф. Н. *Народные сельскохозяйственные школы//*Техническое образование. 1893. № 1. С. 72.

这些是几千年的农业经验，且有很多被现在的农业和畜牧业所继承。19 世纪末，农业机械厂生产基础农业设备时保留了木犁和犁的传统结构，在实践经验基础上，根据种子、土壤和植被特征来确定农业机器结构。①

在农业教育中自然科学成为必备基础课程。И. 米克拉什夫斯基指出农业中使用新技术是传统农牧业技术革新的标志。著名学者、化学家 И. А. 卡彼卢卡夫在参加俄国技术教育第一次代表大会时指出："农业学校是农业知识传递机构，农民不但是执行人，而且是经验的领导人……因此，该领域的基础教育非常重要。"②

专业教育发展过程中众多科学和教育团体发挥了重要作用。А. И. 秋比洛夫写道："技术教育促使技术学校方案出台；加速新思潮产生，引起了一系列社会活动。"③1866 年圣彼得堡设立了俄国技术协会，它是俄国第一个社会组织，主要研究当时的一些技术教育问题。之后，在莫斯科设立了技术知识普及协会（1869 年）、莫斯科技术学院工学协会（1877 年），以及莫斯科、圣彼得堡和基辅商业教育推广协会（1896～1897 年）。改革前已有很多著名协会，如自由经济协会、莫斯科农业协会和商业知识爱好者协会等机构。

俄国技术协会教育方面的活动分为两个方向：在工人之间推广基础和专业教育，以及发展中等技术学校。俄国技术协会规章中写道，专业知识普及应促进工业中心工人初级技术学校发展。④1868 年协会建立了技术教育固定委员会，由俄国技术协会创立者 Е. А. 安德烈组织。委员会日常工作由 А. Г. 涅巴辛主持。1884 年建立技术教育专业机构。技术教育固定委员会负责联系学者、教育家、社会活动家和企业家，逐渐成为一个开展社会教育运

---

① Миклашевский И. Очерки по истории сельскохозяйственного образования в России// Техническое образование. 1893. № 2. С. 20；Очерки истории и техники в России. 1861 - 1917. Кн. 2. М. , 1975. С. 348.

② Техническое образование. 1893. № 2. С. 20；№ 3. С. 457.

③ ЦИАМ. Ф. 2244. Оп. 1. 1869. Д. 4. Л. 3.

④ Очерк истории Постоянной комиссии по техническому образованию при имп. Русском техническом обществе с ее основания в 1868 г. По 1889 г . СПб. , 1889. С. 1；ЖМТ. 1865. Т. 4. С. 80.

动的威望组织，对政府教育政策制定也具有一定影响。职业教育协会获得了在工厂开立学校的权利，以及在工人和工匠居住点设置学校的权利。

工业现代化、企业技术配备复杂性和铁路建设促使一大批低水平、具有一定技术知识的工人出现。1871年莫斯科人口普查指出，工厂和手工业机构中12~16岁工人中不识字的比例为70%，女孩的这一比例稍高，不识字的比例为80%。[1] 圣彼得堡瓦尔沙夫铁路车站负责人热拉夫斯基日记中指出未经过培训的工人不掌握任何技术知识，他提出必须普及群众教育，主要方式为开设启蒙教育课程。[2] E. H. 安德烈支持该观点，他认为"技术教育基础不但包括传授基础教育的识字课程，而且还包括道德和思想教育"。[3]

图 3 - 7 1900 年照片——莫斯科赫特洛夫劳动力市场

---

① *Сборник очерков по городу Москве.* М. , 1897. С. 29.
② *Очерк истории Постоянной комиссии* . . С. 80.
③ Андреев Е. Н. *Школьное дело в России* . . С. 44.

因此，最可行的方法是为工业技术教育制定相应规章，俄国技术委员会成员提出为童年未受过启蒙教育的工人子女设置公共教育学校。[1] 1869 年圣彼得堡瓦尔沙夫斯基车站附近诞生了第一所此类学校。1870 年，学生中包括 61 名男孩、16 名女孩，为工人开设夜间和周末培训班，这对于当时俄国而言是新生事物。学校传授和两年制教区学校一样的课程，授课是付费的，每月需 20 戈比。（E. H. 安德烈认为，这是最好的听课方式）

工人学校和培训班所需资金由企业主支付。1874 年圣彼得堡成立萨姆比索尼耶夫培训班时工人们经常来听讲座（最高时达 300 人），所需资金由著名铁路企业家 K. Ф. 梅克资助。[2]

俄国技术协会为教学大纲制定、职业学校专业化做出了很多工作。莫斯科切列比夫茨克学校、杰里为卡夫斯克技术学校制定了各种教学大纲，他们为"俄国工业教育大纲"产生创造了条件，在职业学校发展中具有先驱作用。

不论是首都还是其他俄国城市的技术学校的活动都多种多样。莫斯科、奥杰萨、沃罗涅日、下诺夫哥罗德、伊万诺夫 – 沃兹涅谢尼克、喀山、萨拉托夫都有协会分部。俄国技术协会在 15 个城市设有分部。圣彼得堡协会主要为工人及其子女建立学校、筹办夜校和周末培训班，成立工学院和大学公共阅览室（1874 年约有 2000 人拜访公开课），为初级学校培养教师。[3] 10 年间（1869～1879 年）圣彼得堡工人学校学生数量约 5000 人。[4] 1899 年俄国有 446 所工人子女学校，同一年级学生数量约 400 人。至 20 世纪初，该类学校学生数量达到 47000 人，其中男孩 30000 人，女孩 17000 人。学校创立资金主要源于企业主。[5]

俄国技术协会地方分部主要讨论的问题是职业学校发展问题。1898 年 1 月，在俄国技术协会莫斯科分部委员会会议上，莫斯科大学教授、历史学家

① *Очерк истории Постоянной комиссии* . . С. 5.

② *Очерк истории Постоянной комиссии* . . С. 4，7，9.

③ *Очерк истории Постоянной комиссии* . . С. 34.

④ *Очерк истории Постоянной комиссии* . . С. 38.

⑤ *Россия в конце XIX века. Под ред В. И. Ковалевского.* СПб. ，1900. С. 582 – 583.

Н. А. 波波夫发表了《莫斯科公共剧院限制工人进入》，В. И. 涅米洛维奇－达尼切卡发表了《莫斯科通俗剧院发展》。他们和其他学者共同提出在莫斯科建立通俗剧院方案。其主要任务之一是让不富裕阶层都能观看戏剧，不但包括工人，还包括公职人员、官吏、学生。剧院节目不但要满足观众要求，而且应该发人深省，扣人心弦。① 由于该意图非常明显，艺术公共剧院大纲成为莫斯科舆论界讨论的对象，1897 年 6 月剧院设立于斯拉瓦尼斯克饭店中。

总之，和公共阅览室、图书馆等机构相比，该类剧院的建立与社会舆论密切相关，娱乐场所设置资金由市民阶层提供。1890 年下诺夫哥罗德职业技术教育大会、1896 年公共会议上提出该问题并非偶然。下诺夫哥罗德博览会鉴定委员会指出工人教育的重要性，特别列举剧院演出、音乐会、庆祝活动、跳舞晚会等活动。监察员认为现代工业生活暂时还不能产生重要影响。

А. И. 秋比洛夫在文章《工人教育和培养机构》中对该主张进行回应，学者认为通过成立学校、国民阅览室、夜校等方式可提升工人道德和思维意识。彼所什卡夫在文章中指出 "文化人不常用的一些下流话要进行修正"。②

俄国技术协会成员关注的重要问题之一是俄国中等技术学校状况。科学技术与社会财富增加、国家专业人才培养、工业领域中外国工匠数量减少密切相关。1881 年 Е. Н. 安德烈耶夫在一次发言中指出俄国技术学校数量不足。他指出，"大家多对财富增加感兴趣，这和职业教育、中等职业学校发展有关"。③ 1896 年他在下诺夫哥罗德全俄工商业会议上指出："大型工业企业是社会生活的重要因素……任何一家工厂都有一定的影响，都烙下了一定的印记……最近工厂成为一种文化机构，这里有受过中等和高级教育的工人，以前该岗位都由英国人担任。"同时发言中他也指出，工厂中不识字工人仍占很高比例。④

---

① *Хроника по России*//Техническое образование. 1898. № 2. С. 82 – 83.

② *ЦИАМ*. Ф. 2244. Оп. 1. Д. 347. Л. 1 – 21.

③ Андреев Е. Н. *Школьное дело в России.* С. 202.

④ *Всероссийский торгово-промышленный съезд в Н. Новгороде.* 1896 г. XI. № 4. С. 20 – 21.

图 3 - 8 1890 年照片——面包房内工人

协会活动的一个任务是宣传技术知识。1889 年 12 月俄国技术和职业教育第一次代表大会上举办了展览会，且提供相应资金在技术教育学校中普及专业知识，还制定了手工业培训方法和规章等。展览会中还有专门的区域用于展览职业教育学校授课过程中所需的教学参考书、说明书和参考书籍等。①

除俄国技术协会外还有其他协会关注该问题。1869 年在莫斯科成立的普及技术知识协会就是其中之一，其主要任务是促进俄国技术知识完善和普及；掌握国有工业和手工业领域的技术知识，以便在实践中更广泛地应用。② 创立者——莫斯科大学教授 Н. А. 乌莫夫和 А. И. 秋比洛夫认为，该问题和全社会利益息息相关。

按照协会章程，可建立技术学校、教学作坊，建立工业和手工业图书馆和博物馆，举办展览会，开设公开课，在其他城市设置分支机构。协会成员

① *Имп. Русское техническое общество. Выставка при I съезде русских деятелей по техническому и профессиональному образованию в России. СПб. , 1889.*

② *Устав, инструкция и список членов Московского общества распространения технических знаний. М. , 1870. С. 3.*

认为，在现代化进程中，技术知识普及和改善科学、技术氛围密切相关。①

　　与贵族、企业家相比，教授、人文科学家、自然学家、作家、社会活动家协会也提出了类似任务。其成员中教授为：И. К. 巴比斯特、А. П. 巴可达诺夫、М. Я. 克特塔里、А. Г. 斯托列托付、Н. И. 斯托洛热尼卡、И. Д. 别良耶夫、А. И. 秋比洛夫；作家为：И. С. 阿克萨课夫、А. И. 卡什列夫、Ю. Ф. 萨马里尼；企业家有：П. И. 库巴尼、梅克、К. Т. 索尔塔杰尼卡夫、В. А. 赫鲁达夫、К. В. 鲁卡维什尼克、特列基雅卡夫、玛末尼托夫；此外，还有莫斯科技术学院校长 В. К. 杰拉－沃斯、教师 Д. К. 索维特克尼；公爵沙哈夫斯基、奥波列尼斯基、灭谢尔斯基、沃罗尼索夫伯爵也加入了该协会。1870 年末协会成员达 500 人。②

　　1871 年协会建立了教学机构，主要从事教育和科学问题处理，解决手工业和技术学校设置相关问题。③ 1890 年产生了俄语、数学、历史、自然科学常设委员会，负责家庭培训和个人培养工作。1898 年技术和职业教育问题专门委员会开始相关工作。著名学者、大学教授都参加了该委员会工作，其中包括 И. А. 卡波鲁卡夫、П. Г. 维诺戈拉达夫、М. К. 留巴夫斯基、А. А. 库杰维杰尔、М. Н. 比克洛夫斯基。19 世纪 90 年代普及技术知识协会教学部成员超过 300 人。④ 通过开设公开课、举办展览会、设立博物馆和出版杂志的方式对技术学校入学者进行公共教育培训。1896 年家庭阅读委员会开展新工作，主要在省城和县城中举办讲座。1895～1900 年 20 多个城市中举行过类似讲座，包括下诺夫哥罗德、梁赞、图拉、斯摩棱斯克、库尔斯克、

① *30 лет жизни Учебного отдела Общества распространения технических знаний.* М., 1902. С. 3.

② *Устав, инструкция и список членов Московского общества распространения технических знаний.* С. 79.

③ *Устав, инструкция и список членов Московского общества распространения технических знаний.* С. 85.

④ *30 лет жизни Учебного отдела Общества распространения технических знаний.* М., 1902. С. 85; *Годичный отчет о деятельности Учебного отдела общества РТЗ за 1893 г.* М., 1894. С. 76; *Отчет о деятельности Учебного отдела общества РТЗ за 1898 г.* М., 1899. С. 49.

叶里茨、萨拉托夫、雅罗斯拉夫等。大学教授和学者们举办了一系列讲座。讲演内容十分丰富，如"20世纪来临""上世纪俄国社会""俄国影响和俄罗斯人民特征""欧洲工业巨人""俄罗斯社会运动史""古罗斯城市和农村"等。

莫斯科技术学校为改善俄国技术教育进行了大量工作。1877年在莫斯科技术学校毕业生的倡导下成立了工学协会。该思想得到教授、学校校长 B. K. 杰拉-沃斯的支持，并担任协会主席。

工学协会活动包括对生产部门的各种经验进行研究、出版教学参考书、举办参观活动、把外国作品翻译成俄文等，还包括成立莫斯科技术学校毕业生联谊会，保留同学间联系。学会规章中指出，协会建立的目的是让技术学校毕业生认识自己的事业和参与实践活动……促进俄国技术科学和工业发展……促进科学教育和实业发展……加强技术学校毕业生和在校学生间联系。协会成立之初成员为72人，1890年增加为198人，1902年达750人。协会最初会议在学校教学楼中举行，1886年后在工学博物馆中举行。[①]

许多企业家都帮助莫斯科技术学校学员。涅恰耶夫-玛丽索夫为工学协会荣誉成员。1887年他捐资2000卢布用作奖励基金。[②] 工学协会被称为工程师摇篮。1907年由成员出资建立协会建筑物。电工技术协会、俄国技术协会莫斯科分部、技术杂志编辑部租赁一部分房屋用于宣传手工工场改善和发展，还举办了全俄技术问题代表大会。[③]

1889年莫斯科技术学校成立了大学生互助协会。此协会成立原因与俄国复杂的历史条件密切相关，原因是高等教育机构中聚集着许多年轻人，但他们中间很多人都属于低工资阶层。[④] 其成员不但包括商人、工厂主、学者，还包括莫斯科技术学校教授、知识分子代表、国务活动家。著名慈善家

① Худяков П. К. Очерк 40-летия деятельности Политехнического общества, состоящего при МТУ. М.，1918. С. 35.

② 25-летие Политехнического общества, состоящего при императорском Московском техническом училище 1877 – 1902. М.，1903. С. 11.

③ Московский журнал. 1998. № 4. С. 14 – 15.

④ Краткий исторический отчет 25-летней деятельности Общества воспомоществования нуждающимся студентам Имп. Московского Технического училища М.，1914. С. 23.

B. A. 莫洛佐夫为协会主席，他在莫斯科组织了彼列斯杰斯基工人培训班，维特授予其荣誉市民称号。

第三节　俄国工业教育系统形成

从 19 世纪 70 年代末开始，俄国确定了优先发展职业教育的方针。第一次产生了术语"工业教育"。由于工业快速发展、机械工业迅速崛起，很多学者提出要提高工人的基础和专业知识，因为缺少技术知识很难继续发展工业。

莫斯科男子技校为工人设立夜校和周末学校。1889 年 16 所学校学生数量超过 1500 人，其中 84% 的学员为农民。① A. И. 秋比洛夫指出："俄国城市中外来务工农民被莫斯科和圣彼得堡城市文化无情同化……他们已不再务农，而在牧场和森林中工作，很多年轻人在城市中务工。"② A. Г. 拉什尼指出，19 世纪 80 年代初莫斯科纺织工人中识字的比例约为 30%，莫斯科各县城中识字率更低，比例约为 23%。③

技术教育发展需要政府和社会相互配合。与改革前不同的是，政府意图与企业家活动相一致。政府已不反对职业教育活动，而是对其加以引导，颁布了一系列职业技术教育规章。

1877 年财政部研究"普及国民技术知识必要性"的问题，制定《俄国工业教育大纲》。1881 年大部分职业学校都由国民教育部领导，④ 1883 年教育部科学委员会成立技术和职业教育处，专门负责制定工业技术学校规章。该机构成为管理低级和中级职业教育机构的第一个组织。⑤

1887 年国务会议对工业技术学校问题进行讨论，在普通学校中成立相

---

① *Сборник очерков по городу Москве. Деятельность московского городского управления по народному образованию.* С. 29.

② *ЦИАМ. Ф. 2244. Оп. 1. Д. 347. Л. 14.*

③ *Рашин А. Г. Формирование промышленного пролетариата в России. М. , 1940. С. 145.*

④ *Историко-статистический очерк . . . С. 134.*

⑤ *История профессионального образования в России. М. , 2003. С. 66.*

应的班级，并且取缔以前的中等技术学院。[1]

19 世纪 80 年代末政府特别关注工业教育问题。与企业活动联系密切的学者、教育家都参加了工业学校大纲制定工作。

大纲发起人和作者之一是 И. А. 维什涅格拉茨基，他是技术领域的著名学者，是技术学院的教授和校长，1887～1892 年间任财政大臣。其功绩之一是把机器学作为专门学科在技术学校中推广。《俄国工业教育大纲》中规定建立职业技术教育体系的总原则。四年后，政府在该文件基础上制定了相关法律。《工业技术学校规章》中职业教育条款的法律效力一直持续至 1917 年。

《工业技术学校规章》中确定了技术学校的建立原则和基本任务，必须对职业技术教育体系加以引导。其中包括成立培养专业人才的中低级技术学校，主要为机械、化学、建筑和手工业学校，学生们多选择以上专业，学校毕业后他们可摆脱学徒身份。和基础教育不同的是，技术学校体系中不包括大学。

《工业技术学校规章》首先规定了低级技术学校和手工业学校成立的原则，所有阶层和具有宗教信仰的男孩都可进入学校学习（私人学校并不完全遵循该原则）。学生需要支付费用。进入低级工业学校需提供初级学校毕业证和结业证明。中等技术学校毕业生担任教师，他们多来自莫斯科卡米萨洛夫斯克学校和圣彼得堡的沙皇尼古拉二世学校。

低级技校和手工业学校的学习期限为 3 年；实行统一的教育大纲，开设专业课和公共基础课程。某些职业学校，特别是铁路学校，设有预科班，预科班大多数学生不识字。从 19 世纪 80 年代末开始，许多学校预科班关闭，这可能与教育普及、识字人口增加相关，这在城市中体现得最为明显。

工业学校比应用技术型学校地位高，因为它不是过渡学习，而是专业教育学校……学生毕业后技术水平明显提高。[2] 低级技术学校为固定生产部门培养学生，主要培养工匠、机械师、绘图员；通常来说，手工业学校都有一定的教育倾向，主要传授学生工业机构必要知识。工业学校依靠国家、地方

① Максин И. М. Очерк развития промышленного образования в России. 1808 – 1908. С. 11.

② Сборник очерков по городу Москве. Деятельность Московского городского общественного управления по народному образованию. С. 45.

САРАТОВСКОЕ ГОРОДСКОЕ
АЛЕКСАНДРОВСКОЕ
РЕМЕСЛЕННОЕ УЧИЛИЩЕ.

Контора мастерскихъ училища принимаетъ заказы какъ ремонта, такъ и приготовленія вновь паро-выхъ, керосиновыхъ двигателей, паровыхъ привод-ныхъ насосовъ, пожарныхъ трубъ, токарныхъ, свер-лильныхъ, самоточныхъ, шлифовальныхъ и другихъ машинъ,—изготовленіе слесарныхъ, куз-нечныхъ и другихъ инструментовъ и раз-личныхъ сельско-хозяйственныхъ, фаб-ричныхъ и домашнихъ приборовъ.

МАГАЗИНЪ УЧИЛИЩА

всегда имѣетъ готовыми разные инструменты, машины и приборы.

„Общество взаимнаго вспоможеніі бывшихъ воспитанниковъ того-же учи-лища"рекомендуетъокончившихъ курсі учениковъ въ качествѣ слесарей, маши-нистовъ и ихъ помощниковъ.

图 3 – 9　20 世纪初广告

机构和私人资金维持。①

　　19 世纪 80 ~ 90 年代低级技术学校是培养职业工人的有效方式之一，但多受专业限制，钳工、车工、锻工、家具工都是低级学校培养对象。城市发展过程中需要一些新工业人才，如电工学、化学领域、照相、电报等行业专家，这些学校专业人才供应十分不足。主张对工人普及教育的维什涅格拉茨

---

①　*Сборник материалов по техническому и профессиональному образованию.* СПб. ，1895. Вып. 1. Ч. 1. С. 61 – 63.

基写道："应该完善工业发展，消除一切障碍。"①

政府也寻找其他方式（技术学校以外的方式）在工人中普及知识。1882 年法律要求工厂学校对童工进行培训，企业家应在工厂内开立相关学校。1888 年《工业教育规章》中有为成年工人设置周末和夜间培训班的条款，主要目的是提升工人教育水平。维什涅格拉茨基确定职业教育学校体系中基础教育和专门教育机构的特殊作用。他指出，现在大多数工人不识字，只有少数人能高效工作，但也只有教会学校、城市初级和乡村学校的学习经历。②

公共教育是职业教育基础的观点于 19 世纪 50 年代提出，19 世纪末仍具有一定现实意义。1896 年下诺夫哥罗德全俄工商业大会上多次提出该思想。"那些犯过错的人，挽救的方法是推行应用、职业知识，以后该观点将很容易被接受，但现在人们思想十分僵化，一时很难接受，职业教育应建立在公共教育基础之上。"③

和企业家措施相比，政府在一定程度上限制了国民教育的推广，政府担心"有害思想"在民众中蔓延。Д. Ф. 科别卡指出工人通过公开课、讨论会、阅览室获得知识的重要性，他强调政府不用担心，应该相信俄罗斯人的道德水平；俄罗斯人从母亲那里获得奶水，从父亲那里学会坚强，为自己的祖国奋不顾身，真正的教育不能破坏俄罗斯人的传统特性，相反会促进该思想的不断深化。④

19 世纪 80 年代末俄国有 90 多所初级技术学校，其中手工业学校有应用型倾向。在校学习人数超过 5000 人。И. А. 阿诺波夫指出："现在政府对职业学校还没做出准确答复。"⑤

---

① *Сборник материалов по техническому и профессиональному образованию.* СПб. , 1895. Вып. 2. С. 5.

② *Техническое образование.* 1897. № 2. С. 18，23 – 24.

③ *Всероссийский торгово-промышленный съезд . . XI. № 14. С. 1.*

④ *Техническое образование.* 1896. № 5. С. 43.

⑤ *Анопов И. А. Опыт статистического обозрения материалов к изучению современного состояния среднего и низшего технического образования и ремесленного образования в России С. 4，480；Максин И. М. Очерк развития промышленного образования в России. 1808 – 1908. С. 155 – 172.*

和基础教育学校相比，工业学校设置和功能实现需要大量资金。此外，低级学校也形式多样。技术学校成立所需资金超 200000 卢布，手工业学校需要 80000 卢布左右。对于政府而言，更倾向于手工业学校。19 世纪末，初级教育体系中手工业学校占优势。它是基础类型学校，学校对工厂工人进行教育，以便把他们培养成技术娴熟的工匠。

19 世纪 90 年代，初级职业教育体系逐渐复杂化，产生了各类手工工业学校，如手工业学校和低级手工业学校等。国家用于该类学校的资金不多，平均为 3000～7500 卢布。[①] 手工业发达地区的低级手工业学校主要为农民开立，实际上只进行一些初级培训。90 年代莫斯科彼洛哈洛夫兄弟、彼良尼斯科县城比热茨克工厂主杰尼什夫申请建立此类教育结构。玛克西尼认为，"低级手工业学校是专门传授图形艺术的教育机构，它符合俄国需求，只是这里车间状况较差，教师行为比较粗鲁，手工业学徒被当作童工使用"[②]（这在契诃夫小说《万卡》或玛卡夫斯基作品《约会》中都有所体现）。

1888 年工业教育法律出台，这促使各类技术学校数量增加。学校数量增长主要始于 19 世纪 90 年代。[③]

表 3－1　19 世纪末俄国技术学校状况

单位：所，人

工业学校	学校数量			1898 年学校数量	1898 年学生数量
	1888～1893 年	1894～1898 年	1899～1903 年		
中级技术学校	2	8	8	15	2500
低级技术学校	—	10	4	18	1646
手工业学校	2	18	2	23	1698
手工业学徒学校	—	14	9	—	5420
低级手工业学校	—	30	50	31	1845

---

① Максин И. М. *Очерк развития промышленного образования в России 1808 - 1908.* C. 26，33 - 35.

② Максин И. М. *Очерк развития промышленного образования в России 1808 - 1908.* C. 126.

③ Максин И. М. *Очерк развития промышленного образования в России 1808 - 1908.* C. 25，44 - 45，49 - 50；Рождественский С. В. *Очерк деятельности Министерства народного просвещения.* СПб.，1902. C. 728.

很明显，19 世纪末俄国技术学校以初级职业学校为主，学生总数超过10500 人。

俄国中等技术教育发展比较缓慢。维什涅格拉茨基注意到该问题，财政大臣支持企业应用技术培训。他指出："手工业和高级工业学校很多学员与高级学校毕业生一样具有天赋，经过几年技术学习之后也能成为优秀机械师。"①

19 世纪 80 年代末俄国仅有 5 所中等技术学校②，并且继续保留对企业工匠实践培训的传统。

对于中等技术学校而言，专业范围较窄，主要为传授机械工艺和化学工艺的学校，足以体现此时俄国机械制造业发展的层次。车床制造业、蒸汽和车厢制造业发展较快。

19 世纪末俄国电工技术成为独立领域。电气照明设备的普及说明电力开始大规模使用。1866 年圣彼得堡有了电报技术学校。电报学属于电工工艺领域。财政大臣 H. X. 本格支持该想法，1884 年他在批示教育大臣 Д. A. 塔尔斯塔方案时写道："在电报飞速发展的现在，同意对邮局和电报机构的技术、行政和管理人员进行高等教育课程培训。"③

最初这些学校是中等教育机构（从 1891 年起为电工技术学院），1898 年他们获得"培训电工专业工程师"的大学地位。学院中传授电报学、电话学、无线电构造、邮政事务和外语等课程。它也是俄国唯一一所培养通信工程师的大学。大学 4 个年级每年共培养 120 名大学生，毕业生数量为15～30 人。1899～1911 年共有 410 名学生从学院毕业。学生首先学习电报工艺

---

①　*Сборник материалов по техническому и профессиональному образованию.* Вып. 2. C. 75 – 76.

②　Анопов И. А. *Опыт статистического обозрения материалов к изучению современного состояния среднего и низшего технического образования и ремесленного образования в России.* C. 537 – 542.

③　*25-летие Электротехнического института имп. Александра III. 1886 – 1911.* СПб., 1914. C. 21.

知识，然后到电报工程师学校学习 2 年。①

Д. И. 门捷列夫对新经济领域和教育问题十分关注。他指出国家教育环境变化，中产阶级实力不断增强，但国家教育发展规模有限。他多次指出，工业发展后人民更需要教育，因此应普及全面教育，现代工业要求受教育者数量不断增加；俄国教育和工业状况决定了俄国工业化和教育现代化过程的漫长性，这必须引起全民族和政府注意。②

大部分中等职业学校于 19 世纪末 20 世纪初产生。1888～1903 年建立了 18 所中等技术学校，除首都外，伊万诺夫—沃兹涅谢尼斯克、下诺夫哥罗德、科斯特罗马、布良斯克、萨拉托夫、卡西莫夫、维亚特卡和其他城市中也设立了中等职业学校。对于俄国而言，此类学校数量仍严重不足。1899 年 15 所中等技术学校共有 2500 名学生。③ Д. И. 门捷列夫指出：“应对民众进行教育，工业现代化需要夯实的文化基础，中等技术学校的数量应超过高等教育机构。”④

俄国中等教育学校不足与基础教育滞后相关（在普通学校学习 5 年之后进入中等职业学校）。尽管中等教育在俄国教育体系中占优势，但受教育者数量只占俄国全体居民总数的 1.7%（其中男子为 0.9%，女子为 0.8%）。⑤ 中等学校体系中大多数学员都保留了阶级属性，许多中学、普通学校毕业生进入大学学习。此外，市民阶层主要在技术学校学习，基础教育限制中等技术学校的发展。20 世纪初一本杂志中指出，“1888 年中等教育规章并未得到普及，大部分学校都是推广中等教育的失败者”。⑥

---

① *25-летие Электротехнического института имп. Александра III. 1886 – 1911.* СПб., 1914. С. 24，26，29，519 – 532.

② Менделеев Д. И. *Заметки о народном просвещении России.* СПб.，*1901. С. 20*；*Он же. Границ познанию предвидеть невозможно. Сб.* М.，1991. С. 35，195，404.

③ Веселов А. Н. *Среднее профессионально-техническое образование дореволюционной России.* М.，1959. С. 11 – 12；Рождественский С. В. *Очерк деятельности Министерства народного просвещения.* С. 728.

④ Менделеев Д. И. *Границ познанию предвидеть невозможно. Сб.* М.，1991. С. 403，404.

⑤ *Общий свод . . Т. I. С. XVII—XVIII.*

⑥ *Техническое образование.* 1915. № 1. С. 22.

中等技术学校运营资金规模较大（250000 卢布），因资金有限，政府在成立该类学校时需十分谨慎，寻找对工业教育感兴趣的阶级和团体支持该工作。1898 年工业学校支出约为 200 万卢布（中等教育学校支出约为 500000 卢布），其中 35% 由政府出资，城市、地方、私人捐赠比例为 37%。①

19 世纪最后 10 年中等技术教育毕业生数量虽有所增加，但增加数量有限。1887 年生产部门中俄国技师比例仅为 6.8%，1890 年为 7.3%。1895 年工业机构领导中，中等技术教育专业人才比例为 8%，只为外国技术人才比例的 1/4。1885 年技术和机械部门领导仍以外国人为主（达到 28%），而俄国技师所占比例仅为 3%~4%。大部分国有专业人才都没受过中高级技术教育。19 世纪 90 年代末受过中等技术教育工人比例仍超过 88%。②

中等技术学校发展提高了俄国居民识字率。1895 年末第二次技术和职业教育代表大会首次提出居民职业教育问题。因为俄国 70% 的居民不识字，受教育水平参差不齐，所以职业教育成绩令人怀疑。③ 维什涅格拉茨基指出，绝大多数（19 世纪 90 年代超过 90%）国家技师都没接受职业教育。④

与工业技术教育问题一样，政府采取一系列措施改善农业学校状况。

19 世纪 80 年代初，农业教育体系包括教育期限为 1~4 年的中级学校（耕地、土地测量、畜牧、农业技术学校）和初级学校，公共教育学校也曾设立农业专业。俄国有 6 所中级农业学校。数十年间，农业教学机构主要是初级专业学校。该类学校发展速度较慢，改革后该状况持续，县城中中级农业学校数量大增。

实际上，俄国缺失与国有教育机构类似的初级农业学校。1883 年政府

① Максин И. М. *Очерк развития промышленного образования в России. 1808 – 1908.* C. 26，29，46.

② *Техническое образование.* 1893. № 4 – 5. C. 56，65；Кузьмин Н. Н. *Низшее и среднее специальное образование в дореволюционной России* C21；Орлов П. А.，Будагов С. Г. *Указатель фабрик и заводов.* C. XIV.

③ *Техническое образование.* 1895. № 8. C. 229.

④ *Техническое образование.* 1893. № 4 – 5. C. 56；Общий свод... T. 1. C. XVIII.

制定并确认《低级农业学校规章》。法律规定了学校设立、教学和实践活动条款。

协会和私人获得建立农业学校的权利。建立此类学校的申请书较多，1883年国有财产部受理协会和私人申请达150份。19世纪80年代末只建立了19所新学校，涉及专业十分有限，如制奶、畜牧、磨面、园艺、妇女家政等专业。[①]

1882年农业技术机构隶属于国有资产部。[②]

表3-2　1882年俄国农业学校状况

农业学校	学校数量（所）	学生数量（人）	划拨资金（卢布）	
			国家拨款	地方捐赠
中级学校	8	1186	224668	36000
初级学校	9	463	82952	13900
其余学校	40	1397	91782	135811
总计	57	3046	399402	185711

上述信息足以证明俄国农业学校数量严重不足，即使1883年规章授予协会和私人成立农业学校的权利，但农业学校的资金构成仍以国家来源为主。

1889年12月至1890年1月第一次职业技术大会对1883年规章的实施情况进行研究。在农民中普及农业知识、为农民子女建立低级农业学校问题也被提出。一名代表指出，俄国居民主要是农业居民，农民的生产方式也最落后，必须要改善落后状况。[③] 1895年1月农业厅会议上有学者指出："1883年12月27日法规确认低级农业学校建立的目的是在民众中普及农业基础知识……事实上，主要是为部分生产部门培养低级公职人员，他们不但

① *I съезд русских деятелей по техническому и профессиональному образованию в России. 1889 – 1890. Труды оргкомитета.* СПб.，1890. С. 80.

② *О среднем и низшем сельскохозяйственном образовании в России//Техническое образование.* 1894. № 6. С. 320.

③ *I съезд русских деятелей по техническому и профессиональному образованию в России. 1889 – 1890. Труды оргкомитета.* СПб.，1890. С. 85.

从事农业生产，还从事牛奶加工业，担任相应技术工人……这说明，农民对学校知识的需求量不高。"①

19 世纪末，俄国农业学校仍是为部分大农场主培养专业人员的场所，学生毕业后在农场工作的工资高于经营自家份地的利润。② 1896 年约有70% 的毕业生在农场中工作，只有 10% 的毕业生经营自己家土地。按社会成分而言，这些学员多数是农民（约64%），也包括市民子女（约13%）。③

初级农业教育成果有限，附带农业知识教育的基础教育成绩也不突出，因此在农民中普及农业知识必须使用其他方式。在喀山职业教育活动家代表大会上，与会者建议举办农业公开课，号召组织相应展览会。至 1880 年末，各省政府、地方机构、农业组织共举办 30 次此类展览会。④ 喀山地方自治机构代表大会上指出，根据现有农村文化和经济状况，在农民中普及农业知识必须依靠各地流动农艺师，设置讨论会和阅览室，在农民田地中传授农业经验，对农业领域个别问题进行专门讨论，让低级农业学校发挥更好的效用。⑤

第一次职业技术教育代表大会上，社会活动家号召保留传统农业结构和农民生活方式。俄国干酪行业奠基人 H. B. 维列沙克尼在参加代表大会时指出，大会讨论的很多问题不是农业学校问题，虽然政府给予巨大投入……但效果有限，绝不能忽视这些问题。他认为，不但要成立初级农业学校，还要有中级和高级学校，这些学校的好处不言而喻。⑥ 一位发言者指出，农民子女的培养方向应与他们的生活相一致，使这些原则在农业学生脑中根深蒂

---

① *Казанский областной съезд представителей губернских земств.* 1909. № 15. С. 3.

② *Казанский областной съезд представителей губернских земств.* 1909. № 15. С. 47.

③ Зубрилов М. *Низшие сельскохозяйственные школы и их задачи*//Русское богатство. 1897. № 10. С. 25，26.

④ *Казанский областной съезд представителей губернских земств.* 1909. № 15. С. 216，242，266，267.

⑤ *Казанский областной съезд представителей губернских земств.* 1909. № 11. С. 56.

⑥ *I съезд русских деятелей по техническому и профессиональному образованию в России 1889 - 1890. Труды оргкомитета.* С. 55.

固，农村公社不能剥夺农民份地。[1]

20世纪初，农业教育继续发展。1910年，农业部下属农业学校数量为364所，包括各类技校、初级专业学校、初级公共教育学校中的农业分校和森林学校。但是，俄国中等农业学校处境每况愈下，1901年仅有18所此类学校，学生数量约为2000人，历年毕业生总计为4500人。[2]

19世纪末，俄国商业教育发生巨大变化。19世纪初，俄国只有3所商业学校，且多为隶属中间阶层的教育机构，主要培养商人和市民子女。1804年商人协会和部分企业主出资在莫斯科建立商业学校和商业应用科学院。1800年，圣彼得堡商业学校就已正式成立，由杰米多夫于1779年出资建立。除专业课外（商务信函、会计、商业数学），学校教育大纲还包括中学公共教育课程。1830年某些中学开立商业班级。1804年奥杰萨成立商业中学，1817年里什里耶夫斯基对其进行改革（1865年在此基础上建立新俄罗斯大学）。此后，莫斯科和圣彼得堡还成立了一些私人寄宿学校，在莫斯科商人协会倡导下成立了男子（1835年）和女子（1845年）市民学校，这些学校主要进行初级商业教育。

商业人才的主要需求者是商业机构和贸易公司，实际业务中还需要一些管理员、会计员和经理。一些定期出版物具有重要作用，如《手工工场和贸易》杂志和《商业报纸》等。

19世纪60～70年代工商业活动活跃，促进了新式商业教育机构的诞生。奥杰萨（1862年）、里加（1868年，综合技术学校商业系）、圣彼得堡（1880年，彼特洛夫斯基商业学校）分别成立了中等技术学校。1885年，证券委员会出资在莫斯科成立亚历山大商业学校，其很快成为俄国著名的教育机构之一。这些学校主要依靠商人公社、私人捐赠维持，重点培养商人和市民子女。学校毕业生还可获得荣誉市民称号。

---

① *I съезд русских деятелей по техническому и профессиональному образованию в России. 1889 – 1890. Труды оргкомитета. C219.*

② *История профессионального образования в России. C. 99，123；Веселов А. Н. Профессионально-техническое образование в СССР. C. 23.*

学校还对贸易、工业、保险企业和银行职工进行培训，传授他们专业课程，如会计学、商业算术和公务信函等。

19世纪90年代商业教育发生重大变化，这与财政大臣维特密切相关。1894年，所有商业学校，除莫斯科和圣彼得堡的商业学校外，都被列入马林斯基政府机构，转由财政部管辖。政府对职业教育的关注还远远不够。19世纪90年代初的一个出版物中指出，俄国商业学校设置不能满足工商业需求……此时，国外部分国家该类学校达数百所，并且具有高级教育机构……1894年俄国只有8所此类学校，它们大多属于同一类型学校。国外商业学校的组织形式与俄国的区别也很大。①

1896年4月出台《商业教育机构规章》，该规章中规定各种协会、城市、阶层组织、私人可建立各类型商业学校，但要符合本地条件和工商业需求。② 虽然俄国初级商业教育有所发展，但实际上俄国还不具有真正意义上的商业学校。

各城市都有商业协会出资和倡导建立的商业培训班、贸易夜校，它们属于校外商业教育形式。所有超过12岁的学生、工商业机构工作人员都可参加培训。听课学员中30%为市民，50%为农民。学生识字水平各异，只有60%的学员从初级技术学校毕业，其余的学员大多是文盲或知识水平较低。③ 一年或三年制贸易学校主要培养贸易机构中的底层职员。12～15岁学生可进入学校学习，教育部规定两年制乡村学校毕业生也可进入学校学习。商业知识培训班传授一门或者几门专业课程。这些商业教育机构多属于初级学校。

中等教育机构和非教会学校类似，为七年制，商业学校也要进行四年基础教育和三年专业教育。1896年法案规定俄国商业教育规章，包括初级和中级学校。专业大学成立程序并未确定。

---

① *Исторический очерк 50-летия Одесского коммерческого училища. 1862 – 1912.* Одесса，1912. С. 149.

② *ПСЗ.* III. Т. 16. № 12774.

③ *Московское общество распространения коммерческого образования. 1897 – 1907.* М.，1907. С. 15.

政府的相关措施使得学校数量快速增加。1896 年俄国仅有 13 所商业教育机构；1899 年为 56 所；1901 年达 119 所，其中，商业学校 48 所，贸易学校 36 所，贸易班 14 个，培训班 21 个。所有这些学校都位于首都和省城中。1905 年，俄国 64 个城市有商业学校，其中，莫斯科 40 所，圣彼得堡 24 所，奥杰萨 7 所，基辅 6 所，华沙 14 所。[①] 省城中主要通过贸易学校和商业知识培训班进行商业教育。1899 年该类教育机构共培养学员 11000 人，至 1904 年毕业生数量约为 29500 人。[②]

俄国高级商业学校产生于 20 世纪初。19 世纪 60 年代就有人提出建立这类学校的思想。1810 年，商业爱好者协会倡导建立此类学院，希望拨款建立莫斯科应用商业科学院。19 世纪 80 年代末至 90 年代初，该思想已得到社会舆论的广泛支持，出版物中和职业教育活动家发言中都表示了对该观点的支持。俄国技术协会屡次讨论建立高等工业和财政商业学校的问题。

1896 年改革促进了莫斯科、圣彼得堡、辛比尔斯克、基辅等城市职业教育发展，成立了商业知识推广协会（1897 年），该协会是职业技术教育学校的主要赞助人。1901 年莫斯科成立了隶属于高校的培训班，1903 年更名为高级商业培训班，1907 年又改名为莫斯科商业学院（现为俄罗斯经济科学院）。学院是公共教育机构，促进了商业教育的普及，教学过程由两个部门完成，即商业经济系和商业技术系。1913 年学院成为高级教育机构。[③]

在俄国社会经济和文化生活中，科学会议和各类代表大会具有重要影响。各类代表大会是国家和社会的对话形式，政府代表也参加相关工作。

城市历史、公共设施、卫生、省市公共文明等问题都是 19 世纪末 20 世纪初各类代表大会讨论的议题。俄国城市公共设施状况较差，某些省城供水设施仍需进一步发展，诸多出版物都指出了这种状况。

---

① *Материалы по коммеерческому образованию.* Вып. 4. СПб. , 1904. С. 16.

② *Россия в конце XIX века.* СПб. , 1900. С. 494 – 495.

③ Разманова Н. А. *Становление коммерческого и финансово-экономического образования в России.* М. , 2002. С. 211 – 224；Козлов В. В. *Московский институт народного хозяйства им. Г. В. Плеханова. 50 лет института.* М. , 1957.

第一届自来水管道代表大会于 1893 年 3 月在莫斯科举行，在莫斯科自来水管道总工程师基米尼的倡导下举行。他非常支持市长 H. A. 阿列克谢夫的观点，市长非常关注改善城市经济和首都公共设施建设问题。

该代表大会主题是"让俄国专家熟悉现代国外自来水管道状态，完善国内供水设施"。大会议题引起诸多学者的共鸣。与会者包括学者、工程师、自来水事务管理人员、机器制造厂管理人员和城市管理机构代表。俄国技术协会、技术知识普及协会、莫斯科技术学院、城市工程师学院、通信工程师、哈里科夫工艺学院教授都积极参加该会议。H. E. 热卡夫斯基、B. Г. 书霍夫、C. T. 莫洛佐夫、Г. И. 里斯特也参加了该会议，与会者还包括莫斯科机械制造厂经理。

38 个首都和省城代表参加了代表大会，与会者来自博戈罗茨克、弗拉基米尔、沃罗涅日、伊万诺夫 - 沃兹涅耶夫、科兹洛夫、科斯特罗马、喀山、下诺夫哥罗德、奥廖尔、奔萨、萨马拉、舒亚、雅罗斯拉夫等城市。通信工程师学院教授 H. A. 别列留比斯基报告中对俄国自来水管道专家 A. И. 杰里维克和 A. A. 别列留比斯基工作进行总结。[①] 代表大会的参加者还包括莫斯科排水管道设置工程师。

城市经济是诸多部门发展的基础，内务部工艺建筑委员会监督代表大会也同期举行，其中一个文件指出，城市自来水管道发展和设置应保证城市良好的卫生状态，同时要考虑其社会效益。[②] 内务部工艺建筑委员会赞同 1895 年举行第二次自来水管道代表大会，并指出"法律中应该增添城市饮用水水源设置规章"。[③] 至第一次世界大战之前共举行了 10 次自来水管道代表大会，分别在莫斯科、圣彼得堡、下诺夫哥罗德、梯弗里斯和华沙举行。

代表大会还呼吁开展丰富的技术和职业教育活动，这些都是在俄国技术协会固定委员会倡导下进行的。第一次代表大会于 1889 年 12 月至 1890 年 1

①　*РГИА.* Ф. 1293. Технико-строительный комитет МВД. Оп. 88. Д. 202. Л. 7，25，25об，26об，31.

②　*РГИА.* Ф. 1293. Технико-строительный комитет МВД. Оп. 88. Д. 202. Л. 798.

③　*РГИА.* Ф. 1293. Технико-строительный комитет МВД. Оп. 88. Д. 202. Л. 91，104.

月举行，第二次于 1895 年 12 月至 1896 年 1 月举行，第三次于 1903 年 12 月至 1904 年 1 月举行，1912 年举行了第四次代表大会。代表大会定期举行，一直持续至第一次世界大战期间。

代表大会参加者数量不断增加（人数达 1000 ~ 3000 人），从与会者成分上可以看出，大会代表的是社会上大多数人利益。与会代表包括技术学校校长和监察人员，科学、教育和技术协会代表，学者，社会和国家活动家。代表大会成员（学者、教育家、生产实践家等）在职业教育方案、技术学校课程设计和实践过程都发挥了巨大作用。

代表大会下设分会，如高等教育机构、应用学校、中等和低级技术学校、农业教育、商业教育、妇女职业教育、铁路学校和手工业学徒分会等。分会领导人是著名学者（如 Ф. Ф. 埃里斯曼、Д. И. 门捷列夫、Н. Е. 茹科夫、А. И. 丘普罗夫、И. И. 雅尼热尔），教育学家（如 А. Г. 涅波尔西尼、Д. К. 索维特克尼、В. П. 瓦赫杰洛夫），企业家（如 С. И. 玛莫尼托夫、Ю. С. 涅恰耶夫 - 玛丽索夫）。会议不只讨论社会问题，还对一些热点问题进行探讨，如推行初级教育、推广校外工人培训模式和缩短工作日等。

代表大会对科学教育界优先发展何种初级教育的争论进行总结。多数代表都认为公共教育是职业教育的基础。代表大会倡导者之一 А. Г. 涅波尔西尼（《技术教育》杂志编辑）在报告中指出，对工人和农民进行培训的最好手段为职业教育，但要在初级公共教育基础上推广。[①] 代表大会确认了为工人子女设置工厂学校和周日培训班的必要性。为成立该类学校，与会者建议对企业主征收专门税款，[②] 谈话中还交流了俄国技术协会在圣彼得堡建立类似学校的经验。

第二次代表大会讨论了提高工人基础和技术知识水平的问题。莫斯科大学教授 И. И. 亚热尔（他预测将来俄国教育将比较发达，财富也将大量增加）在参加代表大会时强调，教育是解决所有工业问题的重要因素，它足

---

① *Труды I съезда . . Доклады на общих собраниях отделений. СПб.，1890. С. 7.*

② *Труды I съезда . . II отд. Средние и низшие технические и ремесленные учебные заведения. СПб.，1890. С. 249，251.*

以体现智力、技术和手工业发展水平。为表达该思想，他在一篇文章中指出："执行何种税率还未确定，相关法律还未出台，但如果工人身体不健康、技术落后、经理或者车间主任缺乏管理相关事务所需知识和能力、政府不作为的话，那么工业发展将特别缓慢。"①

图 3 – 10　1880 年照片——圣彼得堡 Ж. 波尔马尼巧克力和糖果厂

第二次和第三次代表大会确定了教育问题的迫切性："工人不识字是抑制技术知识普及的主要因素，也是劳动效率低下的重要原因之一。"他还指出："工业增长和劳动生产率提高与否直接取决于基础教育的发展程度，职业教育的作用更加不容忽视。"②

职业技术学校体系产生后，相关机构开始制定统一的教学大纲和教学课程，学校教师和学生问题也必须解决。1881 年后委托教育部解决该问题。根据第一次代表大会材料，处理该领域事务的规章仍不完善。技术和手工业学

---

① Янжул И. И. *Значение образования для успехов промышленности и торговли//Экономическая оценка народного образования.* Сб. СПб. ，1896. С. 3.

② Веселов А. Н. *Профессионально- техническое образование в СССР.* С. 4125.

校缺少专业课程大纲，特别是专业教师匮乏，因此职业教育发展十分缓慢。

第一次代表大会举行的同时组织了展览会，对课程设置进行指导，提出职业学校设置培训的某些程序，还对学生指导方式和使用教材等给予建议。根据展览会目录，教学参考书应具有应用和实践特征，如展览工具和模型，学校老师还需进行课程指导，如绘图。展览会并未向学生提供完整的教材模式。①

在缺少教学书籍的情况下，推广技术、工艺、农业领域应用知识的方式之一是设立国民阅览室，城市中有很多阅览室，省城中数量最多。19世纪90年代在库尔斯克、唐波夫、斯塔夫罗波里和其他城市中，阅览人数已达400～700人。国民阅览室可使工作人员熟悉教科书，它在推广知识方面发挥了巨大作用。1896年，下诺夫哥罗德全俄工商代表大会上一名代表指出："通常，俄国重视历史教育，人们可以在书中找到一些精神和宗教问题。对于大多数读书人而言，传授应用知识的教科书比较陌生。"②

传播技术知识的形式为设立专门阅览室。1880年在俄国技术协会的倡导下组织了第一次电工技术展览会。1885年和1892年多次举行类似展览会。③

技术教育代表大会工作引起了很大的社会共鸣。一些文章专门阐述了该问题，1896年下诺夫哥罗德博览会举办时成立了专门鉴定委员会，委员会成立足以说明在工人中普及基础教育和职业教育的重要性。А. И. 秋彼洛夫对俄国技术委员会和其城市分支机构在这方面工作的成绩给予高度的评价，莫斯科分部贡献最大。

1896年国民教育部成立了由 И. А. 阿诺波夫领导的专门委员会，主要目的是制定工人子女教育大纲，保证俄国工业的人员储备。④

莫斯科企业主 С. Н. 切特维里克在给第二次代表大会委员会的公开信中指出了提高工人文化水平的必要性，他指出："识字工人数量有所增加，他们清楚自己的劳动内容，这一点是显而易见的。"С. Н. 切特维里克还指出

---

① *Труды организационного комитета I съезда . .* Секция III. СПб. , 1890. С. 27.
② *Всероссийский торгово-промышленный съезд 1896 г. в Нижнем Новгороде* XI. № 14. С. 3.
③ *Очерки истории Ленинграда* Т. 2. С. 775.
④ *ЦИАМ.* Ф. 2244. Оп. 1. Д. 347. Л. 2.

知识对工人道德水平的影响。[1] 他通过研究最近 20 年工人生活条件指出：
"工厂工人与土地紧密联系的特殊性质最近几乎完全丧失。"1896 年下诺夫
哥罗德工商业代表大会在谈论 19 世纪 90 年代工人和其他阶层居民区别时，
一个发言者指出："工人服装都是一个样式，穿着方式独特，多为欧式裤
子，衬衫不塞入裤子中，穿西服和夹克时配搭衬衫，头戴呢绒帽。"[2]

1896 年全俄艺术工业展览会第一届委员会明确指出了工人道德教育的
重要性，主要普及方式为剧院、音乐会、庆祝活动、舞会等。部分学者认为
工人的文化水平还不高，需要进一步培养。[3] 国家剧院产生的主要原因之一
就是解决该问题。

19 世纪最后 10 年产生了许多专门技术出版物，如机关杂志、科学通俗
出版物。技术学校出版了《消息》《汇编》等出版物（《消息》由工学院于
1877～1916 年出版；《汇编》由通信工程学院于 1884～1916 年出版）。1880
年出版杂志《电力》，1912 年出版杂志《邮政、电报》。

图 3－11　1883 年 B. E. 马科夫斯基作品——林荫路上

---

① *Русские ведомости*. 1895. № 299.

② *ЦИАМ*. Ф. 2244. Оп. 1. Д. 347. Л. 8, 9.

③ *ЦИАМ*. Ф. 2244. Оп. 1. Д. 347. Л. 7, 21.

科学通俗读物是教学参考书的补充，如《通用技术》《实践家—装配工》等杂志。这些杂志为各级别读者提供了所需的技术知识，从主工程师到普通技术爱好者都是杂志的忠实读者。《电和生活》杂志提出了一些电工问题，为读者普及电力知识，说明电力在科学和日常生活中的作用。①

1892年俄国技术协会出版了杂志《技术教育》（发行至1916年，1908年更名为《技术和商业教育》）。杂志中刊登俄国和国外技术知识的发展和现状。《新闻栏》中刊登了俄国城市建立专业学校、培训班、手工业学校和工匠学校的信息。根据这些资料，19世纪90年代末产生了各类新式职业学校，它们大多是初级学校，但也发挥了重要作用。

职业教育，主要为中级和高级技术教育提供技术知识。在现代化过程中，它是智力保障，促进工业、运输和农业领域的新技术、新工艺推广与普及。同时，技术人才数量是衡量社会中等文化阶层状况的一个重要指标，它直接和物质生产联系在一起。

改革后技术知识分子数量增加促进城市教育发展、知识阶层人数增加。这里所说的城市阶层，首先是市民阶层，他们中大部分人是中等专业学校和大学毕业生。这足以证明技术学校学生的社会属性。1880年伊尔库斯克技术学校50%的学生为商人和市民子女，20%为非俄罗斯人子女。19世纪80年代末圣彼得堡手工业学校学生中商人子女比例为4%，市民和手工业者子女比例为27%，农民子女比例为17.5%，非俄罗斯人子女比例为12%。1890年技术绘画学校中33%的学生为市民和行会工匠子女，55%为农民子女，只有11.5%的学生为贵族和商人出身。②

高等技术学校特殊性在于大多数学生为民主阶层。1871年进入圣彼得堡工业学校学习的В. Г. 卡罗列尼卡指出："大学生群体总体特征是大众化（民主的）。许多人都是长发、戴眼镜、围着厚围巾。这里的学生形形色色，但服装样

---

① Моженко Ю. А. *Русская техническая периодика. 1800 – 1916. Библиографический указатель.* М. , 1955.

② Кузьмин Н. Н. *Низшее и среднее специальное образование в дореволюционной России.* С. 74 , 106.

式具有共性……工人的知识水平明显提高。"① 1897 年人口普查资料表明技术院校大学生中城市阶层比例为 25%，大学中该阶层比例为 19%。② 此外，大学生中市民阶层子女大多出身富裕家庭，其父母大多拥有贸易机构或规模不大的手工业机构。这些家庭年收入为 900～12000 卢布。③ 按阶级属性而言，中高级技术学校中有各阶层学生，但各阶层比例不一，19 世纪末这些教育机构的学员主要为贵族，而不是中等城市阶层。④

表 3-3　19 世纪末职业教育学校学生阶层属性

单位：%

专业教育	各阶层受过专业教育的男性居民的比例			
	贵族	城市阶层	僧侣	乡村阶层
高级	2.2	0.1	0.1	—
中级	2.6	0.4	0.9	0.05

很明显，高级和中级学校中城市阶层比例只为 0.5%。相关材料证明，即便一个俄国工程师家庭也不能培养过多的技术人员。⑤ 此时俄国工程师总数约为 12500 人。农业师和林业专家数量约为 3500 人，兽医数量约为 3000人。⑥

1897 年《技术教育》杂志刊登了本年度高等技术教育机构大学生入学人数资料，该数据非常典型。4810 份申请书中有 3612 份是提交给首都大学的，有 1198 份是提交给省级学校的。进入大学的人数只有 1370 人（占申请数额的 28.5%），其中 711 人成为首都大学大学生（占录取人数的比例为51.9%）。相应学院资料详见表 3-4。⑦

---

① Короленко В. Г. *История моего современника*. T. 1-2. C. 316.

② Лейкина-Свирская В. Р. *Указ. соч*. C. 66.

③ Иванов А. Е. *Студенчество России конца XIX—начала XX века. Социально-историческая судьба*. M., 1999. C. 185-186.

④ *Общий свод*.. T. 1. C. XIX.

⑤ Шихова Е. М. *Замок инженерного братства//Московский журнал*. 1998. № 4. C. 16.

⑥ Лейкина-Свирская В. Р. *Указ. соч*. C. 130.

⑦ *Техническое образование*. 1897. № 6. C. 85.

表 3 - 4　19 世纪末职业学校学生录取状况

学院	申请书数量(个)	录取人数(人)	比例(%)
工学院	1011	186	18.4
采矿学校	943	98	10.4
交通道路学院	706	137	19.4
森林学院	370	176	47.6
市民工程师学院	358	81	22.6
电工技术学院	224	53	23.7
莫斯科技术学院	373	150	40.2
哈里科夫斯克工学院	375	167	44.8
里热斯克工学院	356	258	72.5
新亚历山大学院	94	64	68.0
总计	4810	1370	28.5

技术学院毕业生成立的科学技术协会、技术俱乐部多集中于首都。莫斯科工学协会（1907 年建立）成为技术知识界的中心。

某些应用科学人才和工程师成为国家科学和文化界名人。著名冶金工艺学家、热处理理论缔造者 Д. K. 切尔诺夫就是圣彼得堡工学院毕业生。著名工程师、石油蒸馏领域专家、19 世纪末首次在俄国建造油罐船的 B. Г. 书哈夫是莫斯科技术学院毕业生。他是裂化过程发明者，通过裂化可获得汽油。他还是 B. Г. 书哈夫塔楼（莫斯科沙巴洛夫广播塔）的设计者，现在该塔楼仍在使用。毕业后 B. Г. 书哈夫仍然和学校保持联系。他也是莫斯科工学院大学生互助会成员。

Д. И. 门捷列夫指出：在提高生产部门技术水平、自然资源研究和使用过程中，知识分子发挥了巨大作用。没有学者和工程师的积极参与，国家就没有任何内部力量，没有自由，国家财富就不能增加，社会也就不能进步。[①]

① Менделеев Д. И. Границ познанию предвидеть невозможно. С. 19.

＊　　＊　　＊　　＊

因此，19 世纪俄国已产生了职业学校。虽然改革后初级和中级职业技术非常复杂，但已建立专业性大学。19 世纪末，不只政府对职业教育感兴趣，工商业届对专业知识发展，工人职业知识水平提高，以及工程师、技师和生产部门负责人的教育水平也非常感兴趣。

俄国国民教育体系中职业教育发展具有一定规律性。如果说公共基础教育（古典）学校教学大纲很少变化，那么职业教育大纲总是与时俱进，这与它对物质生产部门的依存度密切相关。生产技术部门变化和专业化非常复杂，它们是生产力的代表，下诺夫哥罗德全俄商业代表大会上一位发言者指出，职业学校形式应该多样，由于生产技术部门众多，职业学校应该满足这些领域的需求。①

19 世纪末至 20 世纪初俄国职业学校具有特殊性，即基础教育水平不高，这已成为现代化过程中的顽疾，经常阻碍技术教育发展和推广。19 世纪 90 年代工业增长、铁路热潮出现，俄国经济基础结构完善影响了国民教育，在第一届技术教育代表大会上，一名发言者指出，19 世纪末 20 世纪初俄国许多行业都获得了一定发展。②

统计资料表明，19 世纪 90 年代职业教育快速发展。20 世纪初（1910年资料）俄国有 3000 多所初级和中级技术、农业、商业学校。职业技术学校分布很不均匀。大多数职业学校（约有 2500 所）分布在欧俄地区，广袤的西伯利亚地区只有 89 所职业技术学校，喀山有 178 所，草原和中亚地区仅有 83 所教育机构。省城中的职业教育分布也具有不均衡性，职业教育学校主要集中在首都，圣彼得堡有 36 所中级和 180 所低级职业技术学校，莫斯科有 23 所中级和 119 所高级职业技术学校。其他省份只有 2～3 所中级职

①　*Техническое образование.* 1896. № 5. С. 42.

②　*I съезд.. Общая часть.* СПб.，С. 10 – 11.

业技术学校，初级职业技术学校数量不超过 50 所。①

在俄国职业教育体系中，手工业学校主要进行初级教育，它是技术学院的基本形式。就专业而言，职业学校发展仍有待提高。②

图 3 - 12　1900 年明信片——莫斯科鞑靼广场

表 3 - 5　19 世纪末各类学校学生数量占比

单位：%

学校类型	学生数量占比	学校类型	学生数量占比
手工业学校	42.2	技术学校	6.1
商业学校	31.6	铁路学校	1.8
农业学校	6.8	造船学校	1.1
森林学校	0.3	采矿学校	0.3
土地测量学校	0.1	工学院	2.7
医学院	2.1	艺术音乐学校	2.3

工业教育的主要形式为手工业学校，农业学校也有一些手工业学员。该状况足以证明俄国工业教育的单一性，也说明了传统农耕方式在市民日常生

---

① *Сборник статистических сведений о состоянии низшего и среднего профессионального образования* СПб., 1910. Ч. 1.

② *Сборник статистических сведений о состоянии низшего и среднего профессионального образования* СПб., 1910. Ч. 1.

活中仍然具有重要影响。

19 世纪 80 年代工业机构中识字工人比例详见表 3－6。①

表 3－6　19 世纪 80 年代工业机构中工人识字状况

单位：%

生产部门	工人识字比例	生产部门	工人识字比例
纺织工业	27.7	制糖业	8.8
其中:棉纺织	17.8	酿酒业	4.0
呢绒纺织	5.6	面粉厂和榨油厂	6.0
金属加工	14.1		

关于居民从事行业的资料详见表 3－7。②

表 3－7　19 世纪末欧俄地区居民从事职业类型

单位：%

区域	农业经营		副业	加工业(金属、木材、纺织、服装)	服务人员	祭祀工作	自由职业
	耕地	养殖					
欧俄	73.5	0.76	0.43	7.93	0.76	0.69	0.68
	74.26						
城市	7.95	0.1	0.20	26.46	3.69	1.41	3.13
	8.05						

在城市管理机构、警察局中任职的人员非常多（约为 4%），其数量超过被称为"城市自由职业者"的从事智力、精神劳动职业的人数（学者、律师、教师、医生、艺术活动家）。19 世纪末虽然城市中保留了从事农业的居民，但俄国城市的行政功能毋庸置疑。③

---

① *ЦИАМ. Ф. 2244. Оп. 1. Д. 595. Л. 6.；Д. 651. Л. 61.*

② *Первая всеобщая перепись Вып. 8. Процентное распределение наличного населения империи обоего пола по группам занятий СПб.，1905. С. 12－13. Таблица.*

③ *Очерки истории техники в России 1861－1917. Кн. 2. С. 151，359.*

表 3-5 和表 3-6 中数据足以反映工业具有部门差别，它能体现俄国技术教育的一个特征，即大学教育系统中长期保留知识技能多样性。[1] 教育多与 19 世纪 70~80 年代工业需求相关，当时工业机构大多是小工厂，对工程师的需求非常高。1871 年 165 家机器制造厂中只有 1/3 可被称为现代意义上的工厂。

19 世纪末工程师专业化知识欠缺也是技术落后的标志之一。《技术教育》杂志的一篇报道中指出工程师应具有夯实的专业知识，应该知识渊博，掌握各领域的顶尖技术且能付诸实践。[2]

图 3-13　20 世纪初照片——莫斯科剧院广场附近的有轨马车

19 世纪 90 年代铁路建筑行业发展最为迅速，在此状况下，蒸汽机车和车厢制造业快速发展，最紧俏的是铁路工程师。90 年代中期圣彼得堡工学院的 1540 名毕业生中，在铁路各部门中任职的人数就超过 480 人（机务人员、乘务段负责人、技术负责人、机车库负责人、工长、技师、铁路管理工程师等）。学院其他专业毕业生从事机械、采矿（182 人）、棉纺织、纺织、制呢（41 人）、电工技术（10 人）、供水事务（28 人）、磨面（11 人）等

---

① Лейкина-Свирская В. Р. Указ. соч. С. 113；Иванов А. Е. *Высшая школа в России в конце XIX—начале XX века.* С. 58-59.

② *Техническое образование.* 1897. № 6. С. 89.

行业工作。①

　　发展技术教育、推广技术知识领域的许多问题于 19 世纪就已经解决。但社会现代化、技术知识普及与城市阶层受教育程度密切相关，教育问题仍是摆在社会和国家面前主要任务之一，要求国家和社会各界不断完善国民教育。

---

① *Техническое образование.* 1894. № 2. C. 89 – 92.

第四章
俄国通信系统

国家邮政系统是居民传递信息、学者传播观点和国家实现创收的机构。

Д. И. 佛维金

邮局传递着幸福。在您不经意间,它已出现,将书信传遍全国各地。

B. A. 茹科夫

信息系统是衡量社会文化发展的指标之一,它拓宽地区交流,加速文化空间形成,促进社会文化体系完整,在城市中体现得最为突出。因此,城市成为19世纪通信系统的中心。

现代社会学家关注社会发展与"物质-能源和信息装备程度"间关系。[1] 人和社会一样,活动与交往都具有一定的目的性,还能表现出个人的文化修养。因此,与知识使用和普及相关的信息也是文化领域的一个重要方面。

邮局是19世纪俄国文化、通信系统的主要组成部分。19世纪也产生了新式信息工具,即电报和电话。不但社会经济和文化、通信领域的信息交流量增加,且科学、技术和工艺部门的信息需求也有所增加。

---

① Афанасьев В. Г. *Социальная информация и управление обществом.* М. , 1975. C. 5.

第一节　邮局

邮局对于一个国家而言至关重要，俄国也不外如是。1665 年沙皇阿里克谢·米哈伊尔洛维奇颁布国家公文寄送规章。通常，这一年被认为是俄国邮局诞生年（西欧邮局最早产生于 15 世纪下半叶的法国）。

18 世纪，俄国政府大力在国内推广邮局。1717～1720 年所有大城市中都设立了邮局，彼得一世的命令中指出，"国家所有大城市和省城邮局每周必须通信一或两次，达不到该次数则证明当地政府机构无能"。①

叶卡捷琳娜二世规定不但要在省城内设置邮局，县城也要设置该机构。1772 年 1 月 13 日指令中指出："为确保省城和县城贸易、商品流通与正常交流，国家需要设置邮局，借此可简化交流程序……邮局收入还可纳入公共财政。"② 19 世纪才最终实现该目标，此时邮政系统已经建立，邮政道路网络逐步扩宽。

随着文化和教育发展、社会各界对书籍和信息的兴趣增长，公共文化生活中邮局的影响不断增强。19 世纪，信件是十分普及的交流方式之一。书信是 19 世纪的重要遗产，是研究日常事务、社会文化问题，以及理解当时人们内心世界的重要信息来源。

书信也是政论作品的形式之一，经常被列入文学作品中。П. Я. 恰达耶夫的《哲学信件》、Н. В. 果戈理的《信函选集》、П. Л. 拉夫洛夫的《历史书信》都可以证明该问题。塔奇亚尼书信中就曾提及普希金小说《叶甫盖尼·奥涅金》。契科夫在给农村祖父的信中讲述孩提时代的困难生活。

俄国著名作家信件经常以作品集形式出版。从这些信件中可知晓国家文化命运！信件作为一种交流方式，人们可以从中领会出某些讽刺意味。

俄国文化中保留了许多和邮局信件相关的谚语和谜语。③

---

① *Почтово-телеграфный журнал. 1892. № 2. Отд. неофиц. С. 156，160–161.* （далее-ПТЖ.）

② *ПТЖ. 1900. № 7–9. С. 968.*

③ *Соколов Н. И. Ямская гоньба и почта в русской литературе//ПТЖ. 1900. № 8.*

邮政系统发展和完善、邮局服务状况是衡量社会、文化和经济生活的重要指标。1802 年 4 月 27 日亚历山大一世指令中指出："发达国家的一个标志是具有快速和可靠的通信方式。"① "所有公共机构中没有一个机构像邮局一样与国家和人民的利益紧密相连；在各种通信工具中它处于重要和首要位置……邮局和民族文明间的联系多种多样，本民族或者其他民族邮政事务发展过程可确定其政治和社会状况。"此外，需强调的是："设置通信机构一方面可以反映国家政治和社会统一状况；另一方面是人们利益和需求共同性的体现。交流增加促进邮政设施发展。与实务、现金和信贷领域类似，邮政事务泛指步行信使、骑马信使、邮政机组、铁路和电话通信。"② 发展邮政事务的积极拥护者，俄国史学家、科学院院士 П. И. 克彼尼，1814 年开始在邮政厅工作。在文章《俄国书信交往》（可能发表于 19 世纪 40 年代中期）中他写道："信件交往减弱意味着新力量和新方式诞生，此时人们和土地一样处于麻痹状态……交往困难意味着割断公共生活和人们财富之间的血脉……如今邮政区域设置开始以国民财富为标准。"П. И. 克彼尼观点与政府不同，他认为，交流方式，特别是邮局，不应该成为国家税收来源。③

道路是邮政系统的基础，邮局工作效率很大程度取决于书信传递和乘客转移速度。

19 世纪俄国主要道路，包括大部分邮政线路，全部是土道。1809 年为管理道路而成立了道路通信管理总局。所有邮政线路分为几个不同系列，即首都——连接莫斯科和圣彼得堡、省城——连接首都和省城、省城之间道路、乡间土道。1832 年道路被划分为 5 个等级，即国际或者主要通信道路、省城间邮政通信道路、工商业县城邮政通信道路和乡村通信道路。

道路建设和维护主要依靠地方差役，或由所有者负责，或由国有农民承担。1871 年起公路建设和维护由地方自治机构负责。④ 尼古拉一世时规定，

---

① *ПТЖ*. 1893. № 74 – 6. С. 969.

② *ПТЖ*. 1902. № 8. С. 9628；1893，№ 8. С. 713 – 715.

③ *ПТЖ*. 1914. № 8 – 9. С. 687.

④ Оппенгейм К. А. *Россия в дорожном отношении*. М.，1920. С. 39，40.

每 500 俄丈设置带有标注的里程柱，柱子上注明距首都、省城、附近邮局距离（一俄丈约为 2.1 米，柱子间距离约为 1000 米）。

俄国道路路况较差，春季和夏季雨后道路很难通行。19 世纪官方文件和历史文献中已多次说明该状况。路况较差的原因是政府官员认为投资道路无利可图。[①] 普希金文章《莫斯科至圣彼得堡旅行记》中写道："如果省长能关心俄国道路情况就更好了。草地已成为天然马路，为什么不替换原有土地，这样在下雨天道路岂不是非常难走？道路的维护，对于各阶层而言是一个繁重的差役，几乎不能带来任何好处，却成为压制人民和腐败滋生的温床。"[②]

道路维护对于农民而言也是一个非常繁重的差役，农民经常在农忙季节去维修道路，去距离居住所 60 俄里的地方劳动。[③]

当时居民已把改善道路和提高公共文化教育联系在一起。

普希金曾对俄国道路状况进行描述，当诗人关注该问题时俄国已建立了连接莫斯科和圣彼得堡的公路。1817 年初开始建造，1834 年第一台邮政四轮驿车开始在首都间通行，中间经过特维尔省的托尔热克、下诺夫哥罗德省的下诺夫哥罗德和瓦尔达。

因资金不足和铁路出现，公路路况改善十分缓慢。1850 年欧俄公路约为 2500 俄里、19 世纪 60 年代末约为 6000 俄里，90 年代末约为 20000 俄里。[④] 尽管公路长度明显增加，但公路分布十分不均衡。20 世纪初莫斯科省和黑海沿岸各省每 100 俄里土地公路长度仅为 6～8 俄里。[⑤]

公路产生促进了邮政通信业务发展。四轮驿车（按照西欧模式制成的特殊邮政四轮马车）产生后开始运送乘客和书信。铁路产生后四轮驿车的

---

①　*Материалы для географии и статистики*.. Т. 17. Ч. 1. Пензенская губ. С. 76.

②　Пушкин А. С. *Сочинения*. М.，1949. С. 775.

③　*Материалы для географии и статистики*.. Т. 21. Смоленская губ. С. 93，94.

④　Базилевич К. В. *Почта в России в XIX веке*. М.，1927. Ч. 1. С. 37; *Стастический временник Российской империи*. Сер. II. Вып. 5. С. VI; Оппенгейм К. А. *Россия в дорожном отношении* С. 3，9，41，43.

⑤　Оппенгейм К. А. *Россия в дорожном отношении* М.，1920. С. 44.

作用开始降低，至 19 世纪 60 年代末已完全停止使用四轮驿车。[1]

关于邮政道路、道路方向和强度的信息中含有邮政通信系统的相关资料。这些资料于 19 世纪末被屡次出版，其中含有邮政官吏和道路旅行者信息。这些信息证明邮政服务水平、邮政事务系统性和组织性有所提高。《俄国邮政法》于 1800 年出台。该法律主要源于《俄国邮政汇编》研究者意见。[2] 这些书中有关道路路况的描述说明 19 世纪初莫斯科、圣彼得堡和所有省城的邮政联系已完全实现。

1838 年出版的《俄帝国省城和县城邮政道路指南》中除含有省城邮政道路信息外（主要是 1800 年资料的重复），还含有县城邮政道路资料，"不论是省城还是县城都有宽阔道路"。

邮政道路网络拓宽。邮政道路因社会经济和文化需求而增长。1839 年约形成了 150 条新邮政道路，这些道路从枢纽城市延伸到省城和县城。[3]

19 世纪 50 年代末 60 年代初省城邮政路线信息包含于俄国地理和统计资料汇编中，该汇编由总司令部制定。该信息可证明邮政系统在社会文化生活中的作用。辛姆比尔斯克省邮政道路是联系主要行政中心的重要工具，笔者按照省份对相关资料进行整理和加工。

沃罗涅日省。邮政道路长度超过 1000 俄里，公路长度超过 83 俄里。当时占优势的是陆上通信。

卡卢加省。邮政道路已连接省城间和省城内各县城。省内所有城市通过邮政线路连接……道路在春季、秋季和夏季雨后很难通行。

喀山省。所有邮政道路都是土路，路况较差。

科斯特罗马省。没有公路，邮政通信线路具有支线；道路连接科斯特罗马和其他省城，以及省内各县城。

奔萨省。道路路况较差，春季和秋季很难通行；道路由地方政府维修，道路维修资金十分有限。

---

① *Центральный музей связи им. А. С. Попова. Путеводитель Л.* ，1962. C. 24.

② *ПТЖ.* 1902. № 1. C. 684.

③ *ПТЖ.* 1902. № 1. C. 75.

斯摩陵斯克省（省内邮政路线的资料非常详尽）。省内优良公路连接圣彼得堡和斯摩陵斯克，公路还经过南部的尤赫诺夫，终点是南部的罗斯拉夫里和布良尼。邮政线路主要是土路，受自然因素影响，道路已损坏，其状况和俄国其他地方类似。作者指出，春季农民维修道路，几乎每年都铺设新路面，但农民缺少公共自觉性，过桥时他们砍掉桥栏杆，或偷光桥体上的木板……带来巨大损失。

彼尔姆省。没有公路；8 条邮政线路中最长的是辛比尔斯克线路，它从莫斯科经过西比里至达托波里斯克。

梁赞省。该省邮政线路被纳入俄国邮政线路网络。经梁赞到达阿斯特拉罕、辛比尔斯克和喀山。所有县城和省城间都由邮政线路连接。[1]

铁路产生和铁路网络建立改变了邮政线路路况，导致某些线路荒废，邮政车站被迁移到新地点。所有这些变化于 1880 年出版的《俄帝国邮政道路指南》中指出。

改革前俄国已开始建设铁路。沙皇尼古拉一世，以及国家某些高官支持铁路建设。在与 П. П. 梅里尼科夫的一次交谈中，沙皇指出"俄国忍耐着距离带来的痛苦"。[2] 俄国和西欧同时有了铁路，但俄国铁路建设规模远落后于欧洲国家。

社会上甚至有部分政府官员，对俄国铁路建设持十分谨慎的态度。一些小册子和文章的作者希望读者相信，圣彼得堡和莫斯科间建设铁路完全不可能，它没有任何优势和好处。他们认为由于运送乘客较少，这一铁路项目可能亏本。[3] 俄国铁路建设状况在 Ф. 布尔卡里尼的文章中有所体现。[4] 社会上对铁路建设意见分歧较大，《读者图书馆》杂志发表的 Н. 阿热杰什卡夫

---

[1] *Материалы для географии и статистики.* Т. 4. С. 38；Т. 9. Ч. 1. С96；Т. 8. С. 96；Т. 12. С. 379；Т. 17. Ч. 1. С. 76；Т. 18. Ч. 1. С. 131；Т. 19. С. 66；Т. 20. Ч. 1. С. 146；Т. 21. С. 92 – 94.

[2] Оппенгейм К. А. *Россия в дорожном отношении.* М.，1920. С. 64.

[3] Атрешков Н. *Об устроении железных дорог в России.* СПб.，1835. С. 2.

[4] *Северная пчела.* 1835. № 255 – 259；Виргинский В. С. *Борьба вокруг подготовки к строительству первой большой русской железнодорожной магистрали Петербург-Москва//* Исторические записки. Т. 32.

的文章反对铁路建设，他认为这不能带来任何好处，简直是笑话。[①]

很多国家在铁路建设初期都对铁路不信任，甚至反对建设铁路，认为铁路建设给四轮驿车带来损失，降低了马匹使用量，使国民收入减少，社会上自由思想开始普及。1839 年，交通线路和公共建筑总司令托里在给尼古拉二世的书信中写道："铁路作用十分巨大，可满足国家的各类需求。"[②] 沙皇亲属也持有类似观点，尼古拉一世女儿奥里格·尼古拉耶维娜在回忆录中写道："铁路的敌人不计其数（泛指圣彼得堡和巴甫洛夫间铁路），米哈伊尔叔叔对铁路十分反感。企业中形成了新革命因素，各阶层分歧较大。"[③]

图 4 - 1　20 世纪下半叶石印画《铁路》

19 世纪 30 ~ 50 年代俄国铁路建设非常缓慢，主要分布于俄国西部地区。1850 年铁路长度约为 1000 俄里。[④]

改革后铁路建设开始活跃。最初的租让法令发挥了巨大作用，政府将铁路建设权转交给个人。19 世纪 80 年代初俄国有 45 家私人企业从事铁路建设（1864 年只有 11 家）。60 年代地方自治机构开始获得铁路租让合同。1868 年终止这些特权时，沃罗涅日、叶里茨、鲍里索格列布斯克、唐波夫、萨拉托夫自治机构仍获得租让合同。[⑤]

---

① *Библиотекая для чтения.* 1835. Т. XIII. Отд. 6. С. 39 – 44.

② Верховский В. М. *Исторический очерк развития железных дорог в России.* СПб., 1898. Вып. 1. С. 49.

③ *Николай I. Муж. Отец. Император.* М. , 2000. С. 257.

④ Оппенгейм К. А. *Россия в дорожном отношении.* С. 63.

⑤ Оппенгейм К. А. *Россия в дорожном отношении.* С. 67, 70.

19 世纪 60～80 年代铁路网络开始复杂化。1866 年亚历山大二世首次确认《帝国公共铁路规划》，指出铁路建设应该分为如下方向，即南部至塞瓦斯托波尔、东部到萨拉托夫、西部到迪纳堡，该规划实现起来很困难。借助私人资本建立的铁路不是很多，其设置方向要和政府指令相一致。但私人资本却促进了各城市、省城和县城铁路网络建设。19 世纪 60 年代末铁路长度约为 5500 俄里。①

俄国广袤领土要求寻找办法解决地区封闭性问题。铁路开始建设时，并未解决水路和畜力道路改善问题。19 世纪著名经济学家 Л. B. 杰尼卡波尔斯克对该问题十分关注，他写道："省内所有重要的工商业城市、港口必须使用公路和铁路网连接，乡间道路路况也应改善，修建渠道和清理河槽以弥补水路不足，保持国内交通畅通……"②

由于土路路况较差和轨道交通不便，19 世纪 60 年代涌现了在城市和工商业中心建立公路或铁路车站的想法。

政府打算用社会闲散资金修建道路，但无论是地方自治机构、城市还是农村公社都未响应该号召。社会和地方政府对道路建设的冷淡态度在许多政府文件中都曾提及；与此同时，一种意见十分流行，即"道路建设给道路经过地区带来诸多益处""对大城市完全有利"。③

当时财政大臣维特指出道路建设缓慢的主要原因是社会、城市惯性，"由于本地货物数量有限，私人资本不愿意投入道路建设中"，同样重要的是，"我们的社会机构和相应组织对地方铁路建设完全没有任何准备"。④ 毫无疑问，城市中缺少专业人员，道路建设资金不足。地方铁路、铁路支线、公路线路于 1895 年就已快速推广，当时道路建设主要依靠政府拨款。⑤

铁路连接省城、县城、工商业中心和乡镇、首都和俄国内地，深化经济

---

① Верховский В. М. *Исторический очерк развития железных дорог в России.* Вып. 1. С. 116 - 117; *Статистический временник Российской империи.* Сер. II. Вып. 5. С. VI.

② Тенгодороский Л. В. *О производительных силах России.* Ч. 1 - 2. СПб., 1854. С. 141.

③ Верховский В. М. *Исторический очерк развития железных дорог в России.* Вып. II. С. 533.

④ Верховский В. М. *Исторический очерк развития железных дорог в России.* Вып. II. С. 559, 560.

⑤ Верховский В. М. *Исторический очерк развития железных дорог в России.* Вып. II. С. 568.

和社会文化生活，为信息交流的集约化创造条件，为人们日常生活增添新活力。1851 年尼古拉耶夫铁路建成之后，人们对铁路建设速度和实现方式的描述如下："莫斯科整个道路建设就像一场梦。遥远距离一夜之间就能到达，这在人们信中描写较多……现在到达莫斯科县城，如巴甫洛夫非常简捷，人们可到圣彼得堡郊区去游玩。铁路是一个非常优异的设施……铁路拥护者认为铁路修建后完全可实现人们快速转移。"① 第一条铁路通行之后，俄国开始大规模建设铁路。居民们成群结队地观看火车，并高呼"乌拉"。②

并不是所有人都相信这个新的、不平常的运输工具。П. И. 巴尔杰涅夫在回忆录中指出："铁路建设初期只有一些老人和教士来到候车室。"巴尔杰涅夫第一次乘车去圣彼得堡的时间为 1851 年 12 月（火车开始运行时间为 1851 年 11 月 1 日），他还写了遗书，遗书中指出"如果我在铁路上死去……"但几天后他在描述自己的旅行时指出："道路十分快捷，完全不用担心安全；条件非常优越，我们在特维尔吃午饭，饭菜很可口，午饭花费 1卢布；乘客们都行色匆匆，着急赶火车。"③

图 4 - 2　1870 年圣彼得堡—维堡铁路运营

① Розанов Н. И. *Прогулка по России*//Пантеон. 1853. Т. 10. № 7. Отд.《Смесь》. С. 13 - 14，82.
② Слонов И. А. *Из жизни торговой Москвы*. С. 36.
③ ГИМ ОПИ. Ф. 56. Д. 466. Л. 19 - 21；*Российский архив. История отечества в свидетелльствах и документах XVIII-XX вв*. Вып. I. M.，1994. С. 75.

当时的刊物也对铁路进行描写："我们的城市实现了优异和快速的通行，它完全就像一场梦……铁路运行使奔萨从城市转变为行政中心。"① 时髦的女人可到莫斯科或者圣彼得堡购买新式礼帽。② 莫斯科至下诺夫哥罗德火车通行后，辛比尔斯克到圣彼得堡的路程缩短 5 天。现在铁路沿伏尔加河到下游城市，夏季铁路更是便捷。③

当时人们已完全意识到铁路的重要意义。出版物中屡次提及铁路。其中一人指出，"很难确定它的意义，但是对铁路不应该有任何怀疑……在火车站可以感受到人潮汹涌，铁路把坑洼和泥泞道路变得平坦……有序、整洁的小吃部以及畅通的铁路给人们留下深刻印象。在火车站和火车上我感觉到自己处于文化生活之中，我在世界中感受自己"。历史学家和政论家 Д. Л. 莫尔达索夫指出铁路对文化向心过程的影响，19 世纪 70 年代他写道："铁路、电报、红色飞龙（火车头）和黑色苍鹰（轮船）把各地区紧密联为一体，铁路和运输工具加强了边疆和首都的联系。"④

铁路逐渐成为最流行的运输方式。托尔斯泰在小说《安娜·卡列尼娜》中对主人公乘火车到达圣彼得堡时描写道："威武的火车，在汽笛声响起之后，焦急的乘客们开始跑向火车，如近卫军的军官……带行李的商人……肩上扛着袋子的庄稼汉。"⑤

铁路逐渐深入人们日常生活之中，成为人们日常生活必需品之一；商业广告中有了火车图像，在首都出售的糖果上、头巾上都带有铁路和火车图案。著名作家描写莫斯科日常生活时写道："火车是蒸汽时代到来的象征。"它开始出现在树皮图画上，成为抒情诗和歌谣的主题。

离开家乡到首都打工的农民谱写的歌词中也曾含有铁路。

---

① *Вся Россия.* С. 453 – 454.

② Шмурло Е. Ф. *Волгой и Камой*//Русское богатство. 1899. Т. 10. С. 92.

③ *Материалы для географии и статистики.* . Т. 20. Ч. 1. С. 146.

④ Рагозин Е. *Путешествие по русским городам*//Русское обозрение. С. 217; Мордовцев Д. Л. *Печать в провинции*//Дело. 1875. № 10. С. 17.

⑤ Рагозин Е. *Путешествие по русским городам*//Русское обозрение. С. 15.

图 4 - 3　20 世纪初手帕图案中的尼古拉耶夫铁路

19 世纪末，欧俄铁路连接所有省份和诸多县城。① 但要指出，虽然铁路
网络不断扩展，但主要铁路线路和邮政线路还是土制道路和公路。19 世纪
90 年代末期土路长度为 150000 俄里，其中公路 20000 俄里。大部分铁路都
是单线，但长度已超过 50000 俄里，还有通向沿海和河岸的道路。②

19 世纪，邮政服务系统不只包括道路网络，邮局管理、邮政机构类型、
邮寄和书信交送方式同样重要。1893 年《邮政－电报》杂志的一篇文章指
出，"邮局胜过其他交流模式，其发展要服从法律……最初几个城市使用信

---

① *Полный список станции всех российских железных дорог.* СПб. , 1897.

② Базилевич К. В. *Почта в России в XIX веке.* Ч. II. С. 144；Оппенгейм К. А. *Россия в дорожном
отношении.* С. 41；Гетнер А. *Россия. Культурно-политическая география.* М. , 1909. С. 114,
115.

使，然后设立换马驿站，这些机构原则上不是邮政组织；只有在文化逐渐发展之后，才能被称为现代邮政体系的组成部分"。①

整个 19 世纪，不论是中央还是地方，邮局管理机构都受到一系列组织制约。1830 年叶卡捷琳娜二世首次对邮政事务进行改革。俄国领土被划分为 13 个邮政区域，以后该数量逐渐增加，1885 年已经增加至 85 个，同年产生涵盖邮局和电话的机构组织。②

图 4 - 4　19 世纪下半叶木版画——铁路

邮政机构第一批工作人员出现于 1799 年。官吏长期由贵族担任。改革后市民阶层获得进入邮政机构任职的权利，他们中间有很多是市民。

各省城和县城内邮局办事处领导为邮政局长，他们多是退伍军官。当城市中信件运来时，他们工作几个小时。邮局服务信息公开刊登。沃罗涅日省省长在 1836 年时指出，邮局周一收信件，周五发送信件；唐波夫信件收发日分别为周二和周一；瓦鲁伊斯克（沃罗涅日省的县城）收发日为周四。城市每周两次向莫斯科发送贵重和特殊货物。

---

① 　*ПТЖ*. 1893. № 8. С. 716.

② 　*Система почтовой управления, существовавшая в XIX в., представленная в виде схемы, опубликована в*：*ПТЖ*. 1893. № 5. С. 497 - 498.

　　邮局站点设置在邮政线路上。某些地区还组织乡村信函收发业务。1810年邮政站点数量为 32 个，1840 年邮政站点数量达 159 个。[1] 改革前乡村信函一直由地方行政机构发送，主要用于军事通信。

　　邮局站点监察员是邮政机构在编工作人员，他们为 14 级官吏，职务较低。当时人们意识中，一提到站点监察员就会联想起萨莫索夫·维里尼，他是普希金小说中的英雄人物，一个蒙难的 14 级官吏，长期受上级官吏虐待。

　　19 世纪邮递员成为邮政机构的重要组成部分。邮政货物运送时邮递员需陪同，然后向各家分送信件。和其他政府机构人员相比，邮递员工资不是很高。19 世纪初，邮政局局长年均工资为 400 ~ 800 卢布，邮递员为 30 ~ 60卢布。19 世纪末电报监察局官员年工资为 600 ~ 1800 卢布，邮递员年工资为 360 卢布。[2]

　　邮递员将信息传递到俄国各个角落。В. Г. 卡罗列尼科小说中就曾描写伊尔库茨克邮局邮递员。"房间里走来一个较矮的人，穿着破旧军大衣，戴着雅库特样式帽子和旧围巾……邮政制服已有多处损坏，当时该衣服只需 8卢布"。随后作家写道："在这个较长的线路上邮递员每周需往返一次。冬季 3000 俄里道路要行走 19 天，夏天相对容易……邮递员工作强度可想而知。他在伊尔库茨克购买一桶廉价伏特加，然后出售给文书和车夫，还带着一些树皮画去出售。大量艺术作品都需邮递员运送……他们给居民讲述3000 俄里以外的世界。"[3] В. Г. 卡罗列尼科提到邮递员工资为 8 卢布，这可能是当时邮递员的月工资。工资虽然可以维持家人生活，但仍是食不果腹。诗中描述邮递员是快乐和贫穷的送货人，19 世纪初散文作家和诗人戈列别尼克德诗中有相应的描述。

　　19 世纪上半叶诞生了各类邮局，即邮寄贵重货物和货币（现金汇兑于19 世纪的下半叶产生），运送书信、小包裹和特价商品，运送文件和紧急书

---

①　Базилевич К. В. Почта в России в XIX веке. Ч. I. С. 66.

②　Министерство внутренних дел. Почта и телеграф в XIX столетии. СПб., 1902. С. 14.

③　Короленко В. Г. Повести, рассказы, очерки. М., 1971. С. 341 – 343.

信等。邮局不间断地寄送信件。即便通过驿站，莫斯科和圣彼得堡信件传送也需 2.5 天，正常邮寄日期为 7～9 天。①

图 4－5　1840 年邮递员

1837 年邮政马车获得挂铃铛的权利。听到货车铃铛声音后，所有车辆都应该让道。1855 年颁布沙皇诏令："邮局对国家和个人都至关重要，无论是什么原因都不能抑制其发展，这点所有人都应该遵守，不论是私人还是国家公职人员、火车乘务员、站点监察员、其他邮政官吏和服务人员都应像军队哨兵一样认真负责。"②

随着邮政网络扩宽、邮局业务量增加，邮局数量也日益增长。19 世纪初，邮局数量为 458 个，1830 年达 751 个。19 世纪末，邮政机构按业务进行划分，但大多数分布于欧俄地区。③

---

① *ПТЖ*. 1902. № 1. C. 68，73，74.

② *ПТЖ*. 1900. № 8.

③ *Почтово-телеграфная статистика за 1896 г.* СПб.，1897. C. 10.

表 4 – 1　19 世纪末俄国邮政系统隶属机构

单位：个

邮政机构的类型	数量	邮政机构的类型	数量
邮政总局	2	铁路邮政分局	106
邮政管理局	54	邮政车站	17
邮政分局	1653	乡镇分局	1062

与改革前相比，邮政车站数量迅速减少（1840 年为 159 个），这可能与铁路邮政分局、地方邮局诞生相关。

19 世纪下半叶邮局交易逐渐简化，增加了信贷业务，现金汇兑系统加速了现金流通，特别要指出，私人和官方信件寄送方式也发生变化。

邮局在社会文化生活中的作用至关重要。改革前城市邮局发展缓慢的主要原因是居民文化水平较低。[1] 19 世纪 70 年代一个官方出版物中指出，俄国私人信件普及和群众识字程度密切相关；国家领土广袤降低了居民邮政关系，但铁路开通后居民和地区联系日趋加强。[2]

19 世纪 50 年代俄国 5 封信件中就有 1.5 封是国家公文（法国当时 8 封信件中有 1 封是国家公文，奥地利 5 封全部是公文）。[3] 私人信件增长地区分布不均。19 世纪 60 年代欧俄 100 名居民年均寄信数量为 34 封，圣彼得堡该数量为 250 封，莫斯科和俄国南部各省为 50 ~ 100 封。大多数中欧省份和伏尔加河流域省份（弗拉基米尔、科斯特罗马、梁赞、唐波夫、萨拉托夫、辛比尔斯克、喀山等）每 100 人发送信件数量为 10 ~ 25 封，低于俄国平均数量。[4] 20 世纪初邮政通信中私人信件占主导，政府信件只占 1/10。[5]

邮政事务变革标志之一是为发送城市内部信件建立专门的邮政机构。1833 年圣彼得堡诞生了城市邮局，1845 年莫斯科也成立了城市邮局。在最

①　Остряков А. *Краткий очерк по истории всемирной и русской почты.* М. , 1924. C. 104.

②　*Статистический временник.* . Сер. II. Вып. 5. C. III-IV.

③　*Статистический временник.* . Сер. II. Вып. 5. C. III.

④　*Статистический временник.* . Карта.

⑤　Остряков А. *Краткий очерк по истории всемирной и русской почты.* C. 104.

活跃店铺附近建立信件收发点，然后在入口上方写上："内埠"。对于专门信件主人需要登记，支付 5 银戈比后放入信箱。邮递员是自由和有文化的人，他们每天到这些站点一次，为各家分发信件。最初，城市邮局只寄送一些祝词和邀请票。后期增加寄送报纸、公务信函等业务。改革后城市邮局设置在省城中心，萨拉托夫、喀山、下诺夫哥罗德、奥杰萨和哈里科夫等城市都是如此。1874 年 47 个城市设有城市邮局。[①] 城市邮局在市民生活中的作用不是很显著。1893 年 4500 万名城市居民中只有 1400 万名居民发送信件，也就是说只有 1/3 的人发送信件。[②]

城市邮局服务不尽如人意。城市规划不合理，缺少完善的城市地址，不是所有街道都有名称，房子和住宅也缺少编号。如首都信件地址上写道：伊万·亚历山大诺维奇·赫列斯达卡夫，监察员卡克列夫斯基指出："伊万·瓦西里耶维齐长官，彼奇塔姆斯克街道房子下面居住着 10 个家庭，他家位于 3 楼右门。"的确，这些事件发生于 19 世纪 30 年代。改革后此状况很少发生。群众寄送信件由邮政点进行处理。

1853 年莫斯科开始研究房子编码问题，彻底为莫斯科每个区域进行标号。城市委员会官员们向省长提出该问题，圣彼得堡也引用该系统，"每个街道和胡同都有自己的标号，按照左右进行排列"。内务部经济厅提出一个问题，即"圣彼得堡有两个房屋标号系统，城市每部分标号都非常重要"；经济厅也借此对莫斯科各区域房屋进行标号。[③]

按照惯例，旧邮政系统按照区域分布，莫斯科收件人地址长期按照此方式标注。甚至在 19 世纪 90 年代，由莫斯科发送信件地址如下："莫斯科，巴卡亚夫列尼附近，叶洛赫夫·彼列杰什卡夫斯基胡同，私人房屋。"这里居住着艺术家、俄国文化活动家 C. H. 杜累林的父母。他在 20 世纪 30 年代回忆录中写道："圣彼得堡和莫斯科地址还有待进一步商榷，没有详细的邮

---

① 　Базилевич К. В. *Почта в России в XIX веке.* Ч. II. С. 147，151.

② 　*ПТЖ.* 1896. № 4. С. 566.

③ 　*ЦИАМ.* Ф. 166. Оп. 1. Д. 158. Л. 1 – 5.

政徽章。莫斯科地址十分复杂，这也是人们生活的见证。"①

1848 年首都街道邮寄信件程序逐渐简化，随后各省城也出现该趋势。大城市中（莫斯科、圣彼得堡、奥杰萨）都有几十个邮箱，一些是本埠信箱，另一些是外埠信箱。②

信件接送程序简化始于 1848 年，此年度产生了信封印章，1857 年产生了邮票。邮票题材通常是俄国徽章或者帝国名人。带邮票信封需要付费，信件封好后放入街道信箱中，多在邮政工作日白天或者晚上发送信件。

1871 年俄国产生了明信片（第一张明信片产生于 1869 年的奥地利）。政府对来往信件进行暗中检测，很长一段时间内禁止发送明信片，"主要与法律、社会制度、道德相抵触"。

和艺术博览会相比，邮局为国家各区域居民提供了解艺术的可能性。19世纪 90 年代起出现了印刷艺术、翻印著名艺术家图画或俄国名胜古迹的明信片。祝福明信片多在圣诞节、复活节、结婚纪念日时赠送。著名艺术家И. 比里比尼、А. 别努尔、М. 达布热尼思科、Е. 拉尼谢尔作品都被制成明信片。慈善组织为俄国艺术发展做出了重要贡献，它们使俄国居民接触艺术，特别是熟悉一系列优秀绘画作品。③ 20 世纪初明信片上开始插入广告。

19 世纪邮政服务速度明显加快。如果说 19 世纪初发送信件需要 5 昼夜，那么 19 世纪末，城市间信件只需 12 小时。④

铁路加快了邮政运输速度。邮局开始使用圣彼得堡—皇村和巴甫洛夫村铁路运输信件。尼古拉耶夫铁路上第一次设置邮政专列。新铁路建造时，租让合同和铁路规章中有建立邮政站点的条款。1868～1874 年邮局已使用 35条铁路线路运送货物。⑤

当时出版物中写道：客运火车成为驿站竞争对手。《邮政、电报》杂志

---

① Дурылин С. Н. В своем углу. Из старых тетрадей М. , 1991. С. 44.

② ПТЖ. 1896. № 4. С. 556.

③ Чапкина М. Художественная открытка. К 100-летию открытки в России. М. , 1993. С. 17.

④ Министерство внутренних дел. . . Почта и телеграф в XIX столетии. С. 122.

⑤ Министерство внутренних дел. . . Почта и телеграф в XIX столетии. С. 53 – 54.

一篇文章中指出，人们感兴趣的信息通常不是邮局使用铁路运输货物和信件，而是使用火车运输更加方便、快捷。[①]

铁路没有完全取代驿站。1880 年出版的《俄罗斯帝国邮政道路汇编》中指出政府应致力于建立优良的驿道。"由于俄国建立了新铁路线路……邮政通信已发生明显变化"，但还有骑马的邮递员和马车沿邮政道路发送信件。《俄罗斯帝国邮政道路汇编》包含邮费、邮政线路、邮政站点设置信息。私人也有获得通行证的可能性。为得到私人驿道通行证必须提供护照或者其他合法证件，并且说明通往地点和路线。《俄罗斯帝国邮政道路汇编》中规定运行速度：公路为 12 俄里/时；土制道路冬季和夏季为 10 俄里/时，春季和秋季为 8 俄里/时。邮政站点监察人员监督运行程序。但申诉事件时常发生，每个通行者都需要停下来进行登记，申诉书应上交给邮政官吏，居民的意见未必全部上报领导，隐瞒状况时常发生。[②]

车夫还被保留下来，但数量减少，逐渐被新事物所代替。1886 年出版的一本邮政著作中写道："本世纪初有些地方还有穿着蓝色呢绒长袍的马车夫……他们在歌曲伴奏下于草原上分发信件，现在很少遇见马车夫，对于他们的消失已经无力挽回。"[③] 只是一些民族歌曲，俄国诗集中保留了对俄罗斯豪放马车夫的描述。作为"勇敢乘车者"之一的马车夫在现代人眼中已经消失。瓦杰姆斯克诗集《纪念奥廖尔画家》中曾提到该状况。[④]

19 世纪 80 年代 Г. 乌斯别尼斯克不少诗句也对马车夫进行描述："当时还有许多赶着马车活泼的俄罗斯人，果戈理使整个俄国、马车、诗句、俄罗斯人心灵和俄罗斯民族人格化……这些 25 年前勇敢的马车夫如今已消失，带铃铛的马车也逐渐消失！所有这些都被一个小盒子代替，以后将没有马匹存在，到处都是烟气和吱吱声……"[⑤]

---

① *ПТЖ*. 1896. № 4. С. 558.

② *Почтовый дорожник Российской империи*. СПб. ，1880. С. 16，19.

③ *Вейндерг Л. Б. Воронежская почта. Исторический очерк//Воронежский юбилейный сборник в память 300-летия г. Воронежа* Т. 1. Воронеж，1886. С. 438.

④ *Соколов Н. И. Ямская гоньба и почта в русской литературе//ПТЖ*. 1900. № 8.

⑤ *Соколов Н. И. Ямская гоньба и почта в русской литературе//ПТЖ*. 1900. № 8.

　　历史学家索卡洛夫收集的俄罗斯文献中保存了有关驿站和邮局的材料（在国民创作、历史文件、艺术作品中对邮局都有阐述），其中含有俄罗斯人和社会各界对驿站、邮局、邮政服务人员的看法。

　　道路、马车和带铃铛马车等话题在俄国诗集、小说中都可以遇到。果戈理写道："道路带有一些旧式的、引人入胜的神奇色彩。"诗人的一些诗句对邮政线路和城市哨卡进行了描写。

　　尽管邮政线路、驿站让步给铁路，但也被长期保留下来。20世纪20年代俄国道路上还可以遇见魁梧的、强壮的、腰上系着红腰带、头上戴着帽子的马车夫。这些诗句在莫斯科大学教授、历史学家 E. B. 库特诺夫回忆录中也能见到。"古老莫斯科使人们想起带铃铛的马车"。邮政站点虽被保留，但"房子由于老化变黑，附近也设置小酒馆"。①

　　改革后邮政业务十分繁忙，邮政通信首先和俄国城市联系在一起。区域数量增加为邮局建立提供了便利，19世纪90年代中期8000个城市和站点建立了邮政和电报通信系统。② 通信方式多种多样（信件、明信片、邮件、包裹、现金汇兑等），交流逐渐频繁。邮政机构网络在西部和南部地区密度最高，中部地区密度较低。西伯利亚电报站点最少。19世纪初俄国共有458个邮政机构，工作人员数量为87000人，19世纪末共有邮政机构4400个，工作人员数量为29000人。③ 主要信件收寄人群为城市居民，多为私人、商业和事务信函。

　　邮局业务发展指标决定了信息交流强度。19世纪50年代俄国750个城市有邮政机构，平均每周收发信件1～2次，只有63个城市每天都收发信件。19世纪80～90年代站点每周收寄次数增加1～2次，主要与城市数量增加相关，每天需提交几次信件：1900年城市邮寄信件占信件收发总数的2/3。④

　　乡村邮政通信发展速度较慢。农村和乡镇居民通常在县城和省城周围邮

① Гутнова Е. В. *Пережитое.* М. ，2001. C. 33，34.

② *Министерство внутренних дел.* *. Почта и телеграф в XIX столетии.* C. 24；*Почтово-телеграфная статистика за 1896 г.* C. 5.

③ *ПТЖ.* 1896. № 4. C. 556；*Министерство внутренних дел.* . C. 122.

④ Остряков А. *Краткий очерк по истории всемирной и русской почты.* C. 96.

政办事处收寄信件；某些邮局站点还接收地方自治机构信函。19 世纪 30 ~ 50 年代县城邮局被称为公文专送机构。农民信件主要发往城市邮政办事处和邮局站点。

乡镇和农村中正规邮局于 1865 年产生，其标志为地方邮局诞生。19 世纪 90 年代末 190 个县城中有 1000 多家地方邮局。

在人们交流过程中（19 世纪），邮局作为信息交流工具具有重要作用。[①] 19 世纪初俄国每 100 人年均寄送信件 6 ~ 7 封，19 世纪末年均寄送信件数量为 5 封。[②] 这些成就仍不能满足俄国居民的需求。19 世纪末俄国邮政服务等级和邮政交流强度落后于欧洲国家（当时法国每 100 名居民年均寄送信件数量为 52 封，德国为 64 封）。

19 世纪下半叶邮局成为城市普及报纸、杂志和书籍的工具。1852 年邮局开始寄送报纸，邮政局局长和邮局支局局长从邮政厅获得该权利，邮局转寄出版物后，杂志价格降低 20%。1874 年邮局已转寄 3800 万份定期刊物，1890 年增加至 2.26 亿份。[③]

1869 年邮政厅开始在首都和省城邮局尝试报纸和杂志订阅业务。一年后可能因事务组织不力，该部门被关闭。

19 世纪 50 年代末 60 年代初个别省份资料中含有省内定期出版物普及和推广信息。各省份情况不同。辛比尔斯克省订购了 2000 份左右杂志和报纸，订购主要集中于城市中，辛比尔斯克市最多，订购人主要为贵族和官吏阶层。喀山省订购了 1800 份杂志和报纸，大部分订购者都位于省城中。笔者按照阶层对其进行划分：贵族 625 份，商人 440 份、僧侣 205 份，市民 50 份，农民 15 份，办公机构订购 465 份。50 年代末科斯特罗马市订购了 54 种定期出版物。[④]

订购的杂志和报纸主要包括官方出版物（《莫斯科公报》《圣彼得堡公报》《北方之蜂》）、自由出版物（《祖国之子》《俄罗斯公报》）、地区报纸

---

① Сорокин П. *Система социологии.* Т. 1. М.，1993. С. 393.

② *Министерство внутренних дел.. Почта и телеграф в XIX столетии.* С. 123.

③ Остряков А. *Краткий очерк по истории всемирной и русской почты.* С104.

④ *Материалы для географии и статистики.. Т.* 20. С. 433；Т. 8. С. 527 – 529；Т. 12. С. 492.

（《经济指南》《农业报纸》）、宗教和消遣出版物（《周日空闲》《小说集》《时髦》）等。19 世纪 50 年代末在省城中出现了《伊斯兰》《现代人》《祖国札记》等出版物；卡卢加和喀山省出版了杂志《读者图书馆》，其被认定为俄罗斯第一本省外杂志。的确，省内和县城中订购出版物的人数不是很多。50 年代末沃罗涅日省出版物订购人数仅有 660 名。①

除中央刊物之外，省城中还订购地方出版物，《省城公报》订购数量最多，但订购者数量不是很多。1857 年科斯特罗马省订购报纸人数为 146 人，奔萨省为 10 人，1866 年数量增加到 163 人。② 1857 年卡卢加省订购报纸人数为 639 人，订购者主要为政府机构和教堂。③

省内和县城图书馆、书店也通过邮局订购书籍。上文已经指出，戈拉兹诺夫兄弟书店向俄国 58 个城市发送书籍。订购书籍借助俄国运输协会或"希望"公司。④

第二节　电报和电话

电报和电话是 19 世纪信息体系中的新事物。电磁电报产生是物理学领域主要技术成就之一，它属于电物理学范畴。

俄国电报设置与使用与 П. Л. 什里尼克和 Б. С. 亚卡密切相关，他们是电工技术和电铸学领域的著名学者。1832 年 П. Л. 什里尼克发明了第一台电报仪器，主要在实践中应用。对铁路持怀疑态度的很多人对这个新事物也不相信。尼古拉一世女儿奥列卡在回忆录中指出："这些试验令人们非常惊奇，最初，与电灯产生之初一样，相信的人很少。"⑤ 1832 年 10 月 22 日电报试运行后在圣彼得堡报纸上出现如下内容："如果金属丝可传递思想，那

---

① *Материалы для географии и статистики.*. Т. 8. С. 527 – 529；Т. 12. С. 492；Т. 4. С. 299；Т. 17. Ч. 1. С. 177 – 178.

② *Материалы для географии и статистики.*. Т. 12. С. 492；Т. 17. Ч. 2. С. 177 – 178.

③ *Материалы для географии и статистики.*. Т. 9. Ч. 2. С. 73，433.

④ *ГИМ ОПИ. Ф. 1. Д. 150. Л. 112，122.*

⑤ *Николай I. Муж. Отец. Император. С. 232.*

么靴子和茶壶也可以传递信息。"① 普希金对该事件也有所描述。

1839 年 П. Л. 什里尼克死后（1837 年）另外一名俄国学者 Б. С. 亚卡对电报仪器继续研究，在莫尔兹帮助下发明了代码。这些电报代码（莫尔兹符号）以前已经出现。什里尼克和亚卡比都提出了铺设空中电报线路方案（最初电报线路在地下设置）。

电报实际使用始于 19 世纪 40 年代，此时英国（1840 年）、德国（1843年）、法国和美国（1844 年）已开始普及。② 最初俄国和其他国家一样，电报只用于政府部门间联系。

第一条连接莫斯科和圣彼得堡的电报线路产生于 1852 年。1855 年 4 月《电报收发紧急信息总规章》正式生效。1863 年除北都外，莫斯科已使用电报和沃罗涅日、图拉、雅罗斯拉夫、基辅、喀山等地区建立了直接联系。19世纪 60 年代这些线路已连接帝国主要城市。电报站点数量开始增加，从1857 年的 79 条增加到 1866 年的 338 条；电报员数量增加 1 倍多（从 1600人到 3360 人）。③ 19 世纪末电报线路长度为 133000 千米（1860 年仅有30000 千米，相比增加 4 倍多）。不仅省城有电报机构，95 个县城、517 个乡镇和工厂镇也出现了电报机构。④ 通信速度提高明显扩宽了信息视野。从圣彼得堡发送电报至符拉迪沃斯托克只需 2 ~ 2.5 小时。1867 年圣彼得堡建立了 14 个城市电报站，其目的是加速电报发送量增长。邮递员骑马派发电报，一小时内收件人就可收到电报。19 世纪 70 年代末电报内容用铅笔书写，80 年代用打字机书写。⑤

电报业务发展降低了电报发送成本。19 世纪 60 年代初沃罗涅日到列彼茨克电报费用为 50 戈比/字，到圣彼得堡价格为 1 卢布 75 戈比/字。80 年代中期上

---

① *150 лет русскому телеграфу.* Сб. М. , 1992. С. 19.

② *150 лет русскому телеграфу.* Сб. М. , 1992. С. 7.

③ *Статистический временник.* Сер. II. Вып. 5. С. 2.

④ *ПТЖ.* 1896. № 4. С. 562; *Министерство внутренних дел . . Почта и телеграф в XIX столетии.* С. 201.

⑤ *Министерство внутренних дел . . Почта и телеграф в XIX столетии.* С. 201; *ПТЖ.* 1914. № 6. С. 444 – 445; *ГИМ ОПИ.* Ф. 169. 1881. Д. 7. Л. 23, 24.

述城市间发送电报价格分别为每字 30 戈比、60 戈比和 1 卢布 20 戈比。[①] 80 年代设置了统一电报价目表，即每字 15 戈比，俄国欧洲地区每增加一字费用增加 5 戈比，俄国亚洲部分为 10 戈比；城市和城郊紧急电报价格为每字 1 戈比。[②]

电报除用于快速传递政府、商业、私人信息之外，还用于科研。电报还传送天文台信息，使用电报传递气象报告、预测天气。19 世纪末俄国有 182 个电报站。[③]

商界对电报事务扩展非常关心。某些商业公司、协会多次提出建立新电报站点申请书，有些人甚至无偿提供设施、资助仪器，为站点工作人员提供工资。和邮局相比，电报成为快速传递信息的工具。

图 4 - 6　1890 年圣彼得堡举行国际电报大会会议一角

邮政通信开始落后。1896 年邮政业务可以证明该指标：5000 万份邮政业务中有 3000 万份为向国内外城市发送电报，国内电报占大多数（国内电报数量约为 2800 万份）。[④]

---

① *Воронежский юбилейный сборник. . Т. 2. СПб. , 1886. С. 121.*

② *ПТЖ. 1901. № 7. С. 658;*

③ *Министерство внутренних дел. . Почта и телеграф в XIX столетии. С. 237.*

④ *Почтово-телеграфная статистика за 1896 г. С. 6, 40.*

为更好地组织信息收发工作，19 世纪 90 年代产生了电报代办处。圣彼得堡设立了北方电报代理处，莫斯科设立了特鲁彼尼卡夫电报代理处。1895 年建立了俄国电报代理处，其创立人是莫斯科和圣彼得堡报纸出版人。电报代理处许可证是由邮政和电报事务总局颁发的，其目的是"收集国内外政治、金融和贸易信息，通过各种报纸进行发表……所有省城、商业点都有代理处，帝国其他区域也设有该机构"。[①]

19 世纪最后 20 年俄国产生了电话。电话由美国人贝尔于 1876 年发明，他是波士顿聋哑学校老师，该发明以其名字命名。其原理是使用电力传递声音信号，俄国很快应用该技术。第一条电话线路铺设在下诺夫哥罗德，被安装在公司经理住宅中。[②] 第二年电话已经在莫斯科、圣彼得堡、奥杰萨、雅罗斯拉夫、里加产生。19 世纪 80 年代大多数省城和县城中已经产生了电话，如库尔斯克、沃罗涅日、喀山、萨拉托夫、阿斯特拉罕、罗斯托夫、塔甘罗格、察里津和伊万诺夫 – 沃兹涅谢尼克等。每年首都客户的电话费为 250 卢布，省城为 150 卢布。[③] 最初电话普及程度有限，莫斯科电话站第一批用户只有 26 家。[④]

1891 年萨沃·莫洛扎夫和维库拉·莫洛扎夫手工工场中都安装了电话。[⑤]

城市公共电话线路由国家垄断。1881 年 2 月邮政大臣玛卡夫给亚历山大二世的报告中指出："俄国电报电话线路用处非常大，超过任何一种交流方式；电话通信和电报类似，应该由政府垄断，由政府发放许可证和设置。"[⑥]

---

①　*ПТЖ*. 1894. № 52. C. 560 – 561.

②　*Материалы по истории связи в России XVIII—XX вв. Обзор документов ЦГИА СССР, фондов почтовых ведомств.* Л., 1966. C. 113.

③　*Материалы по истории связи в России XVIII—XX вв. Обзор документов ЦГИА СССР, фондов почтовых ведомств.* C. 255；*ПТЖ.* 1906. № 9. C. 662.

④　*100 лет Московской городской телефонной сети. 1882 – 1982.* M.，1982. C. 8.

⑤　*ЦИАМ. Ф. 798. Управление московских городских телеграфов. Оп. 2. Д. 3. Л. 1.*

⑥　*Материалы по истории связи в России XVIII—XX вв. Обзор документов ЦГИА СССР, фондов почтовых ведомств.* C. 253.

图 4 - 7　20 世纪初邮局明信片——《喂，哪位?》

　　租让合同中政府提供给国际电话公司建筑和经营电话网络的权利，期限为 20 年。贝尔公司首先获得该权利。

　　19 世纪末绝大部分电话线路都归国家所有（5000 条以上），只有 850 条线路属私人所有。政府线路主要位于省城内，首都的大多数电话用户为个人。[①]

　　19 世纪 90 年代在俄国建立了城市间电话线路（1887 年欧洲建立了第一条巴黎—布鲁塞尔线路）。1893 年电话线路已连接奥杰萨和尼古拉耶夫、1895 年连接罗斯托夫和塔甘格罗、1898 年连接莫斯科和圣彼得堡。报纸中指出："首都间电话通信得到公众赞许。"

　　19 世纪 80～90 年代使用电话的城市数量增加，1886 年 11 个城市拥有电话，1900 年达 67 个。19 世纪末电话通信已在北方首都实现（连接皇村、加特契纳、圣彼得堡、喀琅施塔得和红村）。省城、欧俄主要城市中心（如伊万诺沃－沃兹涅谢斯克、沃洛涅日、书伊、察里津、科兹洛夫）和西伯利亚城市（秋明、托姆斯克、奥伦堡、克拉斯诺亚尔斯克）都已使用电话。1886～1896 年，电话用户从 4000 个增加到 18500 个。[②] 19 世纪 90 年代电话通信相关材料指出，尽管电话仪器数量增加，但其用户数量增加不明显

①　*Почтово-телеграфная статистика за 1896 г.* C. 41；*ПТЖ.* 1901. Июль. C. 619 – 623.

②　*ПТЖ.* 1906. № 9. C. 623，665；*Материалы по истории связи в России XVIII—XX вв. Обзор документов ЦГИА СССР, фондов почтовых ведомств.* C. 258.

（见表 4 - 2）。19 世纪末大部分城市中只有富有阶层家庭安装电话，首都也是如此。[①]

表 4 - 2　19 世纪末俄国各城市电话安装状况

单位：部

城市	电话数量				
	1882 年	1886 年	1889 年	1900 年	
圣彼得堡	128	2874	3702	3983	私人电话网络
莫斯科	61	2012	2757	2918	
奥杰萨	66	—	1218	1258	
下诺夫哥罗德		581	458	465	政府电话网络
罗斯托夫		—	813	852	
阿尔汉格棱斯克		—	138	177	
阿斯特拉罕		406	640	677	
伏尔加		—	99	126	
沃罗涅日		148	204	226	
伊万诺夫 - 沃兹涅斯克		184	256	285	
喀山		350	520	5500	
卡卢加		—	64	84	
卡兹洛夫		—	48	44	
科斯特罗马		—	69	115	
库尔斯克		101	107	127	
奥廖尔		93	126	126	
奔萨		—	120	123	
彼尔姆		152	222	238	
梁赞		54	89	100	
萨马拉		190	308	322	
萨拉托夫		263	467	571	
谢瓦斯托波里		—	221	220	
辛比尔斯克		—	93	116	
斯摩棱斯克		138	161	165	
塞兹兰		—	51	64	
唐波夫		—	85	128	
特维尔		—	128	131	
图拉		203	302	334	

---

① *ПТЖ.* 1901. № 7. С. 619 – 621，623；*Материалы по истории связи в России XVIII—XX вв. Обзор документов ЦГИА СССР, фондов почтовых ведомств.* С. 256；*Почтово-телеграфная статистика за 1896 г.* С. 41.

291

20 世纪官方出版物中已指出："电话还未在城市居民中普及。"①

20 世纪电话用户数量明显增加，开始设置国际电话线路。1909 年莫斯科建成第一个电话亭。②

通信技术发展要求专业知识、公共文化和工作人员受教育水平提高。最初电报和电话在公司、商业机构中普及程度最高。1881 年第 127 期《圣彼得堡公报》一则简讯中指出："12 年间（1850～1862 年）电报业务仍由外国人垄断，高级技术人才中俄国人数量极低。俄国人只从事低级和无技术含量的工作，他们很难进入该领域。"③

19 世纪 60 年代初规章改变了这一状况，这主要源于杰出工程师梅里尼卡夫担任通信线路和公共建筑办公厅总负责人（电报隶属于该机构）。1858 年建立了电报专业技术学校，60 年代初军事技术机构毕业生开始担任城市报务员。1871 年报务员学校开始招收县城和城市技校毕业生，圣彼得堡、莫斯科、里加、喀山都有类似学校。报务员应掌握俄语、法语、德语、数学和地理知识。60 年代妇女获得了去电报机构任职的权利。④ 19 世纪末姑娘开始从事报务工作，1891 年《电力》杂志一条标语中指出："很少有报务员能承受如此繁重工作。"莫斯科电报站工作日非标准化，姑娘们日工资为 13～16 戈比，一个月休假一天，在电报站工作两年后每年才可获得两周休假，该机构不招收已婚女子。股票协会为姑娘们在银行开立账户，每年给她们 2 卢布作为陪嫁。已婚报务员没有这种待遇。⑤

1884 年《电报和电话线路规章》中专门规定了工作人员工作内容，报务员必须能正确和及时收发紧急报告，应具有清晰、标准的发音以及良好的音质、出色的听力，并能适应高强度劳动，能区分单词间差别；此外，优秀

---

① *Города России в 1904 году.* С. 447.

② *100 лет Московской городской телефонной сети.* С. 24.

③ *Очерки истории техники . . Кн. 2.* С. 150.

④ *Министерство внутренних дел . . Почта и телеграф в XIX столетии. С. 161；Очерки истории техники . . Кн. 2.* С. 150.

⑤ *100 лет Московской городской телефонной сети.* С. 24.

报务员还应有出色的记忆力、感观和智慧。①

在电报通信自动化之前，客户间通信主要借助通信员。接线员快速和高质量工作取决于他们的工作时间和记忆力。对他们而言，特别难理解的是姓名、外语和技术术语。19世纪末开始安装交换机，可加快信息传递速度，但要求电报通信点工作人员反应更加快捷。电报通信中滑稽事情时常发生。在一个回忆录中提到：19世纪80年代雅罗斯拉夫商人奥戈诺夫安装电话用于连接城中房子和郊外别墅。虽然也安装电话，但管家从不使用，他总认为接电话的不是商人本人。②

因此，19世纪俄国信息系统由诸多部分组成，如电报、电话和邮局。城市中信息系统处于中心地位，它与信息传播工具相结合，其中邮局是基础通信设施。电话逐渐被纳入市民日常生活之中。

通信系统是社会文化生活的重要因素之一。П. А. 索洛克尼认为，铁路、邮局、电报、电话被称为社会的导体；与报纸和杂志数量增加相比，书信、电报、电话用户数量增加决定了人们交往强度的提高。③

在社会文化不断完善过程中，上述设施的重要性不断凸显。它们改变了人们对时间和空间的理解，缩短了人与人间的距离……它不仅加强了人们的交往强度，而且缩短了空间距离。④ 为此，索洛克尼提出"社会空间"概念，与地图空间概念差别很大。

城市社会文化生活中，由于某些主客观因素很多，要素不能发挥作用。20世纪俄国通信工具发生质的飞跃，文化信息系统也在此契机下快速发展。

---

① *ПТЖ*. 1906. № 9. C. 248，251.

② Дмитриев С. В. *Воспоминания*. C. 121，122.

③ Сорокин П. *Система социологии*. T. 1. C. 392 – 393.

④ Сорокин П. *Система социологии*. T. 1. C. 392 – 393.

结 论

本书力求向读者展示 19 世纪俄国欧洲部分城市生活的某些方面。

此时，城市作为社会体系的重要组成部分，不但是经济生活的集散地，很多时候也执行行政和社会文化功能。

人文科学现在跨学科研究趋势加强，以多维方式分析社会现象要求必须把城市作为一个政治功能组织来研究。社会和文化领域也是研究方向之一，扩展为城市研究方法和特征，最终确定城市在 19 世纪俄国社会政治和文化生活中的地位。

由于俄国资本主义发展的特殊性，手工工场普及和工厂发展可使城市称为非农业中心，但不能完全展现国家社会经济发展过程的完整性。与大城市相比，改革后资本主义快速发展地区被称为非农业中心和工厂镇，19 世纪末，其数量不断增加。

改革后资本主义城市经济功能史料欠缺是城市史研究薄弱的原因之一，在城市研究过程中，研究者往往只关注其社会经济功能。

19 世纪俄国城市在具有经济功能的同时，也具有社会和文化功能。这些功能发挥的程度、主观和客观因素决定了 19 世纪 60 年代后俄国城市发展的差异。有一点毋庸置疑，即省城是文化的发源地，城市是社会历史过程中文化和新事物发展的先决条件。

俄国城市集中了大多数基础教育、职业技术教育学校和文化教育机构。19 世纪中期城市识字率已超过省份整体水平。改革后 10 年中识字率波动不大。1897 年人口普查确定了市民识字水平，超过国家平均指标 2 倍。中高级教育是城市文化环境的基础，城市集中了社会精神优势。首都和省城有文化缺口时，省城文化也蓬勃发展起来。

19 世纪俄国城市典型特征之一是行政功能占主导。行政地位是城市社会文化生活发展的重要因素。国家逐步建立中等教育、卫生系统和文化教育机构。因此，可以说城市为中央政权的附属机构。俄国城市明显区别于西欧城市，城市法律确定了西欧城市的行政地位，它们逐渐脱离君主掌控，封建主权利逐渐扩大。

城市阶层是城市社会文化研究的方向之一。19 世纪城市主要居民为市民阶层，他们是城市社会的中间阶层。

19 世纪末 20 世纪初社会意识和艺术知识环境轻视市民阶层，因此对"市民阶层""市民环境"的理解并不重视。

市民是俄国居民的重要组成部分，按数量而言处于第二位，他们和农民一样，是物质生产环境的生产群体，为无产阶级源泉之一，在俄国小商业发展过程中，他们作为载体促进社会经济发展。城市阶层基础教育和职业水平是社会现代化的基础。由于主观因素制约，政府对于市民没有制定出同一政策，该阶层没有形成中等阶级的基础，不能展现当时俄国民主阶层的命运。

同时代人认为，工业化应促进群众基础和专门教育发展，提高技术推广程度和识字人数，借此可改变劳动环境（门捷列夫在许多书中写道）。换言之，工业化能加速城市中等文化阶层发展，在一定程度上促进生产部门技术和工艺发展过程。门捷列夫写道："俄国农民、企业主和商人都应接受教育。"[1]

基础和职业教育状况是与人性、公民意识相关的重要社会文化问题。教育和市民成熟度密切相关，19 世纪 70 年代的一个出版物中指出："知识没有完全发挥其促进智力和道德发展的功能，它对城市发展十分重要，对于人们而言，它促进一系列事务推广，公职人员和荣誉市民中中间阶层数量也不

---

[1] Менделеев Д. И. *Границ познанию предвидеть невозможно.* С. 38.

断增加。"①

和其他因素相比，俄国识字率和教育水平可证明 19 世纪末城市社会并未发生巨大变革。改革后建立国民学校、科学和技术协会，以及举办科学研究、职业、文化代表大会等活动都体现了俄国社会文化发展趋势。城市和农村相比具有市民社会产生和发展的前提条件。由于居民社会成分复杂、城市经营活动的广泛性、公共设施建设的必要性，对集体、阶层外社会组织的需求不断增加，这在改革后城市自治措施中都有所体现。因市民社会积极性较低，这些措施基本都由政府倡导，但实施过程中受诸多因素制约。

俄国市民形成问题与社会法律文明、市民法律意识等问题密切相关，法律和社会、家庭日常生活标准间关系尤为重要，它也是 19 世纪俄国城市社会文化研究的重要组成部分。

与中世纪城市相比，新时期城市不再是封闭空间。它对周边地区居民社会文化生活也具有一定影响。在此过程中，除经济因素之外，通信系统的发展也具有催化剂作用，它加速了城市文化的离心和向心力。邮政线路上的城市关卡、火车站就像打破城市封闭的钥匙。运送乘客和邮政信件的铁路虽然没有电报和电话传递信息速度快，但 19 世纪末已广泛影响人们生活，增强了社会活力，改变了原有时间和空间概念。

19 世纪俄国城市像其他社会层面一样，其发展是社会活力的体现，也是社会发展进程中的必要因素。

---

① Васильчиков А. *О самоуправлении. Сравнительный обзор русских и иностранных земских и общественных учреждений.* Т. 1. С. 39.

附　件

表 1　19 世纪末 20 世纪初各省机构设置情况

城市	工厂		手工业机构		手工作坊	交易所（个）	银行（个）	监狱（个）
	数量（个）	工人数（人）	数量（个）	工人数（人）				
弗拉基米尔	8	508	54	564	贸易、园艺	1	2	1
沃罗涅日	84	2482	1266	8375	—	8	6	1
喀山	281	8133	1129	5686	皮革、肥皂制造	1	5	3
卡卢加	50	1402	205	1820	索具制造	2	5	1
科斯特罗马	28	8419	118	864	伏尔加沿岸造船业、制靴厂	2	3	1
库尔斯克	82	1392	526	659	皮革	6	5	1
莫斯科	794	107494	17164	30685	—	3	21	4
下诺夫哥罗德	57	3169	135	11850	造船、船舶业、贸易	3	8	2
奥廖尔	171	2522	271	3703	制棉、纺纱	6	5	1
奔萨	204	2664	487	3882		3	5	1
梁赞	7	520	370	3000	编织	3	5	1
萨拉托夫	186	9201	1992	2604	—	1	11	1
辛比尔斯克	24	400	181	885		3	6	2
斯摩棱斯克	33	1208	429	3233	裁缝	2	6	2
唐波夫	56	890	223	3936		2	3	2
特维尔	33	15100	308	6751		—	3	1
图拉	204	13820	57	18367	钳工、饮茶、制锁、武器制造	2	1	1
雅罗斯拉夫	52	13810	334	4287	—	2	4	1

表 2　19 世纪末 20 世纪初各省信贷情况和主要供给产品价格

城市	主要贸易对象	城市信贷			一磅食品的价值（戈比）				
		收入（千卢布）	支出（千卢布）	平均值	面包		肉	盐	糖
					黑麦	小麦			
弗拉基米尔	香料、玩具	168.0	168.0	5.2	2.0	6.0	12.5	1.0	16.0
沃罗涅日	马匹	592.0	592.0	9.1	1.5	5.5	11.0	1.0	16.0
喀山	餐具、茶制品	988.3	931.7	5.7	1.5	6.0	13.5	1.0	17.0
卡卢加	马匹、牲口	441.5	509.5	8.5	2.5	6.0	17.5	1.0	16.0
科斯特罗马	马、马车、餐具、茶制品	252.2	245.2	5.7	2.0	5.0	14.5	1.0	17.0
库尔斯克	马、皮货、小百货、玩具、学徒商品	332.9	332.9	5.9	1.5	5.0	12.0	1.0	15.0
莫斯科	陶瓷制品、玩具、油画、粗布画、日常用品	19507	19086	17.8	2.3	6.0	17.5	1.0	16.0
下诺夫哥罗德	马匹、武器、鞋子、玩具	987.2	987.2	10.7	2.0	5.0	13.5	1.0	17.0
奥廖尔	零售商品，如玩具、糖果	416.6	416.6	5.1	2.0	5.0	13.0	1.0	15.0
奔萨	牲畜、手工业商品	421.4	421.4	6.6	2.0	6.0	11.5	1.0	16.0
梁赞	牲畜、床、餐具、蔬菜、马具产品	292.0	292.0	8.1	1.5	2.0	13.0	1.0	17.0
萨拉托夫	餐具	1696.7	1696.7	8.6	2.0	5.0	11.0	0.5	15.0
辛比尔斯克	—	297.5	297.5	6.3	1.5	6.0	12.0	0.5	16.0
斯摩棱斯克	马匹、马车、日用百货	292.7	292.7	4.6	3.0	5.0	12.0	1.0	16.0
唐波夫	马匹	368.0	368.0	7.1	2.0	6.0	12.0	1.0	16.0
特维尔	—	336.6	336.6	5.6	2.0	7.0	16.0	1.0	17.0
图拉	—	880.1	777.2	7.1	2.0	6.0	15.0	1.0	16.0
雅罗斯拉夫	马匹、零售商品	469.6	469.6	6.5	2.5	5.0	13.5	1.0	16.0

资料来源：Города России в 1904 году. СПб. , 1906. С. 266 – 282，332 – 371，380 – 388.

表3　19世纪末20世纪初省城公共设施状况

城市	居民的数量		居民建筑		铺砌街道(个)	街道绿化带长度	花园面积	街道照明(照明灯数量)			
	整个区域(千人)	密度(人/平方俄丈)	石制(个)	木制(个)		占总面积的比例(%)		电力(个)	天然气(个)	煤油(个)	总计(个)
弗拉基米尔	32.1	42.4	456	1825	69.8	—	0.5	—	257	550	577
沃罗涅日	64.7	25.9	2628	2844	46.7	28.2	1.8	138	—	502	640
喀山	161.6	21.3	—	—	61	—	0.7	57	800	2065	2922
卡卢加	52.0	48.1	673	4536	44.7	5.2	0.8	—	—	1000	1000
科斯特罗马	42.8	41.5	83	2951	33.3	—	0.3	—	—	612	612
库尔斯克	56.4	34.0	967	2667	24.0	—	1.5	—	—	500	500
莫斯科	1092.4	18.3	5414	11962	93.0	—	9.6	201	8778	13919	22898
下诺夫哥罗德	92.3	21.8	1203	3230	72.3	—	—	—	—	3016	3016
奥廖尔	81.6	29.8	1392	4187	53.3	16.4	1.5	78	—	665	743
奔萨	63.5	45.8	810	5260	37.6	85.4	2.8	12	—	711	723
梁赞	35.9	34.1	532	1785	100	—	—	—	—	550	550
萨拉托夫	197.8	16.2	3316	16156	27.3	—	—	—	—	2038	2038
辛比尔斯克	47.1	15.3	400	1620	73.3	—	—	—	—	954	954
斯摩棱斯克	63.3	38.7	263	2321	40.8	—	0.8	46	—	739	785
唐波夫	52.0	38.5	983	4170	18.4	1.3	0.3	—	—	633	633
特维尔	59.5	36.2	984	2857	57.7	11.3	0.4	130	250	180	560
图拉	109.7	38.3	1289	14917	33.2	—	3.0	115	—	810	935
雅罗斯拉夫	72.0	34.0	1086	4518	41.2	4.6	1.8	18	—	1600	1618

表4　19世纪末20世纪初省城公共设施和卫生状况

城市	城市运输			卫生保健		医疗结构				饭店（家）	旅店（家）	小酒馆（家）
	马车数量（个）	有轨马车（俄里）	有轨电车（俄里）	供水	污水处理	医院（家）	私人诊所（家）	药店（家）	医生（名）			
弗拉基米尔	220	—	—	自来水管道	清洁车	1	630	5	37	16	—	60
沃罗涅日	605	6.5	—	自来水管道、河水	下水道、清洁车	14	445	17	73	28		
喀山	600	—	24.5	自来水管道	运出	12	1734	26	147	60	49	73
卡卢加	508	—	—	自来水管道	运出	4	640	13	28	15	20	41
科斯特罗马	311	—	—	自来水管道、河水、水井	运出	12	688	7	29	11	11	35
库尔斯克	298	—	5.0	自来水管道、河水、水井	运出	4	250	11	37	15		
莫斯科	205000	90.3	4.4	自来水管道	下水道、清洁车	113	7940	701	1365	258	318	688
下诺夫哥罗德	2996	—	9.5	自来水管道、河水、	运出	12	905	30	87	35	97	32
奥廖尔	467	—	2.0	自来水管道、河水、水井	清洁车	8	257	14	55	33	44	46
奔萨	834	—	—	自来水管道、－河水、水井	清洁车	3	689	17	37		24	35
梁赞	609	—	—	自来水管道、水井	清洁车	2	235	8	22	11	14	38
萨拉托夫	1690	20.0	—	自来水管道	运出	6	674	27	95	8	8	
辛比尔斯克	760	—	7.0	自来水管道	运出	3	268	11	20	15	15	21
斯摩棱斯克	427	—	7.8	自来水管道、水井	运出	13	833	12	38	20	20	15
唐波夫	469	—	—	自来水管道	运出	2	390	16	41	28	28	55
特维尔	819	—	7.0	自来水管道、河水、	清洁车、运出	4	132	8	29	4	4	67
图拉	532	8.0	—	自来水管道	清洁车	13	685	25	42	9	9	61
雅罗斯拉夫	428	—	13.2	自来水管道	—	1	290	11	46	12	12	41

资料来源：Города России в 1904 году. СПб．，1906. C. 156 – 233，244 – 248.

表 5　19 世纪末 20 世纪初省城的公共文化环境

城市	信息系统		公共图书馆（家）	报纸出版社（家）	杂志社（家）	印刷厂（家）	照相馆（家）	剧院（个）	民族之家（个）	博物馆（个）	高等教育机构	
	电报（俄里）	电话用户数（人）									数量（个）	大学生数量（人）
弗拉基米尔	—	149	2	2	—	5	3	1	—	—	—	—
沃罗涅日	—	238	13	4	4	—	9	3	—	1	—	—
喀山	—	700	7	3	9	13	12	2	—	1	3	1775
卡卢加	—	95	8	2	—	4	7	1	—	1	—	—
科斯特罗马	—	153	7	4	1	5	4	1	1	4	—	—
库尔斯克	—	150	2	2	5	9	8	4	—	4	—	—
莫斯科	92.6	5151	43	13	69	35	54	15	—	36	7	1935
下诺夫哥罗德	27.5	339	17	2	4	22	7	3	—	3	—	—
奥廖尔	2.0	121	6	2	—	7	5	2	—	1	—	—
奔萨	—	139	4	4	—	5	7	3	—	2	—	—
梁赞	—	108	8	4	—	7	4	2	—	1	—	—
萨拉托夫	—	680	10	9	—	—	11	2	1	2	—	—
辛比尔斯克	—	150	6	3	—	5	5	2	—	1	—	—
斯摩棱斯克	—	169	8	—	—	5	5	2	1	1	—	—
唐波夫	—	169	7	1	—	4	5	—	—	1	—	—
特维尔	—	147	8	3	—	2	5	2	—	1	—	—
图拉	5.0	373	11	2	—	6	5	2	—	1	—	—
雅罗斯拉夫	—	325	4	4	2	7	11	1	—	2	1	462

表 6　19 世纪末 20 世纪初省城教育机构情况

城市	中等教育机构			初级教育机构							学生占居民比例			周末、夜校培训班	
	男子学校(个)	女子学校(个)	总计(个)	男子学校(个)	女子学校(个)	普通学校(个)	总计(个)	学生 男(人)	学生 女(人)	学生 总计(人)	男(%)	女(%)	总计(%)	培训班数量(家)	学生数量(人)
弗拉基米尔	2	—	2	11	3	—	14	1369	226	1595	18.2	6.8	11.6	2	—
沃罗涅日	5	4	9	39	16	—	55	2404	2374	4778	14.2	14.6	14.4	2	—
喀山	15	10	25	36	23	15	74	—	—	6167	—	—	8.9	1	50
卡卢加	3	3	6	20	13	10	43	2097	1428	3525	11.5	11.7	11.6	3	—
科斯特罗马	4	2	6	14	7	9	30	1616	1206	2822	15.4	9.3	12.4	4	—
库尔斯克	5	4	9	11	8	33	52	—	—	3443	—	—	12.8	1	—
莫斯科	39	45	84	184	195	420	799	28202	25218	53220	8.8	8.1	8.5	83	5686
下诺夫哥罗德	10	6	16	—	11	2	64	1946	1184	3130	9.2	—	8.4	5	650
奥廖尔	5	5	10	21	11	2	34	2972	688	3660	14.4	7.6	11.2	2	—
奔萨	6	3	9	—	—	—	28	1262	295	1557	13.8	7.9	12.4	1	—
梁赞	3	3	6	12	3	—	15	6719	4958	11677	10.1	10.5	8.8	—	—
萨拉托夫	9	8	17	32	21	39	92	2060	533	2593	10.0	7.6	11.5	5	—
辛比尔斯克	4	3	7	13	6	7	26	—	—	2881	—	—	8.8	2	386
斯摩棱斯克	3	3	6	3	1	5	9	1913	989	2902	14.3	10.9	12.6	2	20
唐波夫	4	4	8	13	7	—	20	2917	1684	4601	13.	10.8	12.4	1	—
特维尔	4	3	7	5	1	20	26	2688	1489	4177	7.1	6.1	6.6	—	238
图拉	4	3	7	67	35	—	102	2934	2185	5110	12.8	9.0	11.3	1	238
雅罗斯拉夫	3	2	5	5	2	37	45							2	185

文献来源：Города России в 1904 году. СПб.，1906. С. 234–243，296–331.

译后记

　　《19 世纪的俄国：城市化与社会生活》一书历经一年的翻译、校对等工作即将正式出版，这是中俄文化交流的成果。笔者希望通过本书的出版发行，丰富两国文化交流内涵，增进两国学者间的了解。

　　Л. B. 科什曼是俄罗斯知名史学家，是莫斯科大学知名教授，是俄国城市史研究奠基人之一。

　　本书综合微观史学、社会学和民族学理论，全面阐述 19 世纪俄国城市发展历程，作者主要从 4 个角度和 2 个阶段对俄国城市发展进行研究。4 个角度主要包括城市的社会和经济发展状况、城市市民阶层、城市教育体系和通信系统，力求多方面展现俄国城市发展历程；2 个阶段主要以 1861 年农奴制改革为界，对比改革前后俄国城市发展状况。

　　本书属俄国城市史研究奠基之作，对丰富我国的俄国史研究具有较高学术价值和理论意义。城市史一直是各国学者关注的主要问题之一，具有普遍性，较俄罗斯而言，我国城市史研究尚显薄弱，因此该书值得我国学者借鉴。

　　由于水平有限，书中难免存在错误和疏漏之处，恳请读者批评指正。

　　本书分工如下：第 3、4 章由张广翔负责；序言、第 1、2 章、结论、附录部分由邓沛勇负责；全书由邓沛勇校对。

图书在版编目（CIP）数据

19 世纪的俄国：城市化与社会生活 /（俄罗斯）利
·瓦·科什曼著；张广翔，邓沛勇译. －－北京：社会
科学文献出版社，2018.4
　（俄国史译丛）
　ISBN 978 － 7 － 5201 － 2114 － 9

　Ⅰ.①1… 　Ⅱ.①利… ②张… ③邓… 　Ⅲ.①城市史
－俄罗斯－19 世纪 　Ⅳ.①K512.9

中国版本图书馆 CIP 数据核字（2017）第 324876 号

· 俄国史译丛 ·

19 世纪的俄国：城市化与社会生活

著　　者／〔俄罗斯〕利·瓦·科什曼
译　　者／张广翔　邓沛勇
校　　对／邓沛勇

出 版 人／谢寿光
项目统筹／恽　薇　高　雁
责任编辑／王楠楠

出　　版／社会科学文献出版社·经济与管理分社（010）59367226
　　　　　　地址：北京市北三环中路甲 29 号院华龙大厦　邮编：100029
　　　　　　网址：www. ssap. com. cn
发　　行／市场营销中心（010）59367081　59367018
印　　装／三河市东方印刷有限公司

规　　格／开 本：787mm × 1092mm　1/16
　　　　　　印 张：19.75　字 数：300 千字
版　　次／2018 年 4 月第 1 版　2018 年 4 月第 1 次印刷
书　　号／ISBN 978 － 7 － 5201 － 2114 － 9
著作权合同
登 记 号／图字 01 － 2017 － 4441 号
定　　价／108.00 元